자료총서 제28집

〈신학월보〉 색인 자료집

한국기독교역사연구소
자료연구회 엮음

한국기독교역사연구소
2006

간행사

금번 우리 한국기독교역사연구소는 오랫동안 준비해오던 〈신학월보〉 색인 자료집을 간행하게 되었다. 연구소의 기능이 여러 가지이지만 그 가운데 하나가 자료집을 간행하여 연구자들에게 편의를 제공하고 자료를 보급하는 기능이다. 이에 따라 우리 연구소에서는 이미 〈죠선그리스도인회보〉의 항목과 기사 색인집을 비롯해 《조선예수교장로회사기》(상·하) 인명 및 단체 색인집, 〈청년〉지 필자별 색인 등을 하여 좋은 반응을 얻고 있다. 금번에 간행하는 〈신학월보〉 색인 자료집도 이러한 연속사업의 하나로 추진되었다.

익히 아는 대로 〈신학월보〉는 1900년 12월에 창간하여 1910년 가을까지 발행된 한국 최초의 신학 월간잡지이다. 한글로 만들어진 이 신학잡지는 당시 영문으로 간행되었던 〈*The Korean Repository*〉(1892~1896), 〈*The Korea Review*〉(1901~1906)와 함께 당대 한국 교계에서 간행된 대표적인 신학잡지이다. 감리교 선교사 죤스(G. H. Jones)의 편집 책임 하에 발간된 〈신학월보〉의 발간 동기와 목적은 한국인 전도자 양성을 위한 한글 교재의 필요성에서 비롯되었다. 말하자면 당시 해를 더해 갈수록 급증하는 교인과 이에 따른 교회의 설립에 따른 한국인 전도자들을 필요로 하였다. 따라서 교인과 교회를 지도할 전도자 양성이 긴요하게 요구되었다. 이러한 시대적 요구에 따라 기독교 교리와 성경에 대한 기본적인 지침서가 필요했던 것이다. 또한 교회와 교인들의 상호 이해를 돕는 문서매체가 요구되었다. 이러한 시대적 요청에 따라 〈신학월보〉를 간행한 것이다. 〈신학월보〉 내용이 ① 기독교 신학 ② 성경도리 ③ 교회사기 ④ 한국교회 기사 ⑤ 교인생활 ⑥ 광고 등으로 편집되었던 것은 이러한 사실을 잘 반영해주고 있다.

따라서 〈신학월보〉는 1900년대 한국교회사 연구에 중요한 원 사료에 해당한다. 특히 당시 감리교측의 신학 경향과 교계의 활동을 밝히는 데 더 없는 귀중한 자료라 할 것이다. 그러나 그 내용이 방대하여 일일이 찾아보기 어렵던 차에 이렇듯 색인자료집을 발간함으로 이를 활용하려는 연구자들에게 적지 않은 편의를 제공할 것으로 확신한다. 아무쪼록 이번 색인자료집 발간을 계기로 〈신학월보〉 자체에 대한 내용 연구는 물론 이외에도 이를 이용한 연구지평이 더욱 넓어지고 깊어질 수 있기를 기대한다. 끝으로 쉽지 않은 이 작업을 위해 바쁜 가운데도 꼼꼼하게 색인 자료집을 만드는 일에 애쓰신 분들께 다시 한번 경의와 감사를 드린다.

2000년 11월 11일
한국기독교역사연구소
소 장 윤 경 로

▼ 자료해제

한국 최초의 신학잡지 〈신학월보〉

조 선 혜(연구소 연구위원)

　〈신학월보〉는 1900년 12월에 창간되었다. 신학을 주제로 한 한국 최초의 학술잡지로서 1910년까지 발행되었다. 영문 잡지에 비해 한글 잡지의 발행이 부진할 때 순한글로 발간된 〈신학월보〉는 그 발행 기간이나 체제에서 한글로 된 기독교 잡지의 효시를 이루었다고 할 수 있다.

　미감리회에서 창간한 〈신학월보〉는 당시 인천에서 활동하던 존스(G. H. Jones, 趙元時)가 편집을 맡았는데 존스는 〈신학월보〉의 발행 목적에 대해 "월보는 기초신학 전반에 대한 필요성때문에 발행되었다.……우리의 교회는 생동감이 넘치며 성장하고 있다. 기독교의 위대한 진리와 원리들을 정리하여 한국인들에게 제공함으로써 한국인들이 스스로 그 진리와 원리들을 탐구하고 숙고할 수 있도록 해주어야 할 것이다. 또한 우리 주변에는 명철하고 탐구적인 본토 전도인들이 늘어나고 있다. 그들에게 교과서가 필요하다. 그들을 훈련시키되, 주요한 신학적 주제, 교회사, 성경주석 혹은 설교법 등을 그들이 검토하고 실제로 운용할 수 있도록 해주어야 한다."(G. H. Jones, "Sin-hak Wol-po", *Official Minutes of the 17th Annual Meeting, Korea Mission Methodist Episcopal Church*, 1901)고 하며 월보의 발행이 무엇보다 발전하고 있는 한국교회 현장에서 요구되어진 결과이며 그 주된 목적이 한국인 전도인의 양성에 있음을 밝히고 있다. 또한 "교회 안에 있는 동역자들 모두에게 정보 전달의 매체가 되어 그들을 도울 것"이라고 하면서 교회 언론지로서의 기능을 감당하고자 하였다.

　〈신학월보〉는 미감리회 단독으로 창간되었지만 1903년 6월호부터는 남감리회도 참여하게 되었다. 미감리회의 스웨어러(W. C. Swearer, 徐元輔)와 남감리회의 무스(J. R. Moose, 무야곱)가 공동 발행인이 되었고 사무실도 인천에서 서울 정동으로 옮겼다. 남감리회 관련 기사가 실리게 되고 이 무렵 발행부수는 1,000부가 넘었다. 그러나 남북감리회 연합으로 발행하던 월보는 1904년 12월호로 끝나게 된다. 시사성 있는 교계 소식을 다루기에 지면의 한계가 있는 월보보다는 격주간으로 신문을 발행하여 한국 교인들에게 충분한 읽을거리를 자주 접하게 하자는 것이 이유였다.

　그러나 교회 언론 매체로서의 교계신문이 감리교의 신학과 교리를 담은 신학 교재로서의 기능을 감당하기에는 거리가 있었다. 신학교육 내용을 담은 기관지의 필요성이 다시 대두되었고 더욱이 1907년 6월 남북감리회 합동으로 협성신학교가 설립되면서 신학생들을 위한 교재로서 〈신학월보〉의 필요성이 더 커지게 되었다. 〈신학월보〉는 3년만에 복간되었다. 사장 겸 주필에 협성신학교 초대 교장으로 선출된 존스가 다시 취임하였고 제호도 그대로 사용하였으며 복간호를 5권 1호로 표기함으로써 1904년에 폐간된 월보가 계속됨을 밝혔다. 복간된 〈신학월보〉는 신학교 설립과 밀

접한 관계를 맺고 있었던 만큼 신학교육 분야가 더욱 강화된 반면 교회 소식을 전하는 언론 기능은 거의 배제되었다. 복간된 〈신학월보〉는 격월간의 형태를 취했으며, 1909년 2·3호(합병호)부터 노블(W. A. Noble, 魯普乙)이 사장 대리겸 주필이 되었다. 이후 〈신학월보〉는 부진한 발행을 보이다가 1910년 가을에 완전히 폐간된 것으로 보인다.

감리교회의 신학교육 및 언론매체로서의 기능을 감당하고자 했던 〈신학월보〉는 기초적인 신학논문, 신학개념, 교회사, 성서주석 등을 비롯하여 선교사들과 한국인 교인들의 선교활동 보고, 엡윗청년회 및 보호여회(여선교회)의 활동상황 그리고 구역회·계삭회·지방회·연회 기사 등을 담고 있어 한국감리교회의 초기 역사 및 신학적 전통을 밝혀주는 귀중한 문헌이 아닐 수 없다. 특히 1907년 복간호부터 연재된 한국인의 첫 비교종교학 논문인 최병헌의 "성산유람긔(聖山遊覽記)", 초기 한국인 기독교인들의 생생한 신앙고백, 민족적 격동기의 한국 민족운동과 관련된 엡윗청년회 관련 기사나 일부 민족운동가들의 행적에 대한 증언은 〈신학월보〉가 감리교회를 넘어 한국 기독교와 일반 역사 및 문화를 연구하는 데 중요한 사료적 가치를 지니고 있음을 보여주는 것이다.

한국기독교역사연구소에서는 교회사 자료들을 발굴하고 정리하여 한국기독교사 연구자들이 널리 이용할 수 있도록 돕는 것을 주요 사업의 하나로 삼고, 그 일환으로 자료 색인작업을 꾸준히 해왔다. 그 결과 〈죠션크리스도인회보〉의 항목과 기사 색인, 《조선예수교장로회사기》(상·하)의 인명과 단체명 색인, 〈청년〉의 필자별 색인뿐만 아니라 《주한일본공사관 기록》·《구한국외교문서》·〈독립신문〉의 기독교 관련 기사 색인작업을 한 바 있다.

우리 연구소의 산하연구회인 자료연구회는 이와 같은 기초 자료의 정리작업에 참여해왔으며 이번에는 〈신학월보〉의 내용을 정리·색인하게 되었다. 총 5권으로 영인된 〈신학월보〉를 1권(1900.12~1901.11) 이순자, 2권(1902.3~1903.2) 박혜진, 3권(1903.3~1904.2) 조선혜, 4권(1904.3~1907.4·5) 윤정란, 5권(1908.1~1909.6) 조이제가 각각 담당하였다. 각 권의 article을 1. 분류(사설·논설·신학·엡윗청년회·교보·만국주일공과·광고 등), 2. 제목, 3. 필자, 4. 내용요약, 5. 특기사항(색인항목으로 정리)으로 정리하였으며, 분류와 제목은 원문을 그대로 수록하였다. 특기사항에서는 인명·교회명·단체명·지명뿐만 아니라 교회조직, 행사, 회합이나 주지할 사항까지 수록하였다. 교회명은 소재지까지 표시하되 색인에서는 각각 분류하여 교회명과 지명, 두 가지로 이용이 쉽도록 하였다.

〈신학월보〉 1901년 12월호~1902년 2월호를 아직 발견하지 못했으며, 1909년 제7권 제6호 이후의 자료도 발견되지 않아 2차 사료를 통해 1910년 가을 무렵 폐간되었으리라고 추정할 뿐이다. 결본이 모두 찾아져 영인본이 완결될 수 있기를 바라며, 이 자료집을 통하여 한국 기독교의 초기 역사의 구체적인 현장과 신앙 선배들의 생동감 있는 고백에 한 걸음 다가갈 수 있기를 기대한다.

2000년 10월

차 례

간행사 / 윤경로 · 3
자료해제 : 한국 최초의 신학잡지 〈신학월보〉 / 조선혜 · 5

제1권 내용 색인 · 9
제2권 내용 색인 · 55
제3권 내용 색인 · 101
제4권 내용 색인 · 141
제5권 내용 색인 · 181
〈신학월보〉 항목 색인 · 197

제1권

☐ **1900.12(1권 1호)**
1. 분류 : 사설
2. 제목 : 월보설시홈(p. 3)
3. 필자 :
4. 내용요약 : 신학월보의 창간을 맞이하여 그 목적과 취지를 피력함.
5. 특기사항 :

☐ **1900.12(1권 1호)**
1. 분류 : 사설
2. 제목 : 츄슈때 깃붐(pp. 4~7)
3. 필자 :
4. 내용요약 : 추수감사절이 없던 한국교회에서 매년 양력 동지달 마지막 주일에 회당에 모여 하나님께 추수감사하자고 홍보함. 대한 전국의 백성들이 진정한 추수의 주인이 하나님임을 인정, 하나님의 것을 우상에게 돌리지 말 것을 훈계함.
5. 특기사항 :

☐ **1900.12(1권 1호)**
1. 분류 : 사설
2. 제목 : 신명력행(神命力行)(pp. 7~9)
3. 필자 :
4. 내용요약 : 獨學力行이란 말에서 비롯한 말로 영혼을 구원하고 길러주는 경영을 주야로 목숨을 아끼지 아니하고 힘써 하는 사람을 일컬음.
5. 특기사항 :

☐ **1900.12(1권 1호)**
1. 분류 : 사설
2. 제목 : 아셰아 동방 감목(pp. 9~10)
3. 필자 :
4. 내용요약 : 1890년 5월 미국 감리교회 총회에서 아시아(청국·대한·일본)를 관할하는 감목을 청국 상해에 머물게 하도록 결정. 1887년부터 해마다 감목 한 분이 교회시찰로 동방에 순행, 1896년에는 감목 됴이쓰와 그후 감목 고란쓰돈이 두 해씩 있었음. 이제 문감목이 택정되어 일본과 청국을 순행하니 대한에서도 오기를 고대함.
5. 특기사항 : 됴이쓰, 고란쓰돈, 문감목, 상해, 미감리교회 총의회

□ **1900.12(1권 1호)**
1. 분류 : 사설
2. 제목 : 쥬일직힘(pp. 10~13)
3. 필자 :
4. 내용요약 : 6일 동안은 육신의 일을 보고 하루 동안 영혼을 길러야 함에 육신의 일을 온전히 정지하고 부지런히 영혼을 먹이고 보존할 것이니 만일 그러치 아니한 즉 영혼이 육신을 위하여 죽는 것이오 하나님 앞에 영혼의 살인이다. 주일성수를 강력히 권고함.
5. 특기사항 :

□ **1900.12(1권 1호)**
1. 분류 : 사설
2. 제목 : 부인의학ᄉ 박소ᄉ 환국ᄒ심(p. 14)
3. 필자 :
4. 내용요약 : 박여선 씨 부인이 1894년 이화학당을 졸업하고 미국에서 의학사를 받아 지난 11월에 환국함. 처음 있는 일. 부인은 홀부인과 함께 평양에 가서 의료선교 활동을 함.
5. 특기사항 : 박여선, 이화학당, 홀부인, 평양, 의료선교

□ **1900.12(1권 1호)**
1. 분류 : 사설
2. 제목 : 새 목ᄉ 모리시 씨 대한에 나오심(pp. 14~15)
3. 필자 :
4. 내용요약 : 1900년 10월 9일에 미국에서 모리시 목사가 인천 제물포에 나옴. 제물포와 서울에서 머물다가 11월 5일에 평양으로 향함.
5. 특기사항 : 모리시, 제물포, 평양

□ **1900.12(1권 1호)**
1. 분류 : 사설
2. 제목 : 니부 인허(p. 15)
3. 필자 :
4. 내용요약 : 최병헌이 농상공부에 신학월보의 인허를 청함. 근래 인가하는 법이 내부로 옮겨져 곧 내부에 청원함.
5. 특기사항 : 최병헌

□ **1900.12(1권 1호)**
1. 분류 : 논설
2. 제목 : 예수탄일 경축론(pp. 15~16)

3. 필자 :
4. 내용요약 : 예수 탄일은 양력 십이월 이십오일, 음력 동지둘 초수일.
5. 특기사항 :

□ 1900.12(1권 1호)
1. 분류 : 논설
2. 제목 : 예수씌셔 육신을 트고 나신 뜻(pp. 16~20)
3. 필자 : 긔일 목사
4. 내용요약 : 하나님이 육신을 타고 나신 뜻은 공의와 인애가 그 가운데 포함되었다.
5. 특기사항 : 긔일

□ 1900.12(1권 1호)
1. 분류 : 논설
2. 제목 : 텬수의 찬숑이라(pp. 20~23)
3. 필자 :
4. 내용요약 : 육신 닙은 하느님 강셰ᄒ심을 보소 / 태평왕ᄀ치 놉혀 경비홈을 드려라 / 의의 ᄒ가 돗아셔 성명 빗츨 빗최고 / 셰샹 죄를 속ᄒ요 만민 다 찬숑ᄒ라
5. 특기사항 :

□ 1900.12(1권 1호)
1. 분류 : 논설
2. 제목 : 탄일경축례식(pp. 23~24)
3. 필자 :
4. 내용요약 : 예수 탄신일에 목사가 없는 곳을 위해 예식 절차를 광고함.
5. 특기사항 :

□ 1900.12(1권 1호)
1. 분류 : 논설
2. 제목 : 문감목(문대벽)의 편지(pp. 25~26)
3. 필자 :
4. 내용요약 : 의화단의 난으로 청국이 결단난 중에 문감목이 장로사 시란돈에게 편지를 보낸 글.-의화단의 난에 의한 교회 및 교인의 피해를 말하며 이를 구제하기 위해 연보를 모으자고 함. 연보는 장로사 시란돈이나 월보사장 죠원시 씨에게 보내기로 하고 헌금을 모음.
5. 특기사항 : 의화단의 난, 문대벽, 시란돈, 죠원시

□ 1900.12(1권 1호)
1. 분류 : 교회진보

2. 제목 : 년환회덕힝규칙(pp. 26~29)
3. 필자 :
4. 내용요약 : 덕행개정조목(남녀혼인하는 것, 부부허여지는 일에 대해)
   [부부도]
   제일-입교하기 전 대한법으로 혼인을 지낸 자는 자기가 자원하지 아니하면 교중례로 다시 지낼 것 없음.
   제이-세례밧은 후에 혼인을 뎡한 쟈는 불가불 강례대로 교중법을 좃차 행함.
   제삼-너무 어려서 혼인하는 일을 우리 힘대로 금하되 우리 싱각에는 남주는 20세오 여자는 18세 전에는 혼인치 아니함이 맛당홈.
   제사-우리가 결단코 교인이 외인과 혼인하는 것을 허락지 아니홈
   제오-부부간 서로 허여질 연고는 간음한 일뿐이니 부부중에 누구던지 간음하다가 서로 허여진 쟈는 그 둘중에 간음죄 잇는 쟈이면 무죄한 쟈 사는 동안 다시 교중례로 혼인치 못하고 그러나 무죄한 쟈는 법디로 서로 허여진 후에 교중례로 혼인을 허락함.
   [절쥬법]
   슐을 금하는 일에 디하여 우리 미이미감리 교회에 규측이 대단히 엄하고 됴하니 우리 교회 목사들이 교회 규측을 강례에 쓴디로 주어 대한 교우들노 하여곰 다 알고 서로 권하게 하노라.
   제일-슐 마시는 것을 반드시 금하는 것은 각 사롬의 직분이오
   제이-슐 매미하는 것은 해롭고 덕힝을 거스리며 하느님 교회에 모든 유익한 거술 어김이오
   제삼-우리가 올치 아니한 매미하는 일을 허락하야 셰젼슈쇄하는 것을 칙망홈이오
   제사-나라에나 도에나 고을에나 셩에는 정부가 이러한 의견으로 돈을 슈쇄하면 하느님과 사롬의 디덕이 되는 셩업에 동수홈이오.
   제오-그리스도롤 밋는 사롬의 올흔 셩픔은 슐 매미하는 일에 디하야 혹독히 싸홀 것이라.
5. 특기사항 : 연환회

□ 1900.12(1권 1호)
1. 분류 : 교보(pp. 29~30)
2. 제목 :
3. 필자 :
4. 내용요약 : 시란돈, 10월초 서원보와 남방으로 순회, 평양에서 계삭회를 봄.
5. 특기사항 : 시란돈, 수원, 공주, 서원보, 죽산, 평양, 계삭회

□ 1900.12(1권 1호)
1. 분류 : 교보(p. 30)
2. 제목 :

3. 필자 :
4. 내용요약 : 아편설라 목사 및 가족이 10월 10일 일본 장기(나가사키)에서 덕국 륜션에 올라 구라파 주를 향하여 여행을 떠남.
5. 특기사항 : 아편설라

□ **1900.12(1권 1호)**
1. 분류 : 교보(p. 30)
2. 제목 :
3. 필자 :
4. 내용요약 : 시목스 대부인이 수원 장지내까지 여러 교회를 순회.
5. 특기사항 : 시목사 대부인, 장지내(수원)

□ **1900.12(1권 1호)**
1. 분류 : 교보(p. 30)
2. 제목 :
3. 필자 :
4. 내용요약 : 본처전도인 김기범, 원산항에서 전도를 마치고 시월 그믐 인천 제물포 항구에 득달.
5. 특기사항 : 김기범, 원산항, 제물포

□ **1900.12(1권 1호)**
1. 분류 : 교보(pp. 30~31)
2. 제목 :
3. 필자 :
4. 내용요약 : 평양교회 끗셜엡윗청년회 임원을 새롭게 정함(임원 명단 기재)
5. 특기사항 : 평양교회, 끗셜엡윗청년회, 김성호, 오석형, 김재선, 이태황, 김득수, 임정수, 염치언, 엡윗청년회

□ **1900.12(1권 1호)**
1. 분류 : 교보(p. 31)
2. 제목 :
3. 필자 :
4. 내용요약 : 본토전도인 김창식의 활동
5. 특기사항 : 김창식, 성화읍, 평양

□ **1900.12(1권 1호)**
1. 분류 : 교보(pp. 31~32)
2. 제목 :
3. 필자 :

4. 내용요약 : 부평 빈적리 속장 한창심이 그 지방을 방문한 목사에게 동화 8원을 헌금
5. 특기사항 : 빈적리(부평), 한창심

□ 1900.12(1권 1호)
1. 분류 : 만국주일공과
2. 제목 : 제4부 제8과 문둥이 십인을 깨긋ㅎ여 주심(누가 17장 1-19절)(1월 3일) / 제9과 정결흔 힝위(듸도셔2장 1-15절)(1월 13일) / 제10과 부쟈된 지샹(마태19장 16-26절)(1월 20일) / 제11과 바듸마요를 병곳치심(마가10장 46-52절)(1월 27일)(pp. 32~42)
3. 필자 :
4. 내용요약 :
5. 특기사항 :

□ 1901.1(1권 2호)
1. 분류 : 사설
2. 제목 : 신년치하(p. 45)
3. 필자 :
4. 내용요약 : 신년인사
5. 특기사항 :

□ 1901.1(1권 2호)
1. 분류 : 사설
2. 제목 : 새해에 새 쟉뎡 가홈(p. 45)
3. 필자 :
4. 내용요약 : 신년 들어 새로 작정할 사항을 지적하는데 첫째, 성경을 부지런히 공부함. 둘째, 기도를 더욱 힘써 함. 셋째, 가속기도를 설시함. 넷째, 회당에 불참아니함. 다섯째, 안 믿는 사람을 전도함.
5. 특기사항 :

□ 1901.1(1권 2호)
1. 분류 : 사설
2. 제목 : 신학이라(pp. 45~53)
3. 필자 :
4. 내용요약 : 신학에 대한 정의를 하면서 제1관은 신학이란 대주재되고 참신의 학으로 하나님과 천지만물의 이치이다. 제2관은 신학이란 예수그리스도로 인하여 사람에게 전한 묵시에서 드러남이며, 제3관은 그리스도교회에서 규모있게 마련한 교리라고 정리함.
5. 특기사항 :

□ 1901.1(1권 2호)
1. 분류 : 사설
2. 제목 : 새 빅년을 시쟉홈(pp. 53~54)
3. 필자 :
4. 내용요약 : 1801년과 1901년 사이에 많은 변화가 있었는데 하나는 대서양제국과 약
조를 맺은 일, 둘은 경인, 경부철도의 필역, 셋은 그리스도교의 진보 등으
로 이는 황제폐하의 덕화이다.
5. 특기사항 :

□ 1901.1(1권 2호)
1. 분류 : 사설
2. 제목 : 아모조록 예수룰 놋치마라(p. 54)
3. 필자 :
4. 내용요약 : 부평 돌곳리 관촌의 정씨부인과 아들 최선도의 이야기. 부인이 병에 걸
려 죽으면서 아무쪼록 예수를 놓지 말 것을 유언함.
5. 특기사항 : 돌곳리(부평), 정씨부인, 최선도

□ 1901.1(1권 2호)
1. 분류 : 사설
2. 제목 : 신학회와 亽경회(pp. 55~56)
3. 필자 :
4. 내용요약 : 사경회는 각 지방에 있는 직분가진 형제를 모아 성경과 교책과 교법례
를 공부하는 것이고, 신학회는 전도사들과 권사들과 장차 전도직을 맡을
형제만 참여하여 공부하는 회.
　　신학회 일기는 송기용이 적어 보내니 평양에서 노블 목사, 모리스 목사
가 교사로 활동. 강화 제물포에서도 사경회 공부를 실시.
　　정월 15일부터 경성 달성회당에서 수원·공주·송도 등의 형제를 모아
사경회 실시.
5. 특기사항 : 송기용, 평양, 노블, 모리스, 강화 제물포, 달성회당, 사경회, 수원, 공주,
송도, 신학회

□ 1901.1(1권 2호)
1. 분류 : 사설
2. 제목 : 탐쥬로 살님 망홈(p. 56)
3. 필자 :
4. 내용요약 : 술은 육신, 영혼, 보는 일, 살림을 해롭게 하니 이 비용을 아껴 땅을 사
서 농사를 하게 되면 여유로운 살림을 살 수 있음을 지적.
5. 특기사항 :

□ 1901.1(1권 2호)
1. 분류 : 사설
2. 제목 : 경인철도(pp. 56~58)
3. 필자 :
4. 내용요약 : 경인철도 개통식은 1900년 11월 12일에 함. 철도회사 사장 일본 남작 삽택영일 씨의 연설문이 유익함으로 수록함
5. 특기사항 : 데아알머스, 삽택영일, 경인철도

□ 1901.1(1권 2호)
1. 분류 : 논설
2. 제목 : 절쥬론(pp. 58~60)
3. 필자 : 김기범
4. 내용요약 : 술은 패가 망신할 뿐 아니라 영혼도 죽이는 독약이니 다만 먹지 말 뿐 아니라 다른 형제가 마시는 것도 권면하여 끊게 할 것이다.
5. 특기사항 : 김기범

□ 1901.1(1권 2호)
1. 분류 : 논설
2. 제목 : 신학회유익홈(pp. 60~66)
3. 필자 : 송기용
4. 내용요약 : 하나님 나라의 오묘한 이치는 공부할수록 유익하기에 1900년 11월 20일부터 경성 달성회당에서 신학회를 열었음을 기록. 참여 선생 및 교우 명단 기록. 공부과정 등을 기록.
5. 특기사항 : 송기용, 신학회, 달성회당, 시란돈, 조원시, 노블, 상동교회, 이은승, 이창학, 이국혁, 조명운, 김상배, 전봉운, 고시영, 채씨, 정동교회, 최병헌, 로병선, 송기용, 문경호, 제물포, 복정채, 장원근, 오해두, 연안교회, 김기범, 하춘택, 이동혁, 강덕표, 고치일, 평양교회, 김창식, 강인걸, 강화교회, 박능일, 김상림, 김우제, 종순일, 김경일, 과천교회, 신성덕, 박학신, 신종학, 인천, 김동현, 교동, 권신일, 송도, 김흥수, 조목사

□ 1901.1(1권 2호)
1. 분류 : 교회진보
2. 제목 : 남양군도에 젼도혼 일(pp. 66~68)
3. 필자 : 복정채
4. 내용요약 : 조원시 목사의 명으로 남양지역을 순회한 보고서, 남양군에 대한 지형 및 특산물 소개. 죽산군수 김흥수가 처음으로 읍중에 예수교를 전도. 당시 군내의 초기 교회 상황을 기록
5. 특기사항 : 남양군, 복정채, 임신국변, 조원시, 김흥수, 죽산군

□ **1901.1(1권 2호)**
1. 분류 : 교회진보
2. 제목 : 슈원등지에셔 전도홈(pp. 68-71)
3. 필자 : 문경호
4. 내용요약 : 시란돈 장로사, 서원보 목사, 본토전도인 문경호가 광주 오양동, 이천 덕평, 매화지, 죽산, 용인 아리실, 장지내 등을 순회. 곳곳의 교인 상황을 전함. 특히 장지내에 여학교를 설시.
5. 특기사항 : 시란돈, 서원보, 문경호, 오양동(광주), 박해숙, 덕평(이천), 덕평예배당(이천), 안선달(매화지), 죽산, 아리실(용인), 영문(수원), 장지내

□ **1901.1(1권 2호)**
1. 분류 : 신명
2. 제목 : 예수씨 츌입이라(pp. 72~73)
3. 필자 :
4. 내용요약 : 빈천하고 무식한 여자 아이가 부자를 전도한 이야기를 하면서 참 믿는 마음으로 힘써 전도할 것을 권면함.
5. 특기사항 :

□ **1901.1(1권 2호)**
1. 분류 : 신명
2. 제목 : 삼가 지권연(pp. 73~74)
3. 필자 :
4. 내용요약 : 지권연은 독한 닉오틴(니코틴)이 들어 있어 몸에 해로운데 개구리에게 실험을 하는 곧 죽더라고 하면서 지권연의 해독을 주장함.
5. 특기사항 : 금연에 대한 글

□ **1901.1(1권 2호)**
1. 분류 : 문원
2. 제목 : 하느님의 어린 양(p. 74)
3. 필자 :
4. 내용요약 : 노래 가사
5. 특기사항 :

□ **1901.1(1권 2호)**
1. 분류 : 교보
2. 제목 : 세계만국통일긔도회(pp. 75~76)
3. 필자 :
4. 내용요약 : 대서양 복음협회에서 세계 각국에 매년 통일기도회를 각 교회가 모이기

를 청함. 만국복음협의회 위원은 그리스도신문 사장 원두우. 일시는 전례대로 정월 6일-14일까지. 기도제목은 셩공교회를 위해, 나라를 위해, 다른 나라를 위해, 이방나라를 위해, 회회교 믿는 나라를 위해, 히브리인을 위해 기도함. 음력 새해에는 한 주일 동안 우리 대한에서 통일기도회로 모이는데 기도제목과 성경말씀을 기록.
5. 특기사항 : 세계각국 통일기도회에 대한 일시, 내용 등을 기록, 세계만국통일기도회, 만국복음협의회, 원두우

□ **1901.1(1권 2호)**
1. 분류 : 교보
2. 제목 : 새로 나오신 부인 션싱들(pp. 76~77)
3. 필자 :
4. 내용요약 : 미국에서 힐만 부인, 해몬더 부인, 에스테 부인이 나옴. 이들이 한국부인에게 복음을 전해주길 간절히 바람.
5. 특기사항 : 힐만 부인, 해몬더 부인, 에스테 부인

□ **1901.1(1권 2호)**
1. 분류 : 교보
2. 제목 : 인쳔항 미이미 감리교회에셔 스경회를 기셜홈(pp. 77~78)
3. 필자 :
4. 내용요약 : 12월 10일부터 개회, 목사 조원시, 본토 전도인 김기범, 권사 복정채 등이 강사를 맡음.
5. 특기사항 : 인천항, 미이미감리교회, 사경회, 인천, 부평, 연안, 남양, 조원시, 김기범, 복정채

□ **1901.1(1권 2호)**
1. 분류 : 교보
2. 제목 : 쳥국형뎨 긍휼연보(p. 78)
3. 필자 :
4. 내용요약 : 청국 형제들을 위해 연보를 모으는 교회들은 월보사에 연락해줄 것을 알림. 연보합문을 수록(정동교회, 경성 달성교회, 원산항교회, 제물포 애스쎠리교회, 담방리, 부평 번적리, 부평 마장리)
5. 특기사항 : 정동교회(경성), 원산항교회, 달성교회(경성), 제물포, 애스쎠리교회(제물포), 담방리, 번적리(부평), 마장리(부평)

□ **1901.1(1권 2호)**
1. 분류 : 교보
2. 제목 : 예수탄신 경축(p. 79)
3. 필자 : 복정채

4. 내용요약 : 경축예식을 행함. 권사 복정채가 구주 탄생하심을 연설
5. 특기사항 : 담방리감리교회(인천), 복정채

☐ **1901.1(1권 2호)**
1. 분류 : 교보
2. 제목 : 예수탄신 경축(p. 79)
3. 필자 : 이영순
4. 내용요약 : 부평읍, 번적리, 굴재, 동면, 마장리 다섯 곳 중 마장리 형제는 인천 항 우각동 애스쎄리회당에서 참례, 나머지는 각 본 회당에서 경축례를 드림.
5. 특기사항 : 이영순, 부평읍, 번적리, 굴재, 동면, 마장리, 우각동 애스쎄리회당(인천)

☐ **1901.1(1권 2호)**
1. 분류 : 교보
2. 제목 : 예수탄신 경축(pp. 79~80)-인천항 우각동 미이미감리교회당에서 경축예식을 행함.
3. 필자 : 홍승하
4. 내용요약 : 조원시 목사가 전도. 금광회사 사장이 각색 실과와 과자를 선물하고 김경선과 그 부인 이리사벳씨는 동화 18원을 선물함.
5. 특기사항 : 인천 우각동 미이미감리교회당, 김경선, 이리사벳, 홍승하

☐ **1901.1(1권 2호)**
1. 분류 : 교보
2. 제목 : 예수탄신 경축(p. 89)-강화 각 곳
3. 필자 :
4. 내용요약 : 강화 여러 곳에서 주탄신을 경축, 이는 교회진보에 크게 유익함.
5. 특기사항 :

☐ **1901.1(1권 2호)**
1. 분류 : 교보
2. 제목 : 예수탄신 경축(pp. 80-81)-제물포
3. 필자 :
4. 내용요약 : 주탄신을 경축하는 마음으로 김경선 씨 부인 이리사벳씨가 오백금돈을 바쳐 전도선생, 전도부인, 불쌍한 과부에게 선사.
5. 특기사항 : 이리사벳, 제물포, 김경선

☐ **1901.1(1권 2호)**
1. 분류 : 교보
2. 제목 : 예수탄신 경축(p. 81)-정동회당
3. 필자 :

4. 내용요약 : 정동회당에서 탄신 경축행사를 진행
5. 특기사항 : 정동회당

□ **1901.1(1권 2호)**
1. 분류 : 교보
2. 제목 : 예수탄신 경축(pp. 81~83)-달성회당의 경축
3. 필자 : 전복운
4. 내용요약 : 달성회당에서 성탄일 경축행사를 실시, 이날에 남녀 5인에게 세례를 주고 이 회당에 참석한 이가 400여 인이어서 새 회당의 마련을 원함.
5. 특기사항 : 전복운, 달성회당, 시란돈, 홀벗, 황일주, 됴명운

□ **1901.1(1권 2호)**
1. 분류 : 만국주일공과
2. 제목 : 제4부 제12과 셰리 사카요(누가19장 1-10)(2월3일) / 제13과 은 열근의 비유(누가19장 11-27)(2월10일) / 제14과 포도원의 비유(누가20장 9-19절)(2월17일) / 제15과 예수끠셔 예루살넴 망흠을 미리 말흐심(누가21장20-36절)(2월24일)(pp. 83~92)
3. 필자 :
4. 내용요약 :
5. 특기사항 :

□ **1901.2(1권 3호)**
1. 분류 : 사설
2. 제목 : 예수와 어린ᄋ히들이라(pp. 95~97)
3. 필자 :
4. 내용요약 : 마태복음 19장 14절 이하의 말씀을 들어 한국사회에서 아이들을 소홀히 하는 모습과 남자아이만을 중시하던 풍속을 지적하면서, 이들이 장래의 희망이라고 강조함.
5. 특기사항 : 보구원(保救院)의 설치를 주장, 장애인을 고쳐주는 병원 설치 주장

□ **1901.2(1권 3호)**
1. 분류 : 사설
2. 제목 : 이백량 샹급(pp. 97~98)
3. 필자 :
4. 내용요약 : 신학월보 잡지의 제호 및 그림, 글씨를 공모, 상금이 백량. 또한 죄의 도리를 밝혀 해석하여 글을 지어 보내면 선정하여 송도의 목사 고영복이 선사한 상금 백량을 하사키로 함.
5. 특기사항 : 고영복, 송도

☐ **1901.2(1권 3호)**
1. 분류 : 사설
2. 제목 : 졔셕(除夕)긔도회(pp. 98~99)
3. 필자 :
4. 내용요약 : 제석은 섣달 그믐으로 이전 동양에서는 여러 풍속이 있었는데, 서양에서도 송구영신예배를 드리는 풍속이 있음.
5. 특기사항 : 송구영신예배의 의미

☐ **1901.2(1권 3호)**
1. 분류 : 사설
2. 제목 : 열심히 긴요홈(pp. 99~100)
3. 필자 :
4. 내용요약 : 육신적일 일에 열심인 세상의 형제 자매를 걱정하면서 하늘 아버지의 일에 열심하여 영혼구제를 이루라고 권면함.
5. 특기사항 :

☐ **1901.2(1권 3호)**
1. 분류 : 사설
2. 제목 : 회회교ㅎ는 나라에 젼도홈(pp. 100~101)
3. 필자 :
4. 내용요약 : 회회교를 소개, 당시 교민수는 일백칠십오만 명, 멜네시아뭇섬에 회회교인 중 예수교 전도가 제일 진보함.
5. 특기사항 : 1901년 당시 회회교의 교인수를 파악함.

☐ **1901.2(1권 3호)**
1. 분류 : 사설
2. 제목 : 부부도(pp. 101~104)
3. 필자 :
4. 내용요약 : 부부도에 대한 정규규칙을 게재. 부부도는 천조법으로 이를 중히 여기고 잘 지키면 개명한 나라이다. 덕행개정규칙 중 누구든지 세례받고 입교하기 전에 대한법으로 혼인을 지낸 자는 자기가 자원하면 교중례로 다시 지내지 않는다고 결정함
5. 특기사항 :

☐ **1901.2(1권 3호)**
1. 분류 : 논설
2. 제목 : 스도신경론리(pp. 104~109)
3. 필자 :

4. 내용요약 : 서문-사도신경에 대한 개념 정리 및 소개 / 1. 내가 밋스옵느니다
5. 특기사항 :

☐ 1901.2(1권 3호)
1. 분류 : 신명
2. 제목 : 귀신질머짐(pp. 109~112)
3. 필자 :
4. 내용요약 : 예수를 알지 못하던 가난한 사람이 복음을 받아들여 담방리교회에 입교 하고 복정채의 가르침을 받음으로 귀신의 짊을 버리게 됨.
5. 특기사항 : 담방리교회, 복정채

☐ 1901.2(1권 3호)
1. 분류 : 문원
2. 제목 : 도리가(1편 하느님 / 2편 사롬 / 3편 죄롤 범코 복을 일홈)(pp. 113~114)
3. 필자 :
4. 내용요약 : 장로사 시란돈이 본처전도인 이은승에게서 서울에서 모인 사경회에 참석하지 못한 이들을 위해 미감리교회문답을 시로 지어 출판함.
5. 특기사항 : 시란돈, 이은승, 미감리교회문답

☐ 1901.2(1권 3호)
1. 분류 : 별보(別報)
2. 제목 : 영국여황 붕서(pp. 114~115)
3. 필자 :
4. 내용요약 : 1901년 정월 22일에 영국여황이 붕서, 영국 태자 웨일씨가 제위에 올라 영국대군주와 인도대황제가 되니 어휘를 엣왓데7씨라 함.
5. 특기사항 : 웨일

☐ 1901.2(1권 3호)
1. 분류 : 별보
2. 제목 : 쳥국강화담판(pp. 115~120)
3. 필자 :
4. 내용요약 : 1900년에 쳥국에서 일어난 의화단의 난에 각국 11개 공사들이 강화담판을 위한 11개 조건을 쳥국에 청함. 그 내용을 수록(쳥국에 교부혼 연명통첩).
5. 특기사항 : 의화단의 난, 켓틀너 남작, 삼산빈

☐ 1901.2(1권 3호)
1. 분류 : 교보
2. 제목 : 미감리교회장정규칙 언문으로 번역(pp. 120~121)

3. 필자 :
4. 내용요약 : 미감리교회장정규칙을 장로사 시란돈이 언문으로 번역하여 2월에 출판, 가격은 동전 30전.
5. 특기사항 : 미감리교회장정규칙, 시란돈

□ **1901.2(1권 3호)**
1. 분류 : 교보
2. 제목 : 교회학교 한문공부 교재 서술 소식(p. 121)
3. 필자 :
4. 내용요약 : 장로교 목사 긔일이 서양학문법대로 한문공부를 할 수 있는 책 4권을 지어 곧 출판.
5. 특기사항 : 게일

□ **1901.2(1권 3호)**
1. 분류 : 교보
2. 제목 : 사경회 실시(p. 121)
3. 필자 :
4. 내용요약 : 감리교와 미감리교회의 임원 형제자매들이 서울 달성회당에서 사경회 실시. 선생은 감리교 송도 고목사, 서울 무목사, 미감리교 시목사, 서목사, 조목사, 모인 형제는 79명, 자매는 11명 총 90명.
5. 특기사항 : 사경회, 달성회당, 고목사, 무목사, 시목사, 서목사, 조목사

□ **1901.2(1권 3호)**
1. 분류 : 교보
2. 제목 : 평양 목사 로블의 편지(p. 121)
3. 필자 :
4. 내용요약 : 평양사경회 소식을 적은 노블의 편지 도착, 참여자는 98명이라고 광고함.
5. 특기사항 : 평양사경회, 노블

□ **1901.2(1권 3호)**
1. 분류 : 교보
2. 제목 : 청국형데 긍휼연보(p. 122)
3. 필자 :
4. 내용요약 : 여러 교회들이 청국 형제를 위해 연보를 함. 전호에는 43원 2전 4리이며 이번까지는 55원 88전 2리이다.
5. 특기사항 : 달성교회, 동대문교회, 위량교회(강화), 정산교회(연안), 부평읍교회

□ **1901.2(1권 3호)**
1. 분류 : 만국주일공과
2. 제목 : 제1부 제1과 벳아니에셔 기름을 예수의게 부은 일(마태26장 6-16절)(3월3일) / 제2과 예수끠셔 위의 잇게 예루살넴에 드러가심(마태21장 6-17절)(3월10일) / 제3과 헬나국인 예수를 차지러 나옴(요한12장 20-33절)(3월17일) / 제4과 예수끠셔 바리시인을 디답 못ᄒ게 ᄒ음(마태22장 34-46절)(3월24일) / 제5과 열 처녀의 비유(마태25장 1-13)(3월31일)(pp. 122~142)
3. 필자 :
4. 내용요약 :
5. 특기사항 :

□ **1901.3(1권 4호)**
1. 분류 : 사설
2. 제목 : 시비쟝덕당론이라(p. 145)
3. 필자 :
4. 내용요약 : 시비하는 마당에서 귀먹은 모양으로 있는 것이 적당하다는 논지.
5. 특기사항 :

□ **1901.3(1권 4호)**
1. 분류 : 사설
2. 제목 : 쟝졍규측략론(pp. 146~148)
3. 필자 :
4. 내용요약 : 장로사 시란돈이 미감리교회장정규칙을 번역하여 출판. 그 내용이 자세히 수록
5. 특기사항 : 미감리교회장정규칙, 시란돈

□ **1901.3(1권 4호)**
1. 분류 : 사설
2. 제목 : 대영국녀황 빅도리아씨라(pp. 148~149)
3. 필자 :
4. 내용요약 : 목사 게일이 영국여황폐하의 사기를 저술 출판. 여황의 겸손함을 칭송.
5. 특기사항 : 빅도리아, 게일

□ **1901.3(1권 4호)**
1. 분류 : 사설
2. 제목 : 디경즈련(pp. 149~151)
3. 필자 :
4. 내용요약 : 원숭이와 거울의 예화를 들면서 사람에게도 자신을 비취는 거울이 있는데 이는 성경이라고 가르치고 있다.

5. 특기사항 :

□ 1901.3(1권 4호)
1. 분류 : 기고
2. 제목 : 영국녀황 빅도리아의 승하호심(pp. 151~157)
3. 필자 : 긔일
4. 내용요약 : 대영국여황 빅도리아가 지난 2월 22일에 승하함. 그의 일생을 정리함.
5. 특기사항 : 빅도리아, 긔일

□ 1901.3(1권 4호)
1. 분류 : 기고
2. 제목 : 두루젼도홈(pp. 157~165)
3. 필자 : 이은승(본토전도인)
4. 내용요약 : 1900년 12월 29일부터 시장로사의 허락을 얻어 17일 동안 시골 몇 곳을 다니며 교회형편을 본대로 기록함. 먼저는 왕십리에서 농부가를 지음. 그 외 광주노로목교회 형편(구연영 부장, 김원백), 광주 오양동교회 형편(윤봉연 집이 예배당으로 됨), 광주 동심리교회(민대식 내외의 신앙생활) 형편, 오천교회 형편(한규동, 이연손), 이천덕들교회 형편(박해숙, 최여성, 안성순)을 기록.
5. 특기사항 : 노로목교회(광주), 구연영, 김원백, 오양동교회(광주), 윤봉연, 동심리교회(광주), 민대식, 오천교회, 한규동, 이연손, 이천덕들교회, 박해숙, 최여성, 안성순, 이은승

□ 1901.3(1권 4호)
1. 분류 : 교보
2. 제목 : 나인듸 감목 별세(p. 165)
3. 필자 :
4. 내용요약 : 1901년 1월 3일 나인듸 감목 미국서 별세
5. 특기사항 : 나인듸 감목

□ 1901.3(1권 4호)
1. 분류 : 교보
2. 제목 : 아편셀라 소식(p. 165)
3. 필자 :
4. 내용요약 : 아편셀라 미국에 무사히 도착
5. 특기사항 : 아편셀라

□ 1901.3(1권 4호)
1. 분류 : 교보

2. 제목 : 모감목 대한에 옴(p. 165)
3. 필자 :
4. 내용요약 : 모감목이 4월에 한국에 와 5월 1일에 서울에서 대한미이미감리교회 연회를 개회.
5. 특기사항 : 모감목, 대한미이미감리교회연회

☐ **1901.3(1권 4호)**
1. 분류 : 교보
2. 제목 : 이영순 결혼(pp. 165~166)
3. 필자 :
4. 내용요약 : 2월 28일 부평등지교회 속장 이영순과 부인 윤씨 결혼, 조원시 목사가 주례.
5. 특기사항 : 이영순, 윤씨, 조원시, 달성회당

☐ **1901.3(1권 4호)**
1. 분류 : 교보
2. 제목 : 장로사 시란돈이 신학을 가르침(pp. 165~166)
3. 필자 :
4. 내용요약 : 2월부터 장로사 시란돈이 달성회당에서 형제 몇 분에게 신학을 가르침.
5. 특기사항 : 시란돈, 달성회당

☐ **1901.3(1권 4호)**
1. 분류 : 교보
2. 제목 : 청국형제 긍휼연보(p. 166)
3. 필자 :
4. 내용요약 :
5. 특기사항 : 교동교회, 연안읍교회, 나무골교회, 느쥬지교회, 홍해교회(강화)

☐ **1901.3(1권 4호)**
1. 분류 : 교보(p. 166)
2. 제목 :
3. 필자 :
4. 내용요약 : 연안읍교회와 남신당교회에서 주일학교 신설
5. 특기사항 : 연안읍교회, 남신당교회

☐ **1901.3(1권 4호)**
1. 분류 : 교보
2. 제목 : 평양성 수경회(pp. 166~167)
3. 필자 : 오석형(본토전도인)

4. 내용요약 : 12월 초 11일부터 사경회 시작. 노블 목사와 모리 목사가 인도.
5. 특기사항 : 평양성, 사경회, 노블, 모리, 오석형

□ **1901.3(1권 4호)**
1. 분류 : 교보
2. 제목 : 삼화스경회(pp. 167~168)
3. 필자 : 박승필
4. 내용요약 : 삼화 덕동에서 사경회 실시, 노블 목사, 모리 목사, 전도인 김창식이 실시.
5. 특기사항 : 삼화읍회당, 노블, 모리, 김창식, 삼화, 덕동, 삼화사경회, 사경회

□ **1901.3(1권 4호)**
1. 분류 : 만국주일공과
2. 제목 : 제1부 제6과 금 여러 천의 비유(마태25장 14-30절) /제7과 쥬의 만찬(마태26장 17-30절) / 제8과 겟세마네에 계심(마태26장 36-46절) / 제9과 예수롤 죄인의게 내여줌(요한18장 1-14절)(pp. 168~182)
3. 필자 :
4. 내용요약 :
5. 특기사항 :

□ **1901.3(1권 4호)**
1. 분류 : 논설
2. 제목 : 부활일 론리(pp. 182~186)
3. 필자 :
4. 내용요약 : 양력 9월 6일 첫째 주일을 부활경축절기로 지키면서 그에 해당되는 예배예식문을 수록함. 장로사 시란돈이 구주부활도리가를 지어 애국가 곡조에 맞추어 붙임.
5. 특기사항 : 시란돈

□ **1901.4(1권 5호)**
1. 분류 : 사설
2. 제목 : 타쳐 전도 홍왕홈(p. 189)
3. 필자 :
4. 내용요약 : 교인이 작년보다 1천 명이나 증가함에 셩심께 감사.
5. 특기사항 :

□ **1901.4(1권 5호)**
1. 분류 : 사설
2. 제목 : 입교인의 긴급홀 일(pp. 189~190)

3. 필자 :
4. 내용요약 : 새로 입교한 교인들에게 기도, 예배참석 및 성경공부를 부지런히 시킬
             것을 권면.
5. 특기사항 :

□ **1901.4(1권 5호)**
1. 분류 : 사설
2. 제목 : 평양부인ᄉ경회(p. 190)
3. 필자 :
4. 내용요약 : 노블목사 부인이 평양사경회를 개최하고 편지를 보낸 글을 게재함. 장소
             는 평양서문안회당. 음력 정월 7일부터 21일까지. 50여 인이 참석, 권사공
             부책, 본토전도책 등을 공부함.
5. 특기사항 : 노블부인, 평양사경회, 평양부인사경회, 평양서문안회당, 사경회

□ **1901.4(1권 5호)**
1. 분류 : 사설
2. 제목 : 시지샹급(p. 191)
3. 필자 :
4. 내용요약 : 제3회에 신학월보에 들어갈 그림을 공모하였는데 조만간 득승한 사람을
             발표하겠다고 함.
5. 특기사항 :

□ **1901.4(1권 5호)**
1. 분류 : 사설
2. 제목 : 년환회(p. 191)
3. 필자 :
4. 내용요약 : 문감독이 양력 4월 22일에 도착하여 제물포에서 년환회를 5월 7일에 개
             최함을 알림.
5. 특기사항 : 문감독, 제물포, 연환회

□ **1901.4(1권 5호)**
1. 분류 : 사설
2. 제목 : 부활쥬일 경축(p. 191)
3. 필자 :
4. 내용요약 : 전호에 부활주일을 9월 6일이라 게재하였는데 정정보도를 내면서 그래
             도 교인들이 4월 7일에 부활주일을 지켰다고 함.
5. 특기사항 : 부활주일

□ **1901.4(1권 5호)**
1. 분류 : 논설
2. 제목 : 젼도스업론리(pp. 191~196)
3. 필자 : 노블
4. 내용요약 : 교우의 직책은 그리스도의 몸을 일으켜 세워 성도들을 온전케 하는 것이니 이로써 전도인이 갖추어야 할 덕목과 자격들을 거론함
5. 특기사항 : 노블

□ **1901.4(1권 5호)**
1. 분류 : 논설
2. 제목 : 부인친목회(pp. 196~197)
3. 필자 : 황실 메리 왈터쓰
4. 내용요약 : 서울 정동 새 회당에서 보호녀회와 청년회 주최로 정월 8일에 부인친목회를 개최. 여기에는 70여 인들이 모였는데 이는 대한 개국한 이후로 처음 있는 일.
5. 특기사항 : 황메리, 보호여회, 정동새회당, 슬비여노, 언쓰뻐거, 푸라이, 청년회, 부인친목회

□ **1901.4(1권 5호)**
1. 분류 : 논설
2. 제목 : 평안도교회 소식(pp. 197~198)
3. 필자 : 김창식(본토전도인)
4. 내용요약 : 1900년 12월 10일부터 사경회를 개최, 목사 노블, 모리스, 김창식이 동행하여 곳곳을 방문하면서 로마서를 강해함. 평양회당에서 출발, 삼화 덕동(14인 세례), 비곳디회당, 삼화회당(20인 세례), 강서회당, 경뎐회당(18인 세례), 금당리회당(12인 세례), 대령메회당(강긔황 별세하여 목사 노블이 장례치름), 함종봉황지(20인 학습인), 증산회당(21인 세례). 노블은 총75인에게 세례를 주고, 모리스는 각 교회에 처음으로 인사를 하고 김창식은 로마서 문답책을 해석하여 만듦.
5. 특기사항 : 김창식, 노블, 모리스, 평양회당, 삼화덕동, 비곳디회당, 삼화회당, 강서회당, 경뎐회당, 금당리회당, 대령메회당, 강긔황, 노블, 함종봉황지, 증산회당

□ **1901.4(1권 5호)**
1. 분류 : 문원
2. 제목 : 찬미가(pp. 198~200)
3. 필자 :
4. 내용요약 : 평양교회 여학교 선생인 김도라 부인이 찬미가를 지어 보내어 게재함. 그리고 시란돈이 지은 찬미가도 함께 수록함

5. 특기사항 : 김도라, 시란돈, 찬미가

□ **1901.4(1권 5호)**
1. 분류 : 신병
2. 제목 : 육신 병을 곳치러 ᄒᆞ다가 령혼을 구원홈(pp. 200~201)
3. 필자 : 백사겸(송도)
4. 내용요약 : 장단 부일촌의 한 병자가 있어 송도교회에 나왔는데 황성병원에 보내니 그곳에서 치료를 받던 중 구주를 믿었음.
5. 특기사항 : 백사겸, 송도교회, 황성병원

□ **1901.4(1권 5호)**
1. 분류 : 교보
2. 제목 : 교인의 마음(pp. 201~202)
3. 필자 :
4. 내용요약 : 진위대를 설시한 한 마을에서 교인의 삼촌이 빚을 지자 교인에게 갚으라 하니 그가 기꺼운 마음으로 갚다. 이는 바로 예수 믿는 이의 마음이라고 함.
5. 특기사항 :

□ **1901.4(1권 5호)**
1. 분류 : 교보
2. 제목 : 연안교회의 송사(p. 202)
3. 필자 :
4. 내용요약 : 연안교회에 조그마한 송사가 있음에 김완수 관찰사 법대로 판결함.
5. 특기사항 : 연안교회, 김완수

□ **1901.4(1권 5호)**
1. 분류 : 교보
2. 제목 : 달성회당 소식(p. 202)
3. 필자 :
4. 내용요약 : 서울 달성회당인 양력 4월 1일부터 새 예배당 건축에 들어감에 정동 첫째회당에서 함께 예배함.
5. 특기사항 : 달성회당, 정동회당

□ **1901.4(1권 5호)**
1. 분류 : 교보
2. 제목 : 부활주일 연합예배(pp. 202~203)
3. 필자 :
4. 내용요약 : 장로사 시란돈이 고난 주간에 상동회당과 정동회당의 교인을 정동회당

에 모아놓고 특별공부를 시켰는데 십자가상의 7언을 가지고 강론하였다. 부활주일에는 정동회당에 상동학당, 상동여학당, 동문안학당, 배재학당, 이화학당 학도 등 700명이 모여 예배를 드렸다.
5. 특기사항 : 시란돈, 정동회당, 상동학당, 상동여학당, 동문안학당, 배재학당, 이화학당, 부활주일 연합예배

☐ **1901.4(1권 5호)**
1. 분류 : 교보
2. 제목 : 최병헌을 위해 기도하자(p. 203)
3. 필자 :
4. 내용요약 : 정동회당 본토전도인 최병헌이 개인의 질병과 자부의 병환과 재환으로 어려움을 당하고 있으매 기도해주자
5. 특기사항 : 정동회당, 최병헌

☐ **1901.4(1권 5호)**
1. 분류 : 만국주일공과
2. 제목 : 제1부 제10과 예수를 가야바압헤셔 지판홈(마태26장 57-68절)(5월5일) / 제11과 예수를 빌나도 압헤셔 지판홈(누가 23장 13-26절)(5월12일) / 제12과 그리스도를 십즈가에 못질홈과 장스홈(누가23장 44-53절)(5월19일) / 제13과 뎨일부 도강(5월26일)(pp. 204~222)
3. 필자 :
4. 내용요약 :
5. 특기사항 :

☐ **1901.5(1권 6호)**
1. 분류 : 사설
2. 제목 : 년환회(p. 225)
3. 필자 :
4. 내용요약 : 문대벽 감독이 4월 23일 오전 9시에 제물포에 도착, 평양을 순회하고 다시 서울로 와서 5월 9일 년환회를 개최할 터이니 기도 부탁함.
5. 특기사항 : 문대벽, 제물포, 평양, 연환회

☐ **1901.5(1권 6호)**
1. 분류 : 사설
2. 제목 : 유능제강(pp. 225~226)
3. 필자 :
4. 내용요약 : 부드러운 것은 능히 강한 것을 이긴다 하였으니 믿음의 형제 자매들은 이를 본으로 삼자.
5. 특기사항 :

□ **1901.5(1권 6호)**
1. 분류 : 사설
2. 제목 : 셩신지론(pp. 226~232)
3. 필자 :
4. 내용요약 : 예수를 믿는 것과 죄를 뉘우치는 일은 성신의 힘으로만 가능한 일임을 강조함. 또한 삼위일체의 도를 역설함.
5. 특기사항 :

□ **1901.5(1권 6호)**
1. 분류 : 사설
2. 제목 : 년환회 일긔(pp. 233~239)
3. 필자 :
4. 내용요약 : 5월 9일 상오 9시에 상동회당에서 연환회 개최, 10일 9시 다시 모임 당시 남북편 교우는 합 1710명, 11일 상오 9시에 모임, 12일 주일 아침 9시, 13일 오전 9시에 전과 같이 모임, 14일 오전 9시에 전과 같이 모임, 이날 오후 2시에 모여 폐회함, 평양에 회당을 짓기로 함, 명년의 연환회는 평양서 행하기로 결정함.
5. 특기사항 : 상동새회당, 문감독, 시란돈, 조원시, 서목사, 로병선, 백목사, 리은승, 모리쓰, 노블, 쌩커, 김창식, 서원보, 동대문안회당, 케블, 파월, 임스, 비지학당, 정동회당, 최병헌, 김기범, 김상림(강화군전도인), 송긔용(정동전도인), 문경호(남방전도인), 믹길(원산항의원), 죠목사, 리국혁(상동권사), 고시형(상동권사), 강인걸(평양전도인), 김동현(시흥군권사), 복정채(인천군전도인), 박능일(강화군전도인), 하춘택(연안군권사), 긔일, 박학신(과천권사), 김익희(용인군 권사), 모리목사, 시목사, 권신일(교동군), 백목사, 평양교회, 정동녀교회청년회, 푸라리부인, 빈톤, 아편셜라, 쎄스틕의원

□ **1901.5(1권 6호)**
1. 분류 : 연설
2. 제목 : 문감목끠셔 평양교회에 오심(pp. 239~242)
3. 필자 :
4. 내용요약 : 4월 24일 하오 3시에 장로사 시란돈이 문대벽 감목을 모시고 증남포항에 도착함. 이 지역에서 주일 예배를 드리매 당시 교인수는 800명으로 회당이 모자랐으며 남녀교우가 갈라 앉은 후에 예배를 드림. 문감목이 설교함에 대한 사람이 예수씨와 동족이라고 함.
5. 특기사항 : 시란돈, 문대벽, 증남포항, 시목사, 노블

□ **1901.5(1권 6호)**
1. 분류 : 만국주일공과

2. 제목 : 제2부 제1과 예수의 부활(누가 24장 1-12)(6월2일) / 제2과 예수-마리아의게 뵈이심(요한 20장 11-18절)(6월9일) / 제3과 에마오로 거러나아가심(누가 24장13-35절)(6월16일) / 제4과 예수띄셔 문도의게 뵈이심(요한 20장 19-29절)(6월 23일) / 제5과 예수와 베드로라(요한 21장 15-22절)(6월 30일)(pp. 243~261)
3. 필자 :
4. 내용요약 :
5. 특기사항 :

□ 1901.6(1권 7호)
1. 분류 : 사설
2. 제목 : 대한형데의게 셩품을 주심(pp. 265~267)
3. 필자 :
4. 내용요약 : 연환회에서 김창식·김기범에게 聖品을 내림. 당시의 목사의 성품에는 정품과 종품이 있었는데 정품은 장로라 하고 종품은 집사라 한다. 장로만이 성만찬례를 행할 수 있었다.
5. 특기사항 : 김창식, 김기범, 연환회

□ 1901.6(1권 7호)
1. 분류 : 사설
2. 제목 : 슈표혼 젼도ᄉ(pp. 267~270)
3. 필자 :
4. 내용요약 : 1900년 연환회에서 본처전도인 12인을 선정, 올해는 11인을 선정, 권사는 작년엔 11인에서 21인으로 증가, 전도사는 13인에서 32인으로 증가함. 각각의 이름을 게재함.(서울전도사, 평양전도사, 수원·공주전도사, 제물포전도사) 또한 각 전도사의 공부의 급을 나누어 정리함.
5. 특기사항 : 최병헌, 로병션, 송긔용, 리국혁, 고시형, 리경직, 민찬호, 윤창렬, 김창식, 오셕형, 박셩필, 강인걸, 안긔형, 황쳥모, 김지션, 김션규, 문경호, 김동현, 박학신, 김익희, 김긔범, 김샹림, 쟝경화, 복졍채, 박능일, 하츈틱, 권신일, 김경일, 쟝원근, 안경수, ᄉᆞᆫ승용, 고치일

□ 1901.6(1권 7호)
1. 분류 : 사설
2. 제목 : 젼도ᄉ의 공부과정(pp. 270~276)
3. 필자 :
4. 내용요약 : 연환회에서 전도사의 공부과정을 알림. 1. 속장의 공부과정, 2. 권사의 공부과정(1·2년급으로 나눔), 3. 본처전도사의 공부과정(1·2·3·4년급으로 나눔)
5. 특기사항 : 연환회

□ 1901.6(1권 7호)
1. 분류 : 사설
2. 제목 : 믹길 목ᄉ 셩품 밧음(p. 277)
3. 필자 :
4. 내용요약 : 원산항의 믹길목사가 미국에서 집사목사의 안수를 받았는데 지난 연환회에서 문감목의 안수로 장로목사가 되어 원산항교회를 담임.
5. 특기사항 : 원산항, 믹길, 문감목, 연환회, 원산항교회

□ 1901.6(1권 7호)
1. 분류 : 사설
2. 제목 : 발월의원 셩품밧음(p. 277)
3. 필자 :
4. 내용요약 : 발월의원이 평양교회에서 본처전도인으로 있다가 지난해 연환회에서 문감목의 안수로 집사목사가 되어 평양교회를 시무함.
5. 특기사항 : 발월의원, 평양교회, 문감목, 연환회

□ 1901.6(1권 7호)
1. 분류 : 사설
2. 제목 : 교회통계(pp. 277~278)
3. 필자 :
4. 내용요약 : 각 지방의 입교인, 학습인 등의 수록 기록함.(서울, 제물포, 평양, 수원, 원산) 지난 1년간 교인 가운데 61명이 별세, 1년 동안 세례받은 이는 580명, 주일학교는 40처, 학교에 공부하는 이는 1696명, 연보는 2910원
5. 특기사항 : 서울, 제물포, 평양, 수원, 원산

□ 1901.6(1권 7호)
1. 분류 : 논설
2. 제목 : 본쳐 전도ᄉ 최병헌 보단(pp. 278~281)
3. 필자 : 최병헌
4. 내용요약 : 작년 5월 연환회 후로 쎙커목사와 같이 회당에 전도, 정동회당, 양주 독바위교회, 동문안회당, 달성회당, 인천우각동회당에 가서 전도함, 당시 이화학당과 배재학당에서 입교인, 학습인 세례인이 나타남. 상사, 혼인들을 인도하고, 재정은 전도인 월급, 회당 경비, 구제돈, 별수전, 청국교인구제보호녀회경비전 등으로 사용함.
5. 특기사항 : 연환회, 최병헌, 아편셜라, 쎙커목사, 정동회당, 독바위교회, 동문안회당, 달성회당, 죠목사, 인천우각동회당, 이화학당, 배재학당, 별수전, 제물포회당, 보호녀회

□ 1901.6(1권 7호)
1. 분류 : 논셜
2. 제목 : 죽는 사롭이 산사롭을 회기식힘(pp. 281~282)
3. 필자 : 김샹림(본쳐전도인)
4. 내용요약 : 강화셔샤교회 쥬사익의 부인 최씨의 신앙이야기
5. 특기사항 : 김샹림, 강화셔샤교회, 쥬사익의 부인 최씨

□ 1901.6(1권 7호)
1. 분류 : 논셜
2. 제목 : 월보그림샹급(p. 282)
3. 필자 :
4. 내용요약 : 월보의 표지그림 공모에 서울의 리은승이 당선, 샹급은 4원이며 이는 일본에 보내어 판을 만든 후에 월보의 표지로 사용함
5. 특기사항 : 이은승

□ 1901.6(1권 7호)
1. 분류 : 교보(p. 283)
2. 제목 :
3. 필자 :
4. 내용요약 : 힐만 부인이 대한부인전도사로서 한국에 와 제물포부인교회를 가르치기로 작정, 인천항에 내려와 있음.
5. 특기사항 : 힐만 부인, 제물포부인교회, 인천항

□ 1901.6(1권 7호)
1. 분류 : 교보(p. 283)
2. 제목 :
3. 필자 :
4. 내용요약 : 케블목사는 지난 연환회에서 정동 배재학당 교사를 그만두고 황해도교회를 맡게 됨. 거쳐는 인천항으로 함.
5. 특기사항 : 케블목사, 배재학당, 황해도교회, 인천항

□ 1901.6(1권 7호)
1. 분류 : 교보(p. 283)
2. 제목 :
3. 필자 :
4. 내용요약 : 에스틕 부인이 평양으로 내려가 부인교회를 가르치기로 작정함.
5. 특기사항 : 힐만 부인, 에스틕 부인, 평양부인교회

☐ **1901.6(1권 7호)**
1. 분류 : 교보(pp. 283~284)
2. 제목 :
3. 필자 :
4. 내용요약 : 각처의 장로사를 선정하니 시란돈 목사는 교회감회사 겸 남방장로사, 로블목사는 북방장로사, 죠원시 목사는 서편장로사로 함. 그동안은 시란돈 목사 혼자였으나 이번에 두 명이 추가되니 이는 교회의 진보함.
5. 특기사항 : 시란돈, 노블목사, 조원시

☐ **1901.6(1권 7호)**
1. 분류 : 교보
2. 제목 : 졈심쟉뎡(pp. 284~285)
3. 필자 :
4. 내용요약 : 1. 인천담방리교회-여러 곳의 교인이 모이는 담방리교회의 재정적 어려움으로 점심대접을 할 수 없게 되자 금년부터 고잔과 비리로 시작하여 여러 곳의 교인이 점심을 해가지고 와서 주일예배를 보고 감.
   2. 교동읍교회-권민신, 황한심 등의 집에서 공부할 때 점심을 돌아가면서 담당함.
5. 특기사항 : 인천, 담방리교회, 교동읍교회, 권민신, 황한심

☐ **1901.6(1권 7호)**
1. 분류 : 교보
2. 제목 : 의학ᄉ 히라씨 부인의 리사(p. 285)
3. 필자 :
4. 내용요약 : 동대문안병원의 히라씨 부인이 홀의원 부인 대신으로 평양병원에 내려가니 그곳에는 형님되는 발월 부인도 계시더라.
5. 특기사항 : 동대문안병원, 홀의원 부인, 히라씨 부인, 평양병원, 발월 부인

☐ **1901.6(1권 7호)**
1. 분류 : 교보
2. 제목 : 의학ᄉ 어란쓰버거 부인의 리사(p. 285)
3. 필자 :
4. 내용요약 : 서울 정동보구여원의 어란쓰버거 부인이 동대문안병원을 맡아보기 위해 이사함.
5. 특기사항 : 서울, 정동보구여원, 어란쓰버거 부인, 동대문안병원

☐ **1901.6(1권 7호)**
1. 분류 : 교보(pp. 285~286)

2. 제목 :
3. 필자 :
4. 내용요약 : 에스터박씨가 평양병원에서 서울 정동병원으로 옮겨옴.
5. 특기사항 : 박에스터, 평양병원, 정동병원

□ **1901.6(1권 7호)**
1. 분류 : 교보(p. 286)
2. 제목 :
3. 필자 :
4. 내용요약 : 평양병원에 있던 홀의원 부인이 신병차 미국에 들어가기로 작정
5. 특기사항 : 평양병원, 홀의원 부인

□ **1901.6(1권 7호)**
1. 분류 : 교보(p. 286)
2. 제목 :
3. 필자 :
4. 내용요약 : 동대문안에 있던 루이씨 부인이 홀 부인과 함께 미국으로 들어감
5. 특기사항 : 루이씨 부인, 홀 부인, 동대문안

□ **1901.6(1권 7호)**
1. 분류 : 교보(p. 286)
2. 제목 :
3. 필자 :
4. 내용요약 : 정동활판소에 있던 빅목사 내환으로 환국함
5. 특기사항 : 정동활판소, 빅목사

□ **1901.6(1권 7호)**
1. 분류 : 만국주일공과
2. 제목 : 제2부 제6과 뎨주의게 크신 즁임을 맛기심(마태 28:16-20)(7월 7일) / 제7과 예수승텬ᄒ심(행1:1-11)(7월 14일) / 제8과 셩신주심(행2:1-11)(7월 21일) / 제9과 예수-우리의 대졔ᄉ쟝(히 9:11-14, 24-28)(7월 28일)(pp. 286~300)
3. 필자 :
4. 내용요약 :
5. 특기사항 :

□ **1901.7(1권 8호)**
1. 분류 : 사설
2. 제목 : 감샤황은(p. 303)
3. 필자 :

4. 내용요약 : 보구여원에 있던 한 늙고 병든 사람이 우연하게 궁궐 안으로 들어가 황
제를 만나 돈 400량과 백목 두 필을 받음. 교인에 대한 황제폐하의 은혜
에 감사.
5. 특기사항 : 보구여원

□ **1901.7(1권 8호)**
1. 분류 : 사설
2. 제목 : 교회됴사(pp. 304~305)
3. 필자 :
4. 내용요약 : 북장로회, 남장로회, 캐나다장로회, 오스트레일리아장로회의 세례교인 수
와 연보 액수를 기록함.
5. 특기사항 : 북장로회, 남장로회, 캐나다장로회, 오스트레일리아장로회

□ **1901.7(1권 8호)**
1. 분류 : 사설
2. 제목 : 쟉별론셜모본(pp. 305~309)
3. 필자 :
4. 내용요약 : 전도인에게 필요한 연설하는 법이 중요함을 강조하면서 연설법대로 전
도문을 작성하는 법을 지시함. 사경회나 학회 뒤에는 쟉별회를 만들 것
을 주장. 작년 달성회당에서 있은 사경회 뒤에 홍승하 속장이 작성한 연
설문을 모본으로 제시함.(1. 감사하고 서로 떠나옴, 2. 중한 부탁 서로 받
고 떠나옴 3. 영혼 교통함을 언약하야 서로 떠나옴)
5. 특기사항 : 달성회당, 홍승하, 사경회

□ **1901.7(1권 8호)**
1. 분류 : 논셜
2. 제목 : 죄도리(pp. 309~314)
3. 필자 : 최병헌(본토전도인)
4. 내용요약 : 문답체로 되어 있는 이 논설에서는 죄란 무엇인가, 죄는 누구로부터 시
작되는가, 또 죄인들을 하나님이 어찌 부르셨는가, 성신을 좇는 것이 무
슨 표적인가, 어떻게 성신을 좇는가 등을 질문하고 이에 대답함.
5. 특기사항 : 최병헌

□ **1901.7(1권 8호)**
1. 분류 : 문원(pp. 314~315)
2. 제목 :
3. 필자 :
4. 내용요약 : 정동청년회 회원이 흔히 하는 노래곡조로 찬미가를 지어 부르니 이는
미국목사 싱기션싱의 일과 같음. 그중 권중가를 수록함.

5. 특기사항 : 정동청년회, 싱기선생, 찬미가, 권중가

□ **1901.7(1권 8호)**
1. 분류 : 교보(p. 316)
2. 제목 :
3. 필자 :
4. 내용요약 : 근래의 서울교회 형제들이 열의가 없어 장로사 시란돈이 정동 상동 동문안 교우까지 함께 기도회를 개최함
5. 특기사항 : 시란돈, 정동, 상동, 동문안

□ **1901.7(1권 8호)**
1. 분류 : 교보(p. 316)
2. 제목 :
3. 필자 :
4. 내용요약 : 정동청년회의 재조직
5. 특기사항 : 정동청년회, 청년회

□ **1901.7(1권 8호)**
1. 분류 : 교보
2. 제목 : 교회흥왕(p. 316)
3. 필자 :
4. 내용요약 : 죠원시지파에서 전도의 열심히 일어 두 달 동안에 세례받은 이가 120명
5. 특기사항 : 조원시, 연환회

□ **1901.7(1권 8호)**
1. 분류 : 교보
2. 제목 : 텬군진보(pp. 316~317)
3. 필자 : 안정수
4. 내용요약 : 제물포나인드청년회 소식 : 임원의 임기가 만료되어 새임원을 선정. 회장 강원셕, 전도국 김이제, 인제국 최경식, 학문국 함베드로, 다정국 최선도, 통신국 안뎡수, 회계국 쟝원근
5. 특기사항 : 제물포나인드청년회, 강원석, 김이제, 최경식, 함베드로, 최선도, 안정수, 장원근

□ **1901.7(1권 8호)**
1. 분류 : 교보(pp. 317~318)
2. 제목 :
3. 필자 :
4. 내용요약 : 1901년 6월 20일 〈그리스도신문〉에 게재한 황해도 평산 감바위교우들

의 결정이 배울 점이 있어 게재함. 그 결정 사항은 식사할 때 부부가 함께 먹을 것, 부부가 서로 높임말을 사용할 것, 혼인할 때 신부의 얼굴을 고치지 말 것
5. 특기사항 : 그리스도신문, 감바위(황해도 평산)

☐ **1901.7(1권 8호)**
1. 분류 : 교보
2. 제목 : 시란돈 쟝로스 귀국(p. 318)
3. 필자 :
4. 내용요약 : 시란돈 장로사의 대부인이 병환이 위중하여 귀국
5. 특기사항 : 시란돈

☐ **1901.7(1권 8호)**
1. 분류 : 교보(pp. 318~319)
2. 제목 :
3. 필자 :
4. 내용요약 : 평양 로블 장로사와 문감목이 의화단의 난을 겪은 청국을 방문하여 상황을 살핌
5. 특기사항 : 평양, 노블장로사, 문감목, 의화단의 난

☐ **1901.7(1권 8호)**
1. 분류 : 만국주일공과
2. 제목 : 제2부 제10과 예수끠셔 바울의게 뵈이심(행22:6-16)(8월4일) / 제11과 예수끠셔 요한의게 뵈이심(묵시1:9-20)(8월11일) / 제12과 새하눌과 새셰계라(묵 21:1-7, 22-27)(8월18일) / 제13과 복잇눈 사람(시1:1-6)(8월25일)(pp. 319~334)
3. 필자 :
4. 내용요약 :
5. 특기사항 :

☐ **1901.7(1권 8호)**
1. 분류 : 광고
2. 제목 : 언스즈뎐(p. 335)
3. 필자 :
4. 내용요약 : 신학과 과학 용어를 게재함.
5. 특기사항 : 언사자전

☐ **1901.8(1권 9호)**
1. 분류 : 사설

2. 제목 : 시란돈 쟝로스와 그 대부인 귀국ᄒ심(pp. 339~342)
3. 필자 :
4. 내용요약 : 시란돈 대부인의 병환으로 쟝로사와 대부인이 미국으로 돌아가자 시란돈 쟝로사와 그 대부인의 사적을 기록하며 다시 돌아오기를 기대함.
5. 특기사항 : 시란돈, 시란돈 대부인, 시병원(侍病院), 달성교회, 동대문안교회

□ **1901.8(1권 9호)**
1. 분류 : 사설
2. 제목 : 일보대거전도(pp. 342~344)
3. 필자 :
4. 내용요약 : 일본교회에서 발간하는 대거전도(大擧傳道)라는 신문에 일본예수교회가 열심히 자립적으로 전도함을 지적하면서 우리 대한 형제자매들도 미국목사의 도움 없이 자립적으로 열심히 전도하자고 권면.
5. 특기사항 : 〈대거전도〉, 일본예수교회

□ **1901.8(1권 9호)**
1. 분류 : 사설
2. 제목 : 신도의 량식(pp. 344~345)
3. 필자 :
4. 내용요약 : 가물어 흉년이 들자 마태 6:26과 요한 6:35절을 들어 육신의 양식보다는 영생의 복을 누리며 살자고 권면함.
5. 특기사항 :

□ **1901.8(1권 9호)**
1. 분류 : 론설
2. 제목 : 보호녀회 셜립흠을 말슴흠(pp. 345~349)
3. 필자 :
4. 내용요약 : 황성의 정동교우들이 아편셜라 목사가 귀국한다는 소식을 듣고 그에게 기념될 만한 선물을 하자고 논의함. 황씨부인이 먼저는 유기반상을 해주자고 하였으나 결국은 사진을 촬영하여 이를 기념으로 주자고 결정. 이를 위해 회를 조직하니 이것이 보호여회의 시작. 회장은 황씨부인, 인제국장 쓸비여노씨부인, 서기에는 쑤레스문부인과 울누씨됴부인, 회계는 마터김씨부인 등이며 직무는 구제, 상장례의 부조, 전도사업 등이다.
5. 특기사항 : 보호녀회, 정동, 아편셜라, 황씨부인, 왈너션싱부인, 커들너부인, 시쟝로사대부인, 루이쓰부인, 푸라이부인, 미이미감리교보호녀회, 쓸비여노씨부인, 쑤레스문부인, 울누씨됴부인, 마터김씨부인

□ **1901.8(1권 9호)**
1. 분류 : 론설

2. 제목 : 서울정동 와런쳥년회 회쟝보단(pp. 349~352)
3. 필자 : 양홍묵(정동와런쳥년회 회장)
4. 내용요약 : 1901년 7월 23일 정동미감리교회 제1차 계삭회의 보고. 청년회의 발전 상황과 함께 3월 3일에 뽑은 신임임원의 명단을 게재함. 회장 량홍묵, 전도국장 됴한규, 학문국장 최병헌, 인졔국장 노병션, 다졍국장 리경직, 통신국장 김연근, 회계국장 송셕린.
5. 특기사항 : 와런청년회, 양홍묵, 조한규, 최병헌, 노병션, 이경직, 김연근, 송셕린, 계삭회, 청년회

□ **1901.8(1권 9호)**
1. 분류 : 론설
2. 제목 : 뭇지늬 새 회당을 헌봉홈(pp. 353~354)
3. 필자 : 김동현(전도사)
4. 내용요약 : 뭇지늬교회가 새 회당을 5월 18일에 봉헌함.
5. 특기사항 : 뭇지늬교회, 문감목, 로사와셔목사, 케불목사, 모리쓰목사, 이화학당, 달성회당, 제물포 장전도사, 연안 하권사, 담방리, 시흥삼막골, 과천덕고개, 김동현, 복정채

□ **1901.8(1권 9호)**
1. 분류 : 문원(pp. 354~356)
2. 제목 :
3. 필자 : 이경직(권사)
4. 내용요약 : 예수교의 목적을 이루고자 하는 이는 더욱 노래에 힘쓰라고 권면하면서 회기가를 수록함
5. 특기사항 : 회기가, 리경직

□ **1901.8(1권 9호)**
1. 분류 : 교보
2. 제목 : 시흥삼막회당 헌봉홈(pp. 357~358)
3. 필자 :
4. 내용요약 : 시흥군 삼막동에서 하영홍이 전답을 팔아 180원을 받쳐 교회당을 지어 헌당함
5. 특기사항 : 시흥삼막회당, 하영홍, 서원보, 조원시, 김동현, 리지홍, 하진정

□ **1901.8(1권 9호)**
1. 분류 : 교보(p. 358)
2. 제목 :
3. 필자 :
4. 내용요약 : 서울 정동교회에서 속장 10인을 세움

5. 특기사항 : 정동교회, 최병헌, 시란돈, 죠목사

☐ **1901.8(1권 9호)**
1. 분류 : 교보(pp. 358~359)
2. 제목 :
3. 필자 :
4. 내용요약 : 강죠원의 자당이 예수를 믿음
5. 특기사항 : 정동청년회, 최지홍, 비지학당, 강죠원, 독바위교회(양주)

☐ **1901.8(1권 9호)**
1. 분류 : 교보
2. 제목 : 쳐스회긔(pp. 359~360)
3. 필자 :
4. 내용요약 : 동대문안 셔첨지의 개종
5. 특기사항 : 동대문안, 서첨지

☐ **1901.8(1권 9호)**
1. 분류 : 교보
2. 제목 : 신도의 힝젹(pp. 360~361)
3. 필자 :
4. 내용요약 : 제물포교회 강희원의 정직성을 칭찬
5. 특기사항 : 제물포교회, 강희원, 경인철도운수회사

☐ **1901.8(1권 9호)**
1. 분류 : 교보
2. 제목 : 황희도 감음쇼동(p. 361)
3. 필자 :
4. 내용요약 : 황해도 연안 백천지경에 한기가 심해 민심이 소동함
5. 특기사항 : 황해도

☐ **1901.8(1권 9호)**
1. 분류 : 교보
2. 제목 : 셔울교회 흥왕홀 모양(pp. 361~363)
3. 필자 :
4. 내용요약 : 서울교회가 점차 흥왕하고 있음
5. 특기사항 : 시란돈, 조원시, 서울교회

☐ **1901.8(1권 9호)**
1. 분류 : 교보

2. 제목 : 유승안 씨 대부인 별세(p. 362)
3. 필자 :
4. 내용요약 : 황해도 연안 남신당 속장 유승안 씨 대부인이 별세
5. 특기사항 : 유승안 씨 대부인, 김긔범

□ **1901.8(1권 9호)**
1. 분류 : 만국주일공과
2. 제목 : 제3부 제1과 하ᄂᆞ님이 만물을 몬다심(창1:26-31)(9월1일) / 제2과 죄와 속죄의 시쟉(창3:1-15)(9월8일) / 제3과 노아가 방쥬에셔 구원엇음(창8:15-22)(9월 15일) / 제4과 하ᄂᆞ님이 아브라함을 부르심(창20:1-9)(9월22일) / 제5과 아브라함과 롯(창13:7-18)(9월29일)(pp. 362~385)
3. 필자 :
4. 내용요약 :
5. 특기사항 :

□ **1901.9(1권 10호)**
1. 분류 : 사설
2. 제목 : 하ᄂᆞ님 안젼에 힝ᄒᆞ심(pp. 389~391)
3. 필자 :
4. 내용요약 : 동양에는 일찍이 物各有主라는 말이 있는데 교인의 주인은 누구인가라는 질문에 하나님께서 우리의 주인임을 고백함. 하나님 자녀될 직책을 알 뿐 아니라 언제나 하나님 앞에 있는 것처럼 행동에 삼갈 것을 권면함.
5. 특기사항 :

□ **1901.9(1권 10호)**
1. 분류 : 사설
2. 제목 : 신구약셔문(pp. 391~393)
3. 필자 :
4. 내용요약 : 신약 27권과 구약 39권을 하나하나 소개함
5. 특기사항 :

□ **1901.9(1권 10호)**
1. 분류 : 사설
2. 제목 : 의뎨의 편지(pp. 393~397)
3. 필자 :
4. 내용요약 : 愛弟라 하는 사람의 편지내용을 수록함. 교회의 역할과 전도의 사명에 대해 강조함.
5. 특기사항 :

□ **1901.9(1권 10호)**
1. 분류 : 론셜
2. 제목 : 말(pp. 397~401)
3. 필자 : 쥬샹호(정동청년회 본년 7월 17일 기도회 제2차 제출위원)
4. 내용요약 : 말에 대해 몇 가지 제목을 붙여 대강을 설명함(말이 무엇인가, 말이 밖으로 어떻게 발하는가, 말이 어떻게 쓰이는가, 말의 왜 뜻과 같이 못하는가, 말은 제일 많이 쓰이는 기계, 말의 두어가지 류분, 남의 뜻을 아는 말의 두 가지 방법, 말로 내 뜻을 남에게 알게 할 수 없는 특별한 까닭)
5. 특기사항 : 정동청년회, 쥬샹호(주시경), 청년회

□ **1901.9(1권 10호)**
1. 분류 : 론셜
2. 제목 : 교인안장(p. 401)
3. 필자 :
4. 내용요약 : 1. 새문밖 새다리목에 사는 송순진의 모친이 돌아가심. 장사를 치를 사람이 없어 정동녀교에서 사람이 나가 일을 돕는데 전도인 최병헌과 권사 윤창렬이 장례를 행함.
   2. 정동교유 리명숙이 자부상을 당함.
5. 특기사항 : 송순진 모친, 송순진, 정동녀교, 최병헌, 윤창렬, 서원보 목사, 리명숙, 새문밖, 새다리목

□ **1901.9(1권 10호)**
1. 분류 : 론셜
2. 제목 : 금식긔도(pp. 402~403)
3. 필자 : 강죠원
4. 내용요약 : 정동교회 청년교우 강죠원이 본집이 있는 양주 독바위산에서 7일 금식 기도를 하는데 예수가 세 번 나타나 처음에는 말씀으로 다음에는 사랑하는 교사같이, 세 번째는 엄위하고 인자하신 모양으로 나타나 땅끝까지 전도할 것을 권면함.
5. 특기사항 : 정동교회, 강죠원

□ **1901.9(1권 10호)**
1. 분류 : 교보
2. 제목 : 리동고 밋는 ᄋ힉힝격(pp. 403~405)
3. 필자 : 안정수
4. 내용요약 : 충청도 평택에 사는 리동고라는 아이는 일찍이 고아가 되어 삼촌을 성심껏 봉양하면 제물포로 이사와서는 주민는 일에 힘썼으나 강원도로 일을 나가게 되자 목사에서 가서 예수 믿는 징표를 하나 달라함.

5. 특기사항 : 리동고, 안뎡수, 평택, 제물포

□ **1901.9(1권 10호)**
1. 분류 : 교보
2. 제목 : 대황데탄신경츅홈(pp. 405~407)
3. 필자 :
4. 내용요약 : 제물포나인드지파쳥년회에서 황제폐하의 50되심을 축하함.
5. 특기사항 : 제물포나인드지파쳥년회, 안뎡수, 강원셕, 함베드로, 손승룡, 죠원시, 장경화, 장석근, 나인드지파, 쳥년회

□ **1901.9(1권 10호)**
1. 분류 : 만국주일공과
2. 제목 : 제3부 제6과 하느님이 아브라함의게 언약호심(창15:1-18)(10월6일) /제7과 아브라함이 더신으로 구홈(창18:16-33)(10월18일) / 제8과 아브라함과 이삭(창22:1-14)(10월20일) / 제9과 이삭의 화의붓침(창26:12-25)(10월27일)(pp. 407~429)
3. 필자 :
4. 내용요약 :
5. 특기사항 :

□ **1901.10(1권 11호)**
1. 분류 : 사설
2. 제목 : 대미국 대통령암살(pp. 433~437)
3. 필자 :
4. 내용요약 : 9월 6일 미국 대통령 믹킨릐가 박람회에 참석하였다가 무정부당에게 암살당하여 9월 14일에 승하함. 그 과정과 믹킨릐의 사기를 기록하였다. 이어 9월 19일 한국에서는 대통령 장일로 정하여 미국공사와 목사등이 참석. 서울 정동교회당에서 장례를 행하니 죠원시가 회장이 되고 마포 목사, 리목사, 젼쥬 최목사 및 공사가 참여하였으며 황제폐하가 리지슌을 보내어 조문함.
5. 특기사항 : 믹킨릐, 정동교회당, 죠원시, 마포목사, 리목사, 최목사, 리지슌

□ **1901.10(1권 11호)**
1. 분류 : 사설
2. 제목 : 쳡엇는 폐단(pp. 437~441)
3. 필자 :
4. 내용요약 : 여자가 남편을 여럿 두는 것을 금하듯 남자가 첩을 얻는 것 또한 금해야 한다. 여자가 아들을 낳지 못할 경우 첩을 둔다고 하였는데 아들은 사람에게 있는 것이 아니고 하나님의 명령으로 탄생될 수 있는 것이며

아들 낳지 못하는 데는 남편에게도 책임이 있다. 아들을 원함은 조상봉사때문인데 첩의 자식의 제사를 받는 것은 조상도 기뻐하지 않을 일이라고 강조하면서 화목한 부부의 사랑을 언급함.
5. 특기사항 :

□ **1901.10(1권 11호)**
1. 분류 : 만스문답(pp. 441~446)
2. 제목 :
3. 필자 :
4. 내용요약 : 1. 예수의 족보가 마태복음과 누가복음이 다른데 그 이유는 무엇인가? 2. 성경에 이색 열 사람과 유태 사람과 흴나사람과 히브리인과 사두개인이 각각 있는데 다 한 나라 사람이며 열두지파의 자손인가? 3. 조상제사를 지내지 않음으로 불효한다고 하는데 그 정황은 어떠한가? 4. 세상 효자가 무덤에 가서 절하면 영적이 나타나거늘 어찌 죽은 후에 절하는 것을 허비라 하는가? 5. 예수의 동생이 있는가? 6. 죽지 않는 죄는 무엇인가? 7. 에녹에 대해 거룩한 자 여러 명과 같이 임하신다 함은 무슨 뜻인가? 8. 베전 3:19절에 예수가 옥에 있는 신령들에게 가서 반포하였단 말은 무엇인가? 등등을 질문하고 대답함.
5. 특기사항 :

□ **1901.10(1권 11호)**
1. 분류 : 론셜
2. 제목 : 죄도리(pp. 446~455)
3. 필자 :
4. 내용요약 : 아담 범죄 전 처지, 아담 범죄, 사람의 원죄, 사람의 본죄, 구속에 대해 논함
5. 특기사항 :

□ **1901.10(1권 11호)**
1. 분류 : 교보
2. 제목 : 고ㅇ원강론(pp. 455~457)
3. 필자 :
4. 내용요약 : 영국부인 2명이 서문밖 독립문 옆에 넓고 합당한 집을 마련하여 고아들을 데려다가 기르니 20여 명이더라. 이에 기도를 부탁하면서 한편으로는 아들없는 사람은 고아를 양자로 들일 것을 권하고 재정적인 도움을 줄 사람은 괴포부인에게 전할 것을 말함.
5. 특기사항 : 괴포부인, 독립문

□ 1901.10(1권 11호)
1. 분류 : 교보
2. 제목 : 슈원일(p. 457)
3. 필자 :
4. 내용요약 : 권사 김동현이 수원 서문 안에 초가 십여 간을 사고 수리하니 관찰사 죠중목이 김동현을 착수함. 장로사 죠원시와 셔원보가 중재에 나서서 김동현이 방송됨.
5. 특기사항 : 김동현, 죠중목, 죠원시, 셔원보

□ 1901.10(1권 11호)
1. 분류 : 교보
2. 제목 : 과천일(p. 457)
3. 필자 :
4. 내용요약 : 덕고기 교우들이 연조하여 교회당을 짓다. 군수 강샹긔가 이를 보고 백성을 꾀어 그 집을 헐어달라고 간청케 하나 백성들이 이에 응하지 않자 교인들을 착수함. 이에 관찰사가 군수의 허망함으로 알고 훈령을 내려 이들을 방면함.
5. 특기사항 : 강샹긔, 덕고개

□ 1901.10(1권 11호)
1. 분류 : 교보
2. 제목 : 남양교회 홍왕홈(pp. 458~459)
3. 필자 :
4. 내용요약 : 남양교회 속장 홍승하와 홍승문 형제가 교회 일에 힘씀.
5. 특기사항 : 남양교회, 홍승하, 남양읍, 양철이, 포막, 미화동, 룡두, 영홍셤, 셤감셤, 홍승문

□ 1901.10(1권 11호)
1. 분류 : 교보
2. 제목 : 아편셜나 목스 도라오심(p. 459)
3. 필자 :
4. 내용요약 : 미국에 갔던 아편셜나 목사가 11월 11일에 돌아옴. 부인과 따님은 오지 않아 섭섭함.
5. 특기사항 : 아편셜라

□ 1901.10(1권 11호)
1. 분류 : 교보
2. 제목 : 케블목스 부인 나아오심(p. 459)
3. 필자 :

4. 내용요약 : 케블 목사 부인도 아펜셜라 목사와 함께 인항에 들어왔는데 23일에 제물포회당에서 혼인례를 가짐.
5. 특기사항 : 케블 목사 부인, 아펜셜라 목사, 제물포회당

□ **1901.10(1권 11호)**
1. 분류 : 교보
2. 제목 : 김창식 씨의 전도ᄒ심(pp. 459~460)
3. 필자 :
4. 내용요약 : 김창식이 연환회를 마치고 평양으로 내려가 평양과 황해도 등 여러 지역을 다니며 전도하니 예수교인의 겸손하고 사랑하는 행위를 보고 백성들이 마음의 감복을 받음.
5. 특기사항 : 김창식, 연환회, 평양, 황해도

□ **1901.10(1권 11호)**
1. 분류 : 교보
2. 제목 : 숑도ᄉ경회(p. 460)
3. 필자 :
4. 내용요약 : 9월 30일에 죠원시와 황해도 지방 목사 긔이부·김긔범이 교인 50여 명과 함께 송도감리회 고목사 회당에서 사경회를 개최하였다가 10월 7일에 폐회함.
5. 특기사항 : 송도사경회, 죠원시, 긔이부, 김긔범, 송도감리회, 고목사, 사경회, 황해도

□ **1901.10(1권 11호)**
1. 분류 : 교보
2. 제목 : 연안계삭회(p. 460)
3. 필자 :
4. 내용요약 : 9월 27일 10시에 조원시와 긔이부 목사가 연안교회에서 계삭회를 개최하였는데 조원시가 회를 주장함.
5. 특기사항 : 죠원시, 긔이부, 연안교회, 계삭회

□ **1901.10(1권 11호)**
1. 분류 : 만국주일공과
2. 제목 : 제3부 제10과 야곱이 쎄들에 잇슴(창28:10-22)(11월3일) / 제11과 야곱은 하ᄂ님의 아ᄃᆞᆯ(창3:21-30)(11월10일) / 제12과 존졀ᄒᄂᆞᆫ 공과(잠23:9-35)(11월17일) / 제13과 뎨3부 도강(11월24일)(pp. 461~480)
3. 필자 :
4. 내용요약 :
5. 특기사항 :

□ **1901.11(1권 12호)**
1. 분류 : 사설
2. 제목 : 예수씨의 깃분탄신(pp. 483~486)
3. 필자 :
4. 내용요약 : 우리 인간의 죄를 대속하고자 이 땅에 오신 예수님의 탄생을 축하하면서 각지에서 성탄일에 대한 것을 기록해 보내면 월보에 출판하겠다고 함.
5. 특기사항 :

□ **1901.11(1권 12호)**
1. 분류 : 사설
2. 제목 : 셔방데일츠 디방회(pp. 486~489)
3. 필자 :
4. 내용요약 : 10월 30일 하오 7시에 금년부터 서방 제1차지방회를 제물포이쓰버리회당에서 개최함. 조원시의 주관하에 열린 이 지방회에서는 지난 10여 년의 일을 보고하고 이 회의 조직 목적은 농사를 잘 추수하여 하나님의 일을 확장하는 일에 있음을 강조함. 그 이듬해는 10월 21일에 룡동회당에서 다시 지방회를 모일 것을 결정하고 폐회함.
5. 특기사항 : 죠원시, 제물포이쓰버리회당, 김긔범, 안졍슈, 복졍치, 긔이부 목사, 쟝원근, 박능일, 죠원시, 김샹림, 홍승하, 쟝경화, 권신일, 용동회당, 지방회

□ **1901.11(1권 12호)**
1. 분류 : 사설
2. 제목 : 식견이 부죡이면 시여미시라(pp. 489~491)
3. 필자 : 김창식
4. 내용요약 : 시비를 변론할 적에 홀로 자기만이 옳다고 공변하지 말라고 경고함
5. 특기사항 : 김창식

□ **1901.11(1권 12호)**
1. 분류 : 사설
2. 제목 : 제물포 영화학당 셜시홈(pp. 491~493)
3. 필자 :
4. 내용요약 : 교육의 중요함을 강조하면서 교육에 제일 요긴한 것은 德과 才라 함. 이에 제물포 룡동에 영화학당을 설립함. 처음 이름은 대한인항미이미감리교회 사립 영화학당이다. 처음에는 70여 명의 학도가 모임, 우병길, 쟝셕근, 쟝경화, 최봉현, 안덩수가 교육에 힘씀.
5. 특기사항 : 영화학당, 제물포룡동, 대한인항미이미감리교회, 영화학당, 우병길, 쟝셕근, 쟝경화, 최병현, 안덩슈

□ 1901.11(1권 12호)
1. 분류 : 론설
2. 제목 : 강화사경회일긔(pp. 493~495)
3. 필자 :
4. 내용요약 : 1901년 11월 7일일 하오 7시에 장로사 죠원시의 개회 아래 강화사경회를 개최함.
5. 특기사항 : 강화사경회, 죠원시, 김샹림, 박능일, 쪼스흔허, 유니쓰최, 쪼스혼, 박쪽신, 유샹일, 사경회

□ 1901.11(1권 12호)
1. 분류 : 론설
2. 제목 : 감리교회 쟝로스 리덕씨 고국에 도라가심(pp. 495~497)
3. 필자 : 윤셩근
4. 내용요약 : 1896년에 리덕이 대한에 나와 5년간 주의 일에 힘쓰다가 부인의 별세로 떠나심. 떠날 때 황성 남숑현학당에서 미국말로 연설하고 덕원감리 윤치호가 번역함. 또 삼일 기도는 고양읍회당에서 권면하다.
5. 특기사항 : 리덕, 황성남숑현학당, 윤치호, 고양읍회당, 윤셩근

□ 1901.11(1권 12호)
1. 분류 : 론설
2. 제목 : 겸손훈 디거ᄒᆞ야 스업은 크게홈(p. 497)
3. 필자 : 김챵식
4. 내용요약 : 서울 달성회당에서 전도하던 리은승이 1901년 7월 24일에 평양성에 래임하여 조그마한 초가집을 하나 사서 건축을 손수함. 또 외촌 교우를 상종하여 강서, 룡강, 삼화, 증남포, 무주치 등을 순회함.
5. 특기사항 : 달성회당, 리은승, 평양성, 강서, 룡강, 삼화, 증남포, 무주치, 무주치회당, 김창식

□ 1901.11(1권 12호)
1. 분류 : 론설
2. 제목 : 령혼영싱 리치론셜(pp. 498~500)
3. 필자 : 김슌일
4. 내용요약 : 영생을 얻고자 하면 예수께서 육신으로 행하심과 말씀으로 가르치신 뜻을 잠잠히 생각하라
5. 특기사항 : 평산 남쳔교회, 김슌일

□ 1901.11(1권 12호)
1. 분류 : 론설
2. 제목 : 셩신림ᄒᆞ심(pp. 500~501)

3. 필자 : 복정채
4. 내용요약 : 남양 교우 홍승문이 음력 7월에 령흥섬에 전도갔을 때 하도원 집에서 19세 여자 아이의 병을 고쳐주고 이어 홍승하 12세 남자 아이가 병에 걸렸다가 죽을 때 성신이 임재함을 경험함.
5. 특기사항 : 홍승문, 령흥셤, 하도원, 홍승하, 하도원 부인김씨, 복정치, 남양

□ **1901.11(1권 12호)**
1. 분류 : 교보
2. 제목 : 부부간 신심(pp. 501~502)
3. 필자 :
4. 내용요약 : 교동 북면 사는 황초신 씨와 그 부인 민씨가 신앙생활을 하자 가족들이 박해함
5. 특기사항 : 황초신, 황초신 부인 민씨, 교동

□ **1901.11(1권 12호)**
1. 분류 : 교보
2. 제목 : 밀나부인 나오심(p. 502)
3. 필자 :
4. 내용요약 : 밀나부인이 대한제물포부인전도사로 제물포에 와서 힐만부인과 함께 계심.
5. 특기사항 : 밀나부인, 제물포부인전도사, 힐만부인

□ **1901.11(1권 12호)**
1. 분류 : 교보
2. 제목 : 믹길의원이 셔울노 오심(p. 502)
3. 필자 :
4. 내용요약 : 원산항의 교회 사무를 믹길의원이 맡아보더니 그 전도 사무를 다 교회에 맡기고 서울에 와 계시는 중이다.
5. 특기사항 : 믹길의원, 원산항

□ **1901.11(1권 12호)**
1. 분류 : 교보
2. 제목 : 원산전도(pp. 502~503)
3. 필자 :
4. 내용요약 : 믹길의원이 서울로 온 뒤 원산전도는 하목사와 새로 나오신 로의원, 부인전도선생 두 분이 맡아 보심.
5. 특기사항 : 믹길의원, 하목사, 원산

□ **1901.11(1권 12호)**
1. 분류 : 교보
2. 제목 : 목ᄉ 셔원보씨의 리쳔 젼도(p. 503)
3. 필자 :
4. 내용요약 : 셔원보 목사가 이천 전도를 성황리에 마침
5. 특기사항 : 셔원보, 이천

□ **1901.11(1권 12호)**
1. 분류 : 교보
2. 제목 : 쳥년회표 광고(p. 503)
3. 필자 :
4. 내용요약 : 제물포청년회 다정국에서 청년회 표를 만들었다. 값은 25전이니 많이 구입하도록.
5. 특기사항 : 청년회, 제물포청년회 표

□ **1901.11(1권 12호)**
1. 분류 : 만국주일공과
2. 제목 : 제4부 제1과 요셥이 익급에 풀님(창37:23-33)(12월1일) / 제2과 요셥이 옥에 갓침(창39:20-40:15)(12월8일) / 제3과 요셥이 놉흔 디위에 올음(창40:28-49)(12월15일) / 제4과 쥬탄일공과(이9:2-7)(12월22일) / 제5과 요셥과 그 형뎨(창45:1-15)(12월29일)(pp. 503~525)
3. 필자 :
4. 내용요약 :
5. 특기사항 :

제 2 권

□ 1902. 3(제2권 3호)
1. 분류 : 사설
2. 제목 : 구쥬부활일(p. 3)
3. 필자 :
4. 내용요약 : 3월 30일 주일은 부활주일이니, 기쁜 찬미로 하나님께 영화를 돌리고 정성된 예배로 영혼에 강건한 힘을 얻기를 바라며, 부활주일 예배절차를 아래에 기재하니 참고하기 바람.
5. 특기사항 : 부활주일

□ 1902. 3(제2권 3호)
1. 분류 : 사설
2. 제목 : 부활도리(pp. 3~12)
3. 필자 :
4. 내용요약 : 부활도리는 눈으로 보지 못하는 바요 매우 오묘한 이치며, 또한 그리스도께서 죽고 다시 사심으로 세상에 처음 전하신 바니 그리스도를 모르는 사람은 이 도리를 깨달을 수 없음. 부활도리 설명-1관: 죽는 것은 사람의 끝이 되지 아니하고 다만 생명의 변함뿐이라. 2관: 우리가 육신으로 다시 살아남. 3관: 우리의 지금 가진 몸이 다시 살아남. 4관: 부활몸
5. 특기사항 : 부활도리

□ 1902. 3(제2권 3호)
1. 분류 : 사설
2. 제목 : 금년만국쥬일공과(pp. 12~13)
3. 필자 :
4. 내용요약 : 지난 6달 동안 구약을 공부했는데, 이제 정지하고 6달 동안 신약을 공부한 뒤에 다시 구약을 공부하겠음. 처음 3달은 사도행전을 할 것임.
5. 특기사항 : 만국주일공과

□ 1902. 3(제2권 3호)
1. 분류 : 사설
2. 제목 : 스도힝젼총론(pp. 13~15)
3. 필자 :
4. 내용요약 : 예수께서 승천하신 후에 성신강림하심과 사도의 전도함과 교회 세운 일을 기록하였는데, 모든 사도의 자세한 기록이 아니라 특별히 베드로와 바울의 기록이 많음. 전체 28장으로, 1관은 1-12장까지로 베드로의 전도한 일을 기록하고, 2관은 13-28장으로 바울이 전도한 일을 기록하였음.

5. 특기사항 :

□ 1902. 3(제2권 3호)
1. 분류 : 론셜
2. 제목 : 부활성일례제(pp. 15~18)
3. 필자 : 서원보
4. 내용요약 : 부활예식 중 중요한 것은 성만찬을 베푸는 일, 원입교인들이 세례를 받았고, 정부에서 죄인을 옥에서 놓아주었고 빈민구제함이라. 그 다음 세례 받은 사람들이 생명의 정결함을 표하는 흰옷을 입고, 다음 예배일에는 흰옷을 벗고 교회에 입교인으로 들어오는 예를 받았음. 여러 백년 지난 후 영국과 독일에서 여신을 숭배하는 잘못이 있다가, 성공회에서 이것을 고쳤음. 영국, 로마, 미국의 예식을 소개함.
5. 특기사항 : 서원보, 성공회

□ 1902. 3(제2권 3호)
1. 분류 : 론셜
2. 제목 : 부활일을 성경에 말홈(pp. 19~28)
3. 필자 : 아펜젤러
4. 내용요약 : 찬미가 51 / 기도 / 부활에 대해 기록한 성경구절 : 마가복음 12:26-27, 로마서 6:5, 고린도전서 15:13-23 / 찬미 : 할렐루여 부활하사(Gospel, Hymms 180) / 고린도전서 15:42-44,46,48, 빌립보서 3:21 / 찬미 / 욥기 19:25, 다니엘 12:23, 호세아 13:14, 욥기 14:14, 시편 16:8-10, 사도행전 2:29-31,47, 고린도전서 15:45,47, 요한복음 2:19,21, 사도행전 13:29, 마가복음 16:12, 마태복음 28:2, 누가복음 24:3,12, 요한복음 20:11-13, 마태복음 28:56 / 찬미 : 부활날의 소식 / 요한복음 20:14,16,17, 마태복음 28:9, 누가복음 24:33 / 찬미 / 요한복음 20:26, 21:1,14, 사도행전 1:3,8,9 / 찬미가 123
5. 특기사항 : 부활절

□ 1902. 3(제2권 3호)
1. 분류 : 교보
2. 제목 : 그리스도인 이휼회 광고(p. 29)
3. 필자 : 안정수, 심상철(그리스도인애휼회 서기)
4. 내용요약 : 황성달성교우 배동현이 자기집 문권을 내어서 흉년에 어려운 교우를 구제하고자 하여 설명하니, 여러 형제가 합심하여 연금을 내어 구제하기로 결심하고 그리스도인애휼회를 조직. 전국 교우들이 애휼금을 도와주기를 바람.
5. 특기사항 : 그리스도인애휼회, 애휼회, 서울사경회, 사경회, 황성달성교우, 배동현, 경상농교회, 안정수, 심상철

□ 1902. 3 (제2권 3호)
1. 분류 : 교보
2. 제목 : 정동서 신학을 공부홈(pp. 30~31)
3. 필자 : 최병헌
4. 내용요약 : 전도하는 형제들을 가르치고자 서울 배재학당에 모여 신학을 공부하는
데, 인천에서 온 장로사 조원시는 교회사기를, 평양에서 온 장로사 노블
은 그리스도학을, 배재학당 총교사 아펜젤러는 유신론을, 남방전도목사
서원보는 찬미가 곡조를 가르침. 복음 전도자는 예수를 본받아 명령을
순종하고, 진리를 전파할 때에 반드시 하나님께 구해야 한다.
5. 특기사항 : 최병헌, 배재학당, 조원시, 노블, 교회사기, 아펜젤러, 유신론, 서원보, 찬
미가, 얼필나스, 쁜니페이스, 그리스도학, 실체론(實體論), 개벽론(開闢論)

□ 1902. 3 (제2권 3호)
1. 분류 : 교보
2. 제목 : 샹동스경회에서 공부홈(pp. 31~32)
3. 필자 : 구춘경
4. 내용요약 : 상동감리회당에서 사경회할 때, 인천장로사 조원시는 성사총론을, 서방
목사 서원보는 찬미를, 송도 고목사는 신명(神命)을, 아펜젤러 목사는 성
경지리를, 본교회 무목사는 예수께서 등산 전도하심을 가르침
5. 특기사항 : 경상농감리회당 사경회, 조원시, 성사총론, 서원보, 고목사(송도), 아펜젤
러, 무목사, 상동사경회, 사경회

□ 1902. 3 (제2권 3호)
1. 분류 : 교보
2. 제목 : 담방리에셔 스경회룰 처음 공부홈(p. 32)
3. 필자 :
4. 내용요약 : 인천 담방리교회에서 사경회할 때 본교회 전도사 복정채는 마가복음과
영혼론을, 속장 이유방은 장정규칙을 가르침
5. 특기사항 : 담방리교회(인천), 사경회, 복정채, 이유방, 장정규칙

□ 1902. 3 (제2권 3호)
1. 분류 : 교보
2. 제목 : 리천읍 김제안씨의 쳡 브린 일(pp. 32~33)
3. 필자 : 구춘경
4. 내용요약 : 이천읍군 돌속장 김제안이 전도하여 돈이동, 소꼬지 두 곳에 교회를 설
립하고 열심 전도함. 김제안의 혈육이 없어 첩을 두었으나, 월보를 보고
그것이 죄임을 깨닫고 첩을 내보냄
5. 특기사항 : 이천읍, 구춘경, 김제안, 돈이동(이천읍), 소꼬지(이천읍), 교회설립

□ 1902. 3 (제2권 3호)
1. 분류 : 교보
2. 제목 : 구쥬탄일경축(pp. 33~36)
3. 필자 :
4. 내용요약 : 평양교회에서 북방장로사 노블이 주장하여 회당에 모여 구주 오심을 경축하고, 특별히 여학당 아이들이 구주강생하심으로 서로 문답함. 삼화증남포에서도 전도사 황정모가 개회하고 경축회를 함. 연안읍 강화부 평산 담방리 여러 교회에서 경축하고, 안주 삼화 북쪽지방에서도 주탄일 경축을 했다는 소식을 전함
5. 특기사항 : 평양교회, 노블, 여학당(평양), 진남포(삼화), 황정모, 연안읍, 강화부, 평산, 담방리, 안주, 삼화, 구주탄일경축

□ 1902. 3 (제2권 3호)
1. 분류 : 만국주일공과
2. 제목 : 제1부 제1과 허락ᄒᆞ신 권능(사도행전 1:1-11)(3월 2일) / 제2과 허락ᄒᆞ신 권능이 응ᄒᆞ여 오심(사도행전 2:1-11)(3월 9일) / 제3과 고딕 그리스도교회(사도행전 2:37-47)(3월 16일) / 제4과 저는 사ᄅᆞᆷ을 곳침(사도행전 3:1-10)(3월 23일) / 제5과 부활공과(요한 20:6-18)(3월 30일)(pp. 36~57)
3. 필자 :
4. 내용요약 :
5. 특기사항 :

□ 1902. 4 (제2권 4호)
1. 분류 : 사설
2. 제목 : 신력으로 전도홈(pp. 61~67)
3. 필자 :
4. 내용요약 : 전도함은 그리스도인의 당연한 직분인데, 자기 힘으로 하지 말고, 먼저 하나님께 간절히 기도하여 하나님의 신이 우리 마음에 들어와 우리의 영혼이 성신과 화합하여 강건한 힘을 얻은 후에 전도해야 한다.
5. 특기사항 :

□ 1902. 4 (제2권 4호)
1. 분류 : 사설
2. 제목 : 쥬일학당을 발달케 홈(pp. 67~69)
3. 필자 :
4. 내용요약 : 금년에 특별히 중요한 일은 첫째 주일학당에 모임을 흥왕케 함이요, 둘째 학당이 든든하고 완전하기를 힘쓰고, 셋째 전도에 힘쓰게 해야 하며, 넷째 성경을 주장케 함이며, 다섯째 변개함(덕행을 발달케 해 옳은 목적

을 세우게 힘쓰고 충실한 모양이 나타나게 함)을 힘쓰고, 여섯째 우리가 열심히 지혜로 이와 같이 힘쓰면 주일학당이 점점 발달하여 불과 몇해에 아름다운 모양을 볼 것이다.
5. 특기사항 : 주일학당, 만국주일공과, 보통과

□ 1902. 4(제2권 4호)
1. 분류 : 사설
2. 제목 : 평양청년회 흥왕홈(pp. 69~70)
3. 필자 :
4. 내용요약 : 평양 굿셀지파청년회 김득수 씨의 보단을 보니 그곳 청년회가 매우 흥왕하다. 1901년 12월 임원을 선정. 회장 이은승, 전도국장 김성호, 인제국장 김재선, 학문국장 오석형, 다정국장 안석훈, 통신국장 김득수, 회계국장 염치언이며, 매 월요일 하오 칠점종에 모이며, 매회 90명 가량 모임.
5. 특기사항 : 평양청년회, 굿셀지파청년회(평양), 김득수, 이은승, 김성호, 김재선, 오석형, 안석훈, 염치언, 청년회

□ 1902. 4(제2권 4호)
1. 분류 : 훈ᄋ론셜
2. 제목 : 싱각홀 일이라(p. 71)
3. 필자 :
4. 내용요약 : 농부가 여우와 닭과 곡식을 함께 가지고 장에 가려고 냇가를 건너야 하는데, 이 세 가지 물건을 온전케 건너갈 계책을 기재하여 월보소로 보내면 그 성명을 이후 출판하겠음.
5. 특기사항 : 난회, 문지신

□ 1902. 4(제2권 4호)
1. 분류 : 훈ᄋ론셜
2. 제목 : ᄉ시라(pp. 71~72)
3. 필자 :
4. 내용요약 : 1년에 4시로 봄·여름·가을·겨울이 있고, 또 12월이 있어 각기 때마다 날씨가 다름.
5. 특기사항 :

□ 1902. 4(제2권 4호)
1. 분류 : 훈ᄋ론셜
2. 제목 : 금당ᄉ경회 ᄋ동작문(pp. 72~75)
3. 필자 : 이은승
4. 내용요약 : 노블 장로사의 지휘로 사경회를 하는데, 10세 정도 아이들이 매우 열심이었음. "하나님이 내 목자시뇨"라는 글을 짓게 하여, 여러 형제 자매를

기쁘게 하기 위해 기록함
5. 특기사항 : 금당사경회, 이은승, 사경회, 차병수, 차정하, 차리룡, 차준하, 이호영, 최선주, 조영제

☐ **1902. 4(제2권 4호)**
1. 분류 : 론셜
2. 제목 : 셩경디지(pp. 75~87)
3. 필자 : 파월(Follwell)
4. 내용요약 : 성경공부에는 성경지리와 지도와 지형을 상고할 성경지지가 필요한데, 우리 대한에는 아직 책이 없음. 평양사경회 때에 파월 의사가 성경지지를 시작하여 문답을 저술하여, 그 글을 기록함.
5. 특기사항 : 평양사경회, 파월, 성경지지, 사경회

☐ **1902. 4(제2권 4호)**
1. 분류 : 교보
2. 제목 : 셔울정동 월은쳥년회 임원션뎡(p. 87)
3. 필자 :
4. 내용요약 : 2.26 서울정동교회 월은청년회의 임원 선정. 회장 문경호, 전도국 최병헌, 인제국 주상호, 학문국 이경직, 다정국 임종면, 통신과 서기 김명준과 민찬호, 회계국 강조원 선출함. 기도회는 매주일 하오 삼정종에, 토론회는 매월 1차씩, 저술의원을 선정해 매회 글을 낭독하게 해 학문상 진보하게 함.
5. 특기사항 : 월은청년회(정동), 정동교회, 문경호, 최병헌, 주상호, 이경직, 임종면, 김명준, 민찬호, 강조원, 청년회

☐ **1902. 4(제2권 4호)**
1. 분류 : 교보
2. 제목 : 김각일 씨의 밋음(pp. 87~88)
3. 필자 : 박능일
4. 내용요약 : 강화읍 사는 김각일은 본래 핍박하던 자였는데, 주 앞에 나온지 1삭만에 사당과 상청을 불사르고, 온 가족이 다투어 예배당에 나오고 모든 재물을 하나님께 바칠 것을 맹세함.
5. 특기사항 : 강화읍, 김각일, 박능일

☐ **1902. 4(제2권 4호)**
1. 분류 : 교보
2. 제목 : 강화읍ㅅ경회(pp. 88~89)
3. 필자 :
4. 내용요약 : 강화읍회당에서 음력 1.4-15 사경회를 했는데, 전도사 박능일이 야고보

　　　　　　서를 가르치고 폐회할 때 문답으로 간증함.
5. 특기사항 : 강화읍사경회, 강화읍회당, 사경회, 박능일

□ 1902. 4 (제2권 4호)
1. 분류 : 교보
2. 제목 : 제물포스경회(p. 89)
3. 필자 :
4. 내용요약 : 제물포교회에서 음력 1.3-14 사경회를 했는데, 긔이부 목사, 장로사 조원
　　　　　　시가 가르치고, 폐회할 때 조원시 댁에서 친목회를 열었으며 아펀설라 목
　　　　　　사도 참여함.
5. 특기사항 : 제물포사경회, 제물포교회, 긔이부, 조원시, 아펜젤러, 사경회

□ 1902. 4 (제2권 4호)
1. 분류 : 교보
2. 제목 : 죠원시쟝로스와 셔원보목스의 남방슌힝(p. 89)
3. 필자 :
4. 내용요약 : 조원시 장로사와 서원보 목사가 2.3-25 남방교회 시찰. 공주 전주 홍주
　　　　　　여러 곳 순행함.
5. 특기사항 : 조원시, 서원보, 공주, 전주, 홍주

□ 1902. 4 (제2권 4호)
1. 분류 : 만국주일공과
2. 제목 : 제1부 제6과 첫재군축(사도행전 4:1-12)(4월 6일) / 제7과 속이는 죄(사도행
　　　　전 5:1-11)(4월 13일) / 제8과 둘재군축(사도행전 5:33-42)(4월 20일) / 제9과
　　　　스데반이 잡힘(사도행전 6:7-15)(4월 27일)(pp. 90~107)
3. 필자 :
4. 내용요약 :
5. 특기사항 :

□ 1902. 5 (제2권 5호)
1. 분류 : 사설
2. 제목 : 년환회(pp. 111~112)
3. 필자 :
4. 내용요약 : 연환회를 평양에서 개최하기로 정했는데 문감목이 오시는 5월 16일에
　　　　　　개회함. 연환회는 1년간 추수한 것을 주인이신 하나님께 내어놓고 칭찬
　　　　　　받는 날임.
5. 특기사항 : 연환회, 문감목, 평양, 제물포

□ **1902. 5(제2권 5호)**
1. 분류 : 사설
2. 제목 : 셩셔공회쥬일(p. 112)
3. 필자 :
4. 내용요약 : 5월 4일은 성서공회주일로, 하나님이 우리에게 성경주심을 감사하고, 우리말로 번역하여 우리가 공부할 수 있게 됨을 기뻐하는 날이다. 또한 이 날은 성서공회를 위해 각 교회에서 헌금하여 성경출판하는 일과 매서들의 월급을 주는데 유용하게 사용할 수 있게 함.
5. 특기사항 : 성서공회주일

□ **1902. 5(제2권 5호)**
1. 분류 : 사설
2. 제목 : 형뎨롤 스랑홈(pp. 112~118)
3. 필자 :
4. 내용요약 : 예수께서 하나님의 사랑을 말씀하시고 우리로 하여금 이를 본받아 서로 사랑하라고 하심. 우리가 서로 사랑함으로 세상 모든 사람이 우리를 예수의 제자인 줄 알게 함.
5. 특기사항 :

□ **1902. 5(제2권 5호)**
1. 분류 : 론셜
2. 제목 : 먼디 젼도홈(pp. 118~121)
3. 필자 : 안기형 전도사
4. 내용요약 : 노블 장로사의 허락을 받고 안주 희천 등지에서 전도함. 안주성은 갑오 을미 양 병란을 당하여 쇠락해져 주의 복음을 전하고, 희천읍에서 전도할 때 안연철, 송희봉 양씨가 복음을 듣고 3일간 공부함. 이들이 형제들을 인도할 줄 믿고 옴.
5. 특기사항 : 안기형, 노블, 안주, 희천, 평양, 안주성, 갑오난, 을미난, 희천읍, 안연철, 송희봉

□ **1902. 5(제2권 5호)**
1. 분류 : 론셜
2. 제목 : 셩경디지문답(pp. 122~135)
3. 필자 : 폴웰(E. D. Follwell)
4. 내용요약 :
5. 특기사항 : 성경지지

□ **1902. 5(제2권 5호)**
1. 분류 : 론셜

2. 제목 : 성서공회쥬일(pp. 136~142)
3. 필자 : 벅월(H. O. T. Burkwall)
4. 내용요약 : 해마다 양력 5월 첫 주일을 성서공회를 위해 모임. 내용-"개회규칙", "성서공회를 시작한 원인", "여러 방언으로 번역함", "성경을 전파한 일", "어떻게 우리를 도와줌"
5. 특기사항 : 성서공회주일, 성서공회, 성경번역, 영국성서공회, 아펜젤러, 리목사, 기일, 매서인, 대영성서공회, 벅월

□ 1902. 5(제2권 5호)
1. 분류 : 교보
2. 제목 : 감리교회 스경회(p. 143)
3. 필자 : 윤근성
4. 내용요약 : 1902. 2. 27 강원도 철원지경터회당에서 사경회 개회, 하목사와 무목사가 주장하고, 남녀노유 합 40여 인이 모여 2주일간 공부할 때, 이봉순은 술장사를 거절하고 떡장사 밥장사 하기로 작정함. 세례 16, 학습 10여인, 회우로 받은 이 7인.
5. 특기사항 : 윤근성, 사경회, 지경터회당(철원), 철원, 하목사, 무목사, 이봉순

□ 1902. 5(제2권 5호)
1. 분류 : 교보
2. 제목 : 보월리의원에 졔즁스무롤 기지홈(pp. 143~145)
3. 필자 : 안석훈(평양서문안제중원 서기)
4. 내용요약 : 보월리 의사가 평양에서 제중원 사무를 보면서 육신의 병뿐 아니라 영혼의 깊은 병을 고쳐줌. 노블 목사와 보월리 목사의 가르침으로 영생의 길을 얻었는데, 성경을 강론한지 3년이 되어 보월리 의사가 귀국하니 섭섭함.
5. 특기사항 : 평양성, 안석훈, 평양서문안제중원, 보월리, 제중원(평양), 노블

□ 1902. 5(제2권 5호)
1. 분류 : 교보
2. 제목 : 삼화진남포스경회(p. 145)
3. 필자 : 이상린
4. 내용요약 : 맥길 목사가 사경회 인도해 요한복음을 가르침. 2월 5일부터 10일간 공부, 50인 모임.
5. 특기사항 : 진남포사경회(삼화), 사경회, 이상린, 맥길, 삼화

□ 1902. 5(제2권 5호)
1. 분류 : 교보
2. 제목 : 학교설시(pp. 145~146)

3. 필자 : 김기범
4. 내용요약 : 황해도 연안 중산교회 김여찰이 12.11 꿈에 조원시 장로사가 복정채, 고치일과 같이 와서 어린아이는 나라와 교회의 근본이니 학교를 세워 가르쳐야 한다고 함. 이에 교회에서 설명하고, 자기 집에 학교를 설시하고 아이를 모집해 가르침. 학동 9명이 국문을 배워 찬미를 읽게 됨.
5. 특기사항 : 김기범, 중산교회(황해도 연안), 김여찰, 조원시, 복정채, 고치일, 연안, 학교설립

□ 1902. 5(제2권 5호)
1. 분류 : 교보
2. 제목 : 슈원계삭회(pp. 146~147)
3. 필자 :
4. 내용요약 : 3월 5일 장로사 조원시와 서원보 목사가 수원계삭회를 수원부에 열고 각 교회 사무를 봄. 수원부내, 장지내, 아리실, 덕뫼, 노로올 여러 곳 형제들이 교회 계삭회를 봄.
5. 특기사항 : 수원계삭회, 계삭회, 조원시, 서원보, 수원부내, 장지내(수원), 아리실(수원), 덕뫼(수원), 노로올(수원)

□ 1902. 5(제2권 5호)
1. 분류 : 교보
2. 제목 : 남양계삭회(p. 147)
3. 필자 :
4. 내용요약 : 조원시 장로사와 서원보 목사가 수원계삭회를 파한 후, 남양읍에서 3월 6일 남양계삭회를 열고 사무를 봄. 남양읍 양철리 용머리 경다리 포막 덕방리 영흥도 대부도 선감도 등 9교회 모여 계삭회를 하고, 남양교회 흥왕한 것 조사-형제의 집 70호, 믿는 사람의 수효 200여 명.
5. 특기사항 : 남양계삭회, 계삭회, 조원시, 서원보, 수원계삭회, 남양읍, 양철리(남양), 용머리(남양), 경다리(남양), 포막(남양), 덕방리(남양), 영흥도(남양), 대부도(남양), 선감도(남양), 남양교회

□ 1902. 5(제2권 5호)
1. 분류 : 교보
2. 제목 : 이천계삭회(pp. 147~148)
3. 필자 :
4. 내용요약 : 3월 11일 이천읍에서 이천계삭회 개회, 덕들 오천 노로목 오양동 개나리아 맹골 축골 매화지 가목동 응암 군돌 도리을 큰골 속고지 주여 말아래 작별리 궁틀 순계 이천읍 등 20처 교회 계삭회를 합함. 이천읍교회 흥왕함 조사-형제의 집 261호, 믿는 형제의 수 1천 명이 넘고, 교회 재정이 1901년 4250냥을 하나님 일에 사용.

5. 특기사항 : 이천계삭회, 계삭회, 이천읍, 덕들(이천), 오천(이천), 노로목(이천), 오양동(이천), 개나리아(이천), 맹골(이천), 축골(이천), 매화지(이천), 가목동(이천), 응암(이천), 군돌(이천), 도리을(이천), 큰골(이천), 속고지(이천), 주여(이천), 말아래(이천), 작별리(이천), 궁틀(이천), 순계(이천)

□ 1902. 5(제2권 5호)
1. 분류 : 만국주일공과
2. 제목 : 제1부 제10과 스데반의게 돌질홈(사도행전 7:54-6:2)(5월 4일) / 제11과 데쥬들이 훗터짐(사도행전 8:2-13)(5월 11일) / 제12과 내시가 귀화홈(사도행전 8:29-39)(5월 18일) / 제13과 데일부 도강(5월 25일)(pp. 148~163)
3. 필자 :
4. 내용요약 :
5. 특기사항 :

□ 1902. 6(제2권 6호)
1. 분류 : 사설
2. 제목 : 대 북미쥬 주원선교학싱의 대의회(pp. 167~170)
3. 필자 :
4. 내용요약 : 북미주 신학교, 대학교에 자원선교학생회가 조직된 지 14년 동안 세계 각국에서 예수를 전파하고 백성을 가르쳤는데, 우리는 주의 빛을 본지 20년이 되어 가니 우리도 우리 동포들에게 예수의 진리와 그리스도교학문으로 잘 가르쳐 인도하자고 함.
5. 특기사항 : 북미주자원선교학생회, 자원선교학생회

□ 1902. 6(제2권 6호)
1. 분류 : 사설
2. 제목 : 김상림 씨 별세호심(pp. 170~172)
3. 필자 :
4. 내용요약 : 강화 김상림 전도사 별세함. 그의 사적을 기록함.
5. 특기사항 : 강화, 김상림, 조원시, 동대문안학당, 황동교회(강화)

□ 1902. 6(제2권 6호)
1. 분류 : 사설
2. 제목 : 술의 낭패(pp. 172~175)
3. 필자 :
4. 내용요약 : 술은 모든 죄를 짓는 것과 패가망신하는 근본이며, 그 해가 됨은 첫째 술의 독함이요, 둘째는 술로 인해 범죄함이요, 셋째는 패가망신이다. 우리 그리스도를 믿는 사람들은 조심하여 술을 멀리 피하고 끊어야 한다.
5. 특기사항 :

□ 1902. 6(제2권 6호)
1. 분류 : 사설
2. 제목 : 인심엇는 근본(pp. 175~176)
3. 필자 :
4. 내용요약 : 사람이 사회상 중요한 것은 인심 얻는 것이니, 먼저 마음을 하나님의 진리를 잘 닦고 가득 채운 후에 학문을 배워야 한다. 믿는 형제자매들은 그리스도의 군인이므로 그 직책이 더욱 중하니 더욱 모든 일에 힘써, 이 나라가 천국이 되게 하기를 바람.
5. 특기사항 :

□ 1902. 6(제2권 6호)
1. 분류 : 훈ᄋ론셜
2. 제목 : ᄋ희문답(pp. 176~177)
3. 필자 :
4. 내용요약 : 아이들을 대상으로 곤충, 동물 등에 관한 몇 가지 질문을 하고, 이 질문에 대한 대답을 기록해 본사로 보내면 이후에 그 성명을 광고
5. 특기사항 :

□ 1902. 6(제2권 6호)
1. 분류 : 훈ᄋ론셜
2. 제목 : 훈ᄋ론셜 디답홈(pp. 177~178)
3. 필자 : 김힐넌(이화학당, 14세)
4. 내용요약 : 농부가 강을 건널 때 여우와 닭과 곡식을 모두 무사히 건너는 방법을 대답함
5. 특기사항 : 김힐넌, 이화학당

□ 1902. 6(제2권 6호)
1. 분류 : 신명
2. 제목 : 병쟈 회기(pp. 178~179)
3. 필자 : 최병헌
4. 내용요약 : 우매한 소경과 귀머거리가 예수의 행적을 보고 회개함. 이 세상에서 참 이치를 보아도 보지 못하고 들어도 듣지 못하는 소경과 귀머거리같은 사람들이 매우 애석함.
5. 특기사항 : 최병헌

□ 1902. 6(제2권 6호)
1. 분류 : 신명
2. 제목 : 눈을 곳치미 밋지안턴 ᄌ손이 회기홈(pp. 179~180)

3. 필자 : 이경직
4. 내용요약 : 동대문안교회 교인 김덕우는 학당에서 한문을 가르쳤는데, 눈병으로 한 쪽이 거의 보이지 않아 제중원에서 치료받음. 제중원 의원이 어떻게 믿는가 하니, 대답하기를 사람의 재주로 날 수 없고 오직 주의 권능으로 날 줄을 믿노라 하고, 의원이 치료하여 고침. 이로써 김덕우의 아들 김광오가 열심히 믿게 됨.
5. 특기사항 : 동대문안교회, 김덕우, 제중원, 김광오, 이경직

□ **1902. 6(제2권 6호)**
1. 분류 : 론셜
2. 제목 : 령혼론셕의(pp. 181~187)
3. 필자 : 노블(W. A. Noble)
4. 내용요약 : 영혼론에 대한 문답
5. 특기사항 : 영혼론, 노블)

□ **1902. 6(제2권 6호)**
1. 분류 : 론셜
2. 제목 : 교회의 효험(pp. 187~193)
3. 필자 : 문경호
4. 내용요약 : 사람마다 도를 배워야 하는데 도를 전도하고 가르치는 자가 매우 중요함. 큰 사업과 사람에게 큰 효험은 바로 하나님의 교인데, 외국 여러 나라의 목사들이 미개한 지역에서 하나님의 교를 전함으로 그 지역의 사람들이 변하여 하나님을 믿게 되었음. 우리 글읽는 자들은 신학문을 배워 헛되이 쓰지 말고 열심을 내어 광대한 사업을 힘써 이루어 죽어가는 영혼들을 구원하기를 축원함.
5. 특기사항 : 문경호, 모법 목사, 불교, 파라문교, 파라문신, 도복 목사, 영국, 하와이

□ **1902. 6(제2권 6호)**
1. 분류 : 론셜
2. 제목 : 대한남방 뎨일츠 디방회(pp. 194~196)
3. 필자 :
4. 내용요약 : 1902년 4월 30일 조원시가 지방회 회장이 되어 상동회당에서 지방회를 삼일기도회로 겸하여 개회하고 회원 조직. 아펜젤러 목사의 공천으로 송기용을 서기로 택정하고 각 교회 임원을 차례로 기록-정동교회, 상동교회, 동대문안교회, 시흥교회, 수원교회, 이천교회. 5월 1일 정동회당에서 개회하고, 공부와 강연을 하고, 전도사 및 2년급 승품. 폐회하고 저녁에 달성회당에 다시 모여 위사 리선생의 사기를 대강 연설하고, 4년급 3년급 승등하고 폐회함.
5. 특기사항 : 지방회, 조원시, 상동회당, 아펜젤러, 송기용, 정동교회, 벙커, 최병헌, 문

경호, 윤창렬, 민찬호, 양홍묵, 상동교회, 소목사, 백목사, 피어쓰 부인, 전봉운, 김상배, 조명운, 이국형, 고시영, 장사연, 김의식, 동대문안교회, 노병선, 이경직, 시흥교회, 김동현, 하영홍, 박학신, 홍일주, 신태묵, 이지홍, 수원교회, 이명숙, 김익희, 이춘원, 오중렵, 이천교회, 박해숙, 구춘경, 한창섭, 구홍극, 이경화, 조목사, 정동회당, 달성회당, 웨슬리

□ **1902. 6(제2권 6호)**
1. 분류 : 교보
2. 제목 : 셩셔공회쥬일(p. 197)
3. 필자 :
4. 내용요약 : 5월 4일은 성서공회주일이니, 각 교회에서 성경의 좋은 점과 출판과 전파에 대해 연설하고, 성서공회를 위해 헌금.
5. 특기사항 : 성서공회주일, 정동교회, 동대문안교회, 제물포교회, 서울서양교회

□ **1902. 6(제2권 6호)**
1. 분류 : 교보
2. 제목 : 셩경츌판훈 일(p. 197)
3. 필자 :
4. 내용요약 : 1901년 성경출판 조사-영국성서공회 4,914,359권, 미국성서공회 1,554,128권, 스코틀랜드성서공회 941,535권 판매, 한국에서 판 성경은 16,814권.
5. 특기사항 : 영국성서공회, 미국성서공회, 스코틀랜드성서공회, 성서공회, 성경출판

□ **1902. 6(제2권 6호)**
1. 분류 : 만국주일공과
2. 제목 : 제2부 제1과 다소사롬 사울이 귀화홈(사도행전 9:1-12)(6월 1일) / 제2과 베드로와 이니아와 도가(사도행전 9:32-43)(6월 8일) / 제3과 베드로와 고넬뇨(사도행전 10:34-44)(6월 15일) / 제4과 이방사롬이 교회에 드러옴(사도행전 11:4-15)(6월 22일) / 제5과 셰리아 안듸옥셩교회(사도행전 11:19-30)(6월 29일)(pp. 198~218)
3. 필자 :
4. 내용요약 :
5. 특기사항 :

□ **1902. 7(제2권 7호)**
1. 분류 : 샤셜
2. 제목 : 하리시 의원 부인의 별셰ᄒ심(p. 221)
3. 필자 :
4. 내용요약 : 평양 연환회에 슬픈 일을 당했는데, 해리스 의원(Dr. Lillian A. Harris)의 별세임. 이 부인은 1897년에 내한해 서울에서 의원사무를 보고, 작년

평양으로 이사했는데, 5월 초 한 여인의 염병을 고치다가 전염되어 본월 16일 별세함.
5. 특기사항 : 해리스, 평양연환회, 연환회

□ **1902. 7(제2권 7호)**
1. 분류 : 사셜
2. 제목 : 교회 조직훈 법(pp. 221~227)
3. 필자 :
4. 내용요약 : 교회의 뜻을 간략히 말하면 그리스도께서 창설하시고 사람으로 하여금 조직한 것이니 대개 그 교인의 반열은 삼등급으로 나누는데, 1. 회우, 2. 학습인, 3. 입교인임. 회우는 교회 다니기를 청원하나 아직 작정하지는 않고 교회를 살피는 자이며, 학습인은 자기의 죄를 깨닫고 회개하고 믿음으로 하나님의 진노하심을 면하고자 하는 자이며 학습인 중 성신의 감화하심으로 새로 난 사람은 세례를 받는 자임. 입교인은 세례받은 학습인이 교회에서 만든 법과 장정과 규칙을 배워 알고 교인의 권리를 쓸만한 재주가 있어야 함.
5. 특기사항 : 장유회, 로마교회, 회우, 학습인, 입교인, 교회조직

□ **1902. 7(제2권 7호)**
1. 분류 : 샤셜
2. 제목 : 일천구빅이년 오월 삼십일 평양년환회 전후형편 략론(pp. 227~234)
3. 필자 : 이은승
4. 내용요약 : 이은승이 조원시 장로사에게 평양연환회 기록을 보냄. 평양연환회 전후형편 약론-1. 연환회할 차로 평양에 감목오심 2. 평양새회당 모퉁이돌 놓는 예를 행함 3. 연환회 개회함 4. 해리스 의원 별세함 5. 주일에 감목께서 전도하심 6. 대동강 선유함 7. 연환회 폐회함
5. 특기사항 : 이은승, 조장로사, 평양연환회, 평양, 연환회, 해리스, 서울, 문대벽, 조원시, 평양성, 남산재회당, 미이미교회문답, 묘츅문답, 평양교회사기, 서원보, 뺑목사, 노블, 아펜젤러, 모리시, 페인부인, 피어쓰부인, 노보을부인, 헬만부인, 밀나부인, 제물포밀나부인, 푸라이부인, 맥길부인, 성서공회, 곽목사, 소남기독회, 질닛목사, 시목사, 벙커, 파월의원, 맥길의원, 파월부인, 해리스부인, 조원시, 여병원, 장로회, 미이미감리회, 평양성엡윗청년회, 엡윗청년회, 서울정동청년회, 최병헌, 상동청년회, 김동혁, 김성호, 강인걸, 제물포청년회, 최선도, 오석형, 김창식, 김기범, 청년회

□ **1902. 7(제2권 7호)**
1. 분류 : 훈ᄋ론셜
2. 제목 : 영국왕 요한과 대쥬교를 시험(그리스도신문)(pp. 234~238)
3. 필자 :

4. 내용요약 : 마음이 악한 영국왕 요한이 캔터베리에 부자인 대주교의 재산을 빼앗고
자 세 가지 문제를 내어 시험함. 그 문제를 목자인 친구가 왕에게 가서
대신 맞추고 사함을 얻음.
5. 특기사항 : 그리스도신문, 앗스봇대학교, 캠브리지대학교, 캔터배리대주교

□ 1902. 7(제2권 7호)
1. 분류 : 론셜
2. 제목 : 션진이 후진에 힝홀 직분(pp. 238~242)
3. 필자 : 최병헌
4. 내용요약 : 후진이 선진에 대해서 행할 것은 옛적 성현의 착한 행실과 좋은 말씀을
본받아 지킬 것 하나뿐이지만, 선진이 후진에 대해서 행할 직분은 도덕,
공업, 말씀 세 가지임. 도덕은 하나님의 도학을 전파하는 것이 가장 긴요
하고, 공업은 지혜있는 자가 좋은 사업을 세워 자제들을 가르치는 것이
며, 말씀은 지혜있는 선각자가 지혜없는 후각자들을 가르치는 서책임. 우
리가 전도하기를 힘쓰는 중에 제일 긴급한 일은 학교를 설립해 아이들을
가르치며 좋은 말씀으로 서책을 저술해 후진된 사람들을 교육하면, 구세
주의 교회를 널리 전파할 뿐 아니라 대한건곤으로 문명세계를 이룰 수
있도록 힘쓰는 일임.
5. 특기사항 : 최병헌, 범로공, 마복파, 계자서, 백락천, 류둔전, 권학문, 사마온공, 권학
가, 동국공자, 이황, 이이, 격몽요결, 주문공회암, 사서오경, 소학서, 사서
삼경

□ 1902. 7(제2권 7호)
1. 분류 : 론셜
2. 제목 : 령혼론(pp. 242~250)
3. 필자 : 노블(Noble, W. A.)
4. 내용요약 : 론관능지력의 환상(幻想) 문답
5. 특기사항 : 영혼론

□ 1902. 7(제2권 7호)
1. 분류 : 교보
2. 제목 : 쟝로스 부인의 귀국ᄒ심(pp. 250~251)
3. 필자 : 안정수
4. 내용요약 : 제물포 조원시 장로사 부인이 나이 많은 부모를 봉양하기 위해 귀국하
게 되어 섭섭함. 조원시는 부인 배웅차 일본까지 갔다가 돌아올 예정.
5. 특기사항 : 안정수, 제물포, 조원시

□ 1902. 7(제2권 7호)
1. 분류 : 교보

2. 제목 : 우병길 씨 됴혼 직분(p. 251)
3. 필자 :
4. 내용요약 : 제물포 영화학교 교사 우병길 씨가 송도 고목사에게 가서 그곳 영어학교 교사로 교육하면서 교회사무를 힘쓰게 되었음.
5. 특기사항 : 우병길, 제물포, 영화학교(제물포), 송도, 고목사, 영어학교

□ 1902. 7(제2권 7호)
1. 분류 : 만국쥬일공과
2. 제목 : 제2부 제6과 베드로가 옥에서 나옴(사도행전 12:1-9)(7월 6일) / 제7과 고디 그리스도교 션교수(사도행전 13:1-12)(7월 13일) / 제8과 바울이 안듸옥 비시듸아에 잇슴(사도행전 13:43-52)(7월 20일) / 제9과 바울이 누스드라에 잇슴(사도행전 14:8-19)(7월 27일)(pp. 251~266)
3. 필자 :
4. 내용요약 :
5. 특기사항 :

□ 1902. 8(제2권 8호)
1. 분류 : 샤셜
2. 제목 : 남방쟝로스 아편셜라씨 별셰홈(pp. 269~281)
3. 필자 : 노병선
4. 내용요약 : 남방장로사로 선정된 아펜젤러 목사와 교우 조한규 씨가 성경번역차 6월 11일 일본윤선 구마천환을 타고 목포로 가다가 침몰함. 장로사의 행적-학교를 세움-성경번역-교회설립-장로사 칠년-신문을 설립함(대한크리스도인회보)-매장지(양화진)-대한성서공회를 설시함-종로대동서시-추도회-송도교회에서 한 위문편지-제물포교회에서 한 위문편지
5. 특기사항 : 배재학당, 연환회, 남방장로사, 아펜젤러 별세, 조한규, 구마천환, 목포, 어청도(칠산), 목증천환, 마쉘대학교, 파울 감목, 인천항, 대한공사관, 계삭회, 평양, 의주, 해주, 공주, 부산, 정동, 경성, 아시아대한지회, 대한크리스도인회보, 영문월보, 활판소, 무릉길, 대한회보, 제국신문, 서울, 양화진, 애오개매장지, 대한성서공회, 성서공회, 서책회, 종로, 정동회당, 상동, 동대문안, 전덕기, 이화학당, 케불, 노병선, 헐버트, 서원보, 헬멘, 피어스, 최병헌, 이경직, 진고개, 일본제일은행, 원전, 제물포교회, 박대여, 최하영, 송도감리회, 보은(충남), 송도교회, 송도남부교회, 정동, 개성남부회당, 최형진, 김익성, 박운경, 최수영, 신선명, 구엘니사벳, 김대비대, 마고라, 복기선, 송기용, 여병현, 윤창렬, 노병선, 정교, 뼉월, 무쓰, 헐버트, 알렌, 뼉목사

□ 1902. 8(제2권 8호)
1. 분류 : 샤셜

2. 제목 : 슐은 사룸의 먹지 못홀 음식(pp. 281~285)
3. 필자 :
4. 내용요약 : 술은 오늘날 사람을 해롭게 하는 물건중 가장 독한 물건임. 미국에는 계주회, 일본에는 금주회가 있으니, 우리 대한 형제자매들도 좋은 계책을 내어 술을 힘써 막아 이 세상에서 마귀의 술로 인한 궤휼을 깨트리자.
5. 특기사항 : 계주회, 금주회

□ 1902. 8(제2권 8호)
1. 분류 : 훈ᄋ론셜
2. 제목 : 부싱리치로 어린 아들을 위로홈(그리스도신문)(pp. 285~291)
3. 필자 :
4. 내용요약 : 남매 가운데 누나가 세상을 떠나고, 누이의 무덤에서 남동생이 누이를 찾으며 울자 그 아버지가 잠자리 등 벌레들을 이용해 먼저 올라간 자가 생명을 잃은 자가 아니라는 것을 얘기하며 아들을 위로함.
5. 특기사항 : 그리스도신문

□ 1902. 8(제2권 8호)
1. 분류 : 론셜
2. 제목 : 령혼론(pp. 291~301)
3. 필자 : 노블 목사
4. 내용요약 : 영혼론 문답
5. 특기사항 : 영혼론

□ 1902. 8(제2권 8호)
1. 분류 : 교보
2. 제목 : 히리씨 의원 부인의 힝적(pp. 301~303)
3. 필자 :
4. 내용요약 : 연환회가 5.16 평양에서 개회했는데, 이때 해리스의원 부인이 별세함. 이 부인은 1865년 오하이오에서 출생, 오하이오웨슬리안대학교 전문과를 졸업하고, 신시내티의학전문대학교에서 공부하고 2년간 필라델피아여자대학교에서 공부하고 졸업함. 외국여인선교회에서 파송받아 1897년 12월에 내한해 서울 동대문안교회에서 의원사무를 보다 작년 5월 평양교회에서 병자들을 고침. 한 여인의 염병을 고쳐주고 병이 옮아 별세함. 평양외국인매장지에 장사지냄.
5. 특기사항 : 해리스의원부인, 연환회, 평양, 팔웰의원, 오하이오웨슬리안대학교, 신시내티의학전문대학교, 필라델피아여인대학교, 외국여인선교회, 동대문안교회, 평양교회, 해리스의원, 평양외국인매장지

□ 1902. 8(제2권 8호)

1. 분류 : 교보
2. 제목 : 리쳔디방에 젼도홈(pp. 303~305)
3. 필자 : 문경호 젼도사
4. 내용요약 : 6월초에 이천지방 각지로 돌아다니며 전도함. 이천고을교회에 속한 고을은 광주 여주 양근 음죽 죽산 양지 6곳. 예수 믿는자가 없었는데 1899년 이천 덕들이라는 곳에 서목사와 교제가 함께 가서 씨 한알을 뿌렸고, 싹이 나 가지가 자라서 결실을 맺음. 지난달 연환회 때 보고에는 6고을에 교회있는 동리가 24처, 교우 1092인이었는데, 지금은 7고을이 되고 33처, 예배당 9곳, 교우 1332명임. 여러 선생이 있는데 광주와 양근에 구춘경, 여주에 장춘명, 이천과 양지에 한창원, 죽산과 음죽에 이선여, 이천읍에 김제안, 숙골에 이경화 씨가 있음.
5. 특기사항 : 이천지방, 문경호, 연환회, 광주, 양근분원, 서울, 이순신, 사명당, 임경업, 이천고을교회, 여주, 양근, 음죽, 죽산, 양지, 이천 덕들, 서목사, 구춘경, 장춘명, 한창원, 이천, 이선여, 김제안, 이천읍, 숙골, 이경화

□ 1902. 8(제2권 8호)
1. 분류 : 교보
2. 제목 : 교당셜립(p. 305)
3. 필자 :
4. 내용요약 : 광주노로목 교우들이 교당을 세움.
5. 특기사항 : 광주, 노로목(광주), 교회설립

□ 1902. 8(제2권 8호)
1. 분류 : 광고(p. 306)
2. 제목 :
3. 필자 :
4. 내용요약 : 성서공회에서 출판한 책-성경문답, 훈ᄋ진언, 텬로지귀, 인가귀도, 환란 면ᄒ눈근본 빅쟝가, 텬로력뎡, 파혹진션론, 리췌예수, 쥬일직희논론, 병인ᄉ쥬, 유몽쳔ᄌ(상·하), 셩교촬리, 쟝원량우샹론, 구셰진젼, 구셰론, 구셰진쥬, 셩경략론 빅쟝가, 쟝쟈로인론, 싯별젼, ᄋ모권면, 복음요ᄉ
5. 특기사항 : 성서공회, 동촌과목골, 빈돈의사, 성경문답, 훈ᄋ진언, 텬로지귀, 인가귀도, 환란면ᄒ눈근본 빅쟝가, 텬로력뎡, 파혹진션론, 리췌예수, 쥬일직희논론, 병인ᄉ쥬, 유몽쳔ᄌ, 셩교촬리, 쟝원량우샹론, 구셰진젼, 구셰론, 구셰진쥬, 셩경략론 빅쟝가, 쟝쟈로인론, 싯별젼, ᄋ모권면, 복음요ᄉ

□ 1902. 8(제2권 8호)
1. 분류 : 만국쥬일공과
2. 제목 : 제2부 제10과 예루살넴에 공회(사도행전 15:22-33)(8월 3일) / 제11과 바울이 유롭으로 건너감(사도행전 16:6-15)(8월 10일) / 제12과 존졀(로마서

13:8-14)(8월 17일) / 제13과 데이부 도강(8월 24일)(pp. 307~321)
3. 필자 :
4. 내용요약 :
5. 특기사항 :

□ **1902. 9(제2권 9호)**
1. 분류 : 샤셜
2. 제목 : 무물불성(pp. 325~332)
3. 필자 : 최병헌
4. 내용요약 : 무물불성(無物不成)이란 물이 없으면 이룰 수 없다는 뜻인데, 물건이 없는 것을 걱정할 것이 아니라, 교회는 한 집과 같고 교중사무는 그 집 살림과 같으니 집을 지을 때 반드시 재정을 예산하고 일을 시작해야 함. 그러므로 기쁜 마음으로 연보하며, 재물을 하늘에 쌓아두는 자는 이 세상에서 복을 받고 영생하는 상을 얻을 것임. 첫째 감사할 것은 하나님께서 우리를 창조하시고 주시지 않은 것이 없음이요, 둘째 바라는 바는 이 세상에서 재물을 많이 내어 구제에 힘쓸 것이며, 셋째 우리의 직분은 자립하는 것으로 미국교회에서 도움을 받았으니 이제는 회당 경비와 전도인 파송을 대한 교회에서 담당하도록 함.
5. 특기사항 : 최병헌

□ **1902. 9(제2권 9호)**
1. 분류 : 샤셜
2. 제목 : 사롬의 지혜와 권력(pp. 332~342)
3. 필자 : 주상호(주시경)
4. 내용요약 : 사람의 지혜와 총명이 모든 동물중에 뛰어남. 동물들은 서로 지력대로 잡아먹고, 원수를 방비하고 피하는 지각이 있지만, 뇌가 변변치 못해 영특한 일을 하지 못하고 글이 없어서 이전을 기억하지 못하고 진보가 없음. 사람은 손이 있어 제작하는 사업이 동물보다 뛰어나며, 짐승보다 다른 점은 윤리를 지킴과 물건을 제작함이니, 그 뇌와 손을 합당하게 써야 하며, 진보하도록 힘써 도모해야 함. 나라끼리도 학문과 기계 만들기에 힘쓰지 않으면 강한 나라에게 빼앗겨 버리고 가난해지고 종노릇하게 됨. 우리나라에도 부끄러운 풍속은 변통할 줄 모름. 제사, 장지 택함, 조혼, 돈 받고 시집보냄, 내외함, 여아를 가르치지 않음, 문벌 구별, 의복의 제도를 구별해 입음, 무식하고 이치없는 무수한 속기를 무서워하고 독실히 지킴, 무복을 믿고 무식한 노릇을 행함, 불가의 여러 괴상한 일을 믿어 행함, 한문 숭상해 풍월을 일삼음. 학자들이 향교와 서원을 설시하고 예식과 허문만 숭상, 산천으로 다니며 복빈다고 재물 허비, 당과 터주 등 여러 종류를 만들어놓고 숭배, 상투 짜고 망건 씀, 항상 흰옷 입음, 위생에 어두워 거처를 깨끗이 하지 않음, 질병에 굿하기, 고부간 불화, 뇌물

하는 풍속 등이니, 이런 것을 버리고 규모와 풍속을 변통하여 우리나라 사람이 세계상에 우수한 인종이 되기를 도모할 것이며, 하나님의 지혜와 권력을 얻어 행해야 함.
5. 특기사항 : 주상호

□ 1902. 9 (제2권 9호)
1. 분류 : 샤셜
2. 제목 : 이인녀긔션흥(pp. 342~347)
3. 필자 :
4. 내용요약 : 영국교회에서 교우들이 한 회를 모으고 각각 돈을 내어 착한 일을 많이 하여 대강만 뽑아 기록함. 병원(환자들을 잘 보살핌), 육영원(어린 아이들을 기르는 집), 병신을 가르치는 학교(소경과 벙어리들을 가르침), 잔질원(특별히 병신된 자들을 치료하는 집), 공소(타국인이나 행인을 유숙하게 하고 생업이 없는 자에게 업이 있게 함), 전도, 구휼
5. 특기사항 : 영국교회, 육영원, 잔질원, 공소, 계주회

□ 1902. 9 (제2권 9호)
1. 분류 : 론셜
2. 제목 : 뎨국신문 긔즈가 우리의게 편지ᄒᆞ엿기로 좌에 긔지ᄒᆞ노라(pp. 347~353)
3. 필자 :
4. 내용요약 : 제국신문 기자가 아편장로사와 초정조 선생과 여학도의 불행한 참상에 각처 교우들이 슬퍼하는 정경을 보고 편지함. 세 가지 깨달을 일은 첫째 아펜젤러 장로사의 대한을 사랑함이오, 둘째 위로할 것이오 셋째 아펜젤러 장로사의 기업을 힘써 일해 발달시켜야 함.
5. 특기사항 : 제국신문, 아편장로사, 초정조, 성경번역, 존웨슬리

□ 1902. 9 (제2권 9호)
1. 분류 : 론셜
2. 제목 : 아편셜라 씨의 긔렴비 셰울 일노 셔울 졍동쳥년회에서 발긔ᄒᆞ엿기로 그 통문을 엇어 좌에 긔지ᄒᆞ노라(pp. 353~355)
3. 필자 : 최병헌, 민찬호, 노병선, 강민, 윤창렬, 임종면, 송기용, 육정수, 정교, 조만수, 여병현, 강조원, 문경호, 주상호
4. 내용요약 : 사람이 세상에 나서 두 가지 큰 사업은 첫째 교회를 설립하고 복음을 전해 영혼을 구원케 함이오, 둘째 학교를 세워 교육해 인재를 발달케 함인데, 아펜젤러 씨는 우리나라에 와서 학교를 세우고 교회를 설시했음. 이에 그 행적을 비석에 새겨 기념하고자 하니 힘되는 대로 연보하기를 바람.
5. 특기사항 : 아펜젤러 기념비, 서울, 정동, 청년회, 아펜젤러, 배재학당, 최병헌, 민찬호, 노병선, 강민, 윤창렬, 임종면, 송기용, 육정수, 정교, 조만수, 여병현,

강조원, 문경호, 주상호

□ 1902. 9 (제2권 9호)
1. 분류 : 론셜
2. 제목 : 뎨국신문 론셜 대강을 좌에 번등ᄒ노라(pp. 355~358)
3. 필자 :
4. 내용요약 : 정동 배재학당 총교사 아펜젤러의 별세 후 기념비를 세우는 것을 설명했더니, 원산의 박창준과 정동의 최구연 씨가 십원 오십 전을 본사로 보내옴. 이는 우리 동포의 선한 마음과 은인을 대접할 줄 아는 마음이 있음이다. 또 그 문하에서 교육받은 몇 명이 통문지어 본사로 보냈으니 경향 각처 동지의 성의를 따르고 권면할 것임. 일본에서도 미국 수사제독 페리가 처음 상륙한 곳에 기념비를 세웠음. 아펜젤러의 기념비를 세우는 것이 매우 의미있는 일임.
5. 특기사항 : 제국신문, 정동, 배재학당, 아펜젤러, 칠산해, 원산, 박창준, 최구연, 일본, 미국 수사제독, 페리

□ 1902. 9 (제2권 9호)
1. 분류 : 론셜
2. 제목 : 위스리 션생을 본밧을 일(pp. 358~364)
3. 필자 : 노병선
4. 내용요약 : 요한 웨슬리 선생을 본받을 일은 선생의 인내와 효심과 규모(교제상 시한을 어기지 않고, 경제상 절조가 있음)와 열심 전도임. 이 글은 노병선이 남방지방회에서 읽은 것을 등재함.
5. 특기사항 : 영국, 요한웨슬리, 웨슬리, 런던경성소학교, 런던, 미이미반열, 천주학쟁이, 미이미교회 설립, 복음서원, 장정규칙, 영국복음서원, 미국, 노병선, 남방지방회

□ 1902. 9 (제2권 9호)
1. 분류 : 론셜
2. 제목 : 령혼론(pp. 364~368)
3. 필자 :
4. 내용요약 : 4관 본원지지에 대한 문답
5. 특기사항 : 영혼론

□ 1902. 9 (제2권 9호)
1. 분류 : 교보
2. 제목 : 교우진보(pp. 368~369)
3. 필자 :
4. 내용요약 : 미이미교회가 설립된 지 17년이며 매우 진취되었음. 여러 곳에 교회가

〈신학월보〉 제2권 내용 색인 77

설립되고, 예배당 47, 예배일학교 47, 학습인 4590, 입교인 1196, 세례인 818, 세례한 아이 187, 전도인 18, 선생 166, 학도 2469. 또 감사할 일은 연환회회록 책(대한미이미교회 제18차 연환회회록)을 출판한 일로 교회 임원등급명록, 18차 연환회 회록, 집사들의 보단, 김상림 씨 사기, 전도사들의 과정 등이 볼 만하여, 우리 교회에 제일 요긴한 사기책이 될 것임. 서원보 목사가 전도인들에게 한 권씩 분급할 것임.
5. 특기사항 : 서울, 수원, 이천, 진천, 목천, 제물포, 시흥, 신천, 서홍, 평양, 진남포, 삼화, 황해도, 강화, 교동, 연안, 남양, 예배일학교, 연환회회록, 신학월보, 김상림, 전도사과정, 사기책, 서원보

□ 1902. 9 (제2권 9호)
1. 분류 : 교보
2. 제목 : 셰으히 별셰(p. 370)
3. 필자 :
4. 내용요약 : 서울정동 이화학당 여학도 2인과, 상동 이국혁 씨의 어린 아들이 별세함. 우리나라에 시급한 것이 여인교육인데, 여학도들은 장차 선생이 될 분인데 애석한 일임.
5. 특기사항 : 정동, 이화학당, 상동, 이국혁

□ 1902. 9 (제2권 9호)
1. 분류 : 교보
2. 제목 : 리화학당 긔학(p. 370)
3. 필자 : 페인, 프라이
4. 내용요약 : 이화학당 개학일은 9월 15일(음력 8월 14일). 어려운 아이에게는 의복 음식 거처 책자를 담당하고, 10세 이상의 무병한 아이를 받으며, 부모가 의복을 담당하지 않으면 일화 매월 1원을 대신 받음.
5. 특기사항 : 페인, 프라이, 이화학당

□ 1902. 9 (제2권 9호)
1. 분류 : 교보
2. 제목 : 녀학도 유학(pp. 370~371)
3. 필자 :
4. 내용요약 : 이화학당 여학도 조푸르든스 씨가 일본으로 유학함. 국제상 유익한 학문을 배워 대한에 유명한 여선생이 되기를 바람.
5. 특기사항 : 이화학당, 조푸르든스

□ 1902. 9 (제2권 9호)
1. 분류 : 교보
2. 제목 : 부그러운 일(p. 371)

3. 필자 :
4. 내용요약 : 시골 교우들이 회당을 세우고 목사를 청한 뒤 회당 지을 때 빚진 것을 갚아달라고 함은 부끄러운 일이니, 빚지고 지은 집을 하나님께 바치지 말고, 바치더라도 교우들이 그 빚을 담당할 것임.
5. 특기사항 :

□ 1902. 9(제2권 9호)
1. 분류 : 교보
2. 제목 : 빈지학당 기학(p. 371)
3. 필자 :
4. 내용요약 : 배재학당 개학은 9월 16일(음 8월 15일)이고, 학교내에 유숙소를 두고 시골 학도 숙식을 편케 함.
5. 특기사항 : 배재학당

□ 1902. 9(제2권 9호)
1. 분류 : 광고(p. 372)
2. 제목 :
3. 필자 :
4. 내용요약 : 성서공회에서 출판한 책-성경문답, 훈ᄋ진언, 텬로지귀, 인가귀도, 환란 면ᄒ눈근본 빅쟝가, 텬로력뎡, 파혹진션론, 리츄예수, 쥬일직회논론, 병인 수쥬, 유몽천ᄌ(상·하), 셩교촬리, 쟝원량우샹론, 구셰진젼, 구셰론, 구셰 진쥬, 셩경략론 빅쟝가, 쟝쟈로인론, 싯별젼, ᄋ모권면, 복음요ᄉ
5. 특기사항 : 성서공회, 동촌과목골, 빈돈의사, 성경문답, 훈ᄋ진언, 텬로지귀, 인가귀 도, 환란면ᄒ눈근본 빅쟝가, 텬로력뎡, 파혹진션론, 리츄예수, 쥬일직희논 론, 병인수쥬, 유몽천ᄌ, 셩교촬리, 쟝원량우샹론, 구셰진젼, 구셰론, 구셰 진쥬, 셩경략론 빅쟝가, 쟝쟈로인론, 싯별젼, ᄋ모권면, 복음요ᄉ

□ 1902. 9(제2권 9호)
1. 분류 : 만국쥬일공과
2. 제목 : 제3부 제1과 만나롤 주심(출애굽 16:4-15)(8월 31일) / 제2과 십계 하느님의 게 홀 직분(출애굽 20:1-11)(9월 7일) / 제3과 십계 사룸의게 홀 직분(출애굽 20:12-17)(9월 14일) / 제4과 금소ᄋ치롤 슝봉홈(출애굽 22:1-6, 30-35:7-29)(9 월 21일)(pp. 373~387)
3. 필자 :
4. 내용요약 :
5. 특기사항 :

□ 1902. 10(제2권 10호)
1. 분류 : 샤셜

2. 제목 : 대 일본에 왕환홈(pp. 391~392)
3. 필자 :
4. 내용요약 : 일본에서 휴가를 지내고 돌아왔음. 금년에 풍년든 것과 교회안에 형제자매들이 장성함을 감사함. 가장 어려운 일은 아펜젤러 장로사의 별세이니, 대한 형제가 아펜젤러 장로사의 본을 받들어 사업을 행하기를 바람.
5. 특기사항 : 일본, 아펜젤러

☐ 1902. 10(제2권 10호)
1. 분류 : 샤셜
2. 제목 : 감리교회 스긔(pp. 392~395)
3. 필자 :
4. 내용요약 : 제1장 영국이 로마교회를 반대하고 개신교를 설시함-감리교회는 당초 영국에서 생겼으나 그후 미국에서 왕성함. 헨리8세가 캐더린과의 이혼을 교황에게서 인가받지 못하자 로마교회를 반대하고 본 국왕을 받들어 교회장을 삼았음. 그후 박해받았다가 엘리자베스 여왕 즉위후 발전했으나, 앤 여왕의 악행으로 나라가 쇠미할 때 감리교회가 생겼음.
5. 특기사항 : 영국, 로마교회, 감리교회사기, 미국, 로마교황, 영국교회, 요한웨슬리, 악스봇대학교, 바클레

☐ 1902. 10(제2권 10호)
1. 분류 : 샤셜
2. 제목 : 감리남교회 년환회(p. 395)
3. 필자 :
4. 내용요약 : 미국에서 오신 감목 칼노웨 씨 일본을 거쳐 한국에 와서, 원산, 송도, 서울의 교회를 감찰한 후에 연환회를 서울에서 할 것임.
5. 특기사항 : 연환회, 미국, 칼노웨 감목, 일본, 원산, 송도, 서울, 감리남교회 연환회

☐ 1902. 10(제2권 10호)
1. 분류 : 샤셜
2. 제목 : 감리교회 규측문답(pp. 395~398)
3. 필자 : 믹길 목사(W. B. McGill)
4. 내용요약 : 감리교회 규칙문답 1장-학습인, 입교인, 전도인과 교우 재판에 대한 문답
5. 특기사항 : 맥길, 감리교회 규칙문답, 대총의회, 매년회, 지방회, 계삭회

☐ 1902. 10(제2권 10호)
1. 분류 : 샤셜
2. 제목 : 익인여긔션힝-젼호연속(pp. 398~406)
3. 필자 : 문경호

4. 내용요약 : 권선학교를 세워 가난한 자들을 가르치고 기술을 가르쳐 생업이 되게 하고 돈은 하나도 받지 않아 날로 문맹이 없어짐. 활판소를 세워 성경과 신문을 출판해 악하고 헛된 것을 버리고 참 하나님을 섬겨 구원함을 얻게 함. 엄한 형률이 참혹한 것을 보고 감해줌. 의술학교를 세워 의술을 가르치고 병고침. 선교사 될 자를 위해 성경과 목사법을 가르쳐 세계 각국으로 파송해 전도하게 함. 이러한 뜻을 밝히 알고 이러한 사업을 위해 주예수를 영화롭게 하고 복받기를 축원함.
5. 특기사항 : 영국, 권선학교, 예배일학당, 야학교, 헌종, 활판소, 영국대예배당, 인도국, 아프리카, 서인도, 청국, 일본, 중국, 유교인, 회회교인, 구세교인, 문경호

□ 1902. 10(제2권 10호)
1. 분류 : 샤셜
2. 제목 : 참 평안홈이라(pp. 406~408)
3. 필자 :
4. 내용요약 : 형질 있는 것은 이 세상에서 구할 수 있지만 형질이 없는 것은 하나님 외에는 구할 수 없음. 평안함도 형질 없는 것이므로 하나님께 구하여야 얻는 것이므로, 예수의 말씀을 생각하고 그 뜻을 궁구하면 근심이 변하여 평안함이 되고 위로받을 수 있음.
5. 특기사항 :

□ 1902. 10(제2권 10호)
1. 분류 : 샤셜
2. 제목 : 리화학당 진보(pp. 408~409)
3. 필자 :
4. 내용요약 : 이화학당은 여아들을 교육하는 학당으로 하나님께 경배하는 도리와 국문·한문·영어·산학·침선을 가르침. 지금 60여 명이 배우고 있고 선생된 부인도 있음. 많은 여학생이 열심히 배우고 진보하기를 바람.
5. 특기사항 : 이화학당

□ 1902. 10(제2권 10호)
1. 분류 : 샤셜
2. 제목 : 귀와 눈이 지조롤 다톰(pp. 409~411)
3. 필자 :
4. 내용요약 : 소경된 자와 귀먹은 자가 서로 자신의 처지가 낫다고 다투지만, 예수께서 소경된 자를 고쳐주시고 다시 귀먹은 자를 고쳐주심. 두 사람이 다시 만나 예전에 다툰 것을 우습게 생각하고, 깨닫는 것이 보는 것보다 더욱 중요하니 듣는 것이 보는 것보다 낫다고 생각함.
5. 특기사항 :

□ 1902. 10(제2권 10호)
1. 분류 : 샤셜
2. 제목 : 보월의원이 병인의게 ᄒᆞ신 일(pp. 411~412)
3. 필자 : 김재선
4. 내용요약 : 평양의 김재선이 폴웰 의사의 행적을 보내옴. 병든 자를 정성껏 고쳐주고, 여름 장마와 겨울에 추울 때 죽을 지경에 있는 자들에게 나무와 곡식을 주니, 이 모든 것이 예수님을 따라 복음을 전하고 병 고치고 예수님 말씀을 좇아 행하는 것임.
5. 특기사항 : 폴웰, 평양, 김재선

□ 1902. 10(제2권 10호)
1. 분류 : 교보
2. 제목 : 시글 긔지홈(p. 413)
3. 필자 :
4. 내용요약 : 두 가지 감리교회 규칙문답(교회법리를 토론해 해석한 책으로 맥길 목사가 저술)과 감리교회사기(어느 형제가 번역, 월보 사장이 교정)를 출판함.
5. 특기사항 : 감리교회 규칙문답, 감리교회사기, 맥길

□ 1902. 10(제2권 10호)
1. 분류 : 교보
2. 제목 : 의ᄉᆞ 보월씨 귀국ᄒᆞ심(p. 413)
3. 필자 : 김재선
4. 내용요약 : 1896 내한해 7년간 병고치고 전도한 보월 의사가 귀국함. 1년 뒤 나올 것이니 평안히 가시기를 축원함.
5. 특기사항 : 보월, 김재선, 평양

□ 1902. 10(제2권 10호)
1. 분류 : 교보
2. 제목 : 시흥계삭회(pp. 413~414)
3. 필자 :
4. 내용요약 : 시흥교회에서 금년 첫 계삭회를 덕고개에서 하는데, 그곳에 회당 짓는 것을 마치지 못했으니 올 겨울 안으로 마치기를 의논함. 경비는 덕고개, 뭇지내, 서울에서 연보하고, 삼막골이 계삭회에 참여하지 않은 이유는 알 수 없음. 교회임원은 마땅히 계삭회에 참여해 교회규칙을 어기지 않도록 함.
5. 특기사항 : 시흥계삭회, 시흥교회, 계삭회, 덕고개, 뭇지내, 서울, 삼막골

□ 1902. 10(제2권 10호)
1. 분류 : 교보
2. 제목 : 참혹훈 소문(p. 414)
3. 필자 :
4. 내용요약 : 서울동막 사는 복복남씨가 혼인한 후 18차에 걸쳐 불이 나매, 신부에게 도깨비가 따라왔다 하여 쫓아보냄. 목사 몇분이 위로와 권면하여 그 신부를 도로 데려왔더니 그날 밤에 불이 나서 복형제의 노모와 7세된 아이가 타서 죽음(미완).
5. 특기사항 : 서울동막, 복복남

□ 1902. 10(제2권 10호)
1. 분류 : 광고(p. 415)
2. 제목 :
3. 필자 :
4. 내용요약 : 셩서공회에서 출판한 책-셩경문답, 훈ᄋ진언, 텬로지귀, 인가귀도, 환란면ᄒᄂ근본 빅쟝가, 텬로력뎡, 파혹진션론, 리취예수, 쥬일직회논론, 병인수쥬, 유몽쳔ᄌ(상·하), 셩교촬리, 쟝원량우샹론, 구셰진젼, 구셰론, 구셰진쥬, 셩경략론 빅쟝가, 쟝쟈로인론, 싯별젼, ᄋ모권면, 복음요ᄉ
5. 특기사항 : 셩서공회, 동촌과목골, 빈돈의사, 셩경문답, 훈ᄋ진언, 텬로지귀, 인가귀도, 환란면ᄒᄂ근본 빅쟝가, 텬로력뎡, 파혹진션론, 리취예수, 쥬일직회논론, 병인수쥬, 유몽쳔ᄌ, 셩교촬리, 쟝원량우샹론, 구셰진젼, 구셰론, 구셰진쥬, 셩경략론 빅쟝가, 쟝쟈로인론, 싯별젼, ᄋ모권면, 복음요ᄉ

□ 1902. 10(제2권 10호)
1. 분류 : 만국쥬일공과
2. 제목 : 제4부 제1과 회막(출애급 40:1-13)(9월 28일) / 제2과 존졀(레위기 10:1-11)(10월 5일) / 제3과 이스라엘 빅셩이 게난으로 향ᄒ여 가는 것(민수기 10:11-13:29~36)(10월 12일) / 제4과 졍탐군 보고(민수기 13:26-14:4)(10월 19일)(pp. 416~430)
3. 필자 :
4. 내용요약 :
5. 특기사항 :

□ 1902. 11(제2권 11호)
1. 분류 : 샤셜
2. 제목 : 아편셜라 긔렴비(p. 433)
3. 필자 :
4. 내용요약 : 아펜젤러 기념비를 위해 정동에 사무소를 정하고 최병헌, 노병선, 문경호, 윤창렬을 위원으로 택정해 연조금을 거두고 있음.

5. 특기사항 : 아펜젤러 기념비, 일본, 아펜젤러, 정동, 최병헌, 노병선, 문경호, 윤창렬

□ 1902. 11(제2권 11호)
1. 분류 : 샤셜
2. 제목 : 돈쓰논디 조심홈(pp. 433~436)
3. 필자 :
4. 내용요약 : 첫째는 재물을 남용치 말아 남의 빚을 지지 말며, 둘째는 타인과 돈을 여수함이니 남에게 갚을 돈은 힘써 갚으며 남이 맡긴 돈은 잘 간수해야 함. 셋째는 협잡으로 돈을 구하지 말고 자기 힘으로 수고하고 일하여 떳떳하게 벌어야 함. 주를 믿는 형제들은 성경말씀을 좇아 불의의 재물을 구하지 말며 돈을 쓸 때와 주고 받을 때 매우 조심하여야 함.
5. 특기사항 :

□ 1902. 11(제2권 11호)
1. 분류 : 샤셜
2. 제목 : 괴질을 예방홈(pp. 436~438)
3. 필자 :
4. 내용요약 : 8월 초순 전부터 괴질이 황성 내외에 창궐하나 믿는 형제들은 아직 병에 걸린 자 없으니 감사함. 괴질을 예방하는 방법은 첫째, 하나님께 재앙을 물리쳐주시기를 간절히 기도하고, 둘째, 병이 걸리면 급히 의원의 말대로 약을 써야 하며, 셋째, 사람의 위생을 잘 해야 함.
5. 특기사항 :

□ 1902. 11(제2권 11호)
1. 분류 : 샤셜
2. 제목 : 감리교회 년환회(pp. 438~440)
3. 필자 :
4. 내용요약 : 9.24-29 서울에서 열린 감리남교회 연환회에서 미국에서 온 감목 칼노웨씨가 회장, 송도목사 고영백이 서기로 됨. 각종 수효 조사함. 감목이 하운셀 목사를 배재학당 교사로 임명하여 벙커 목사와 함께 일하게 되었고, 남방장로사 아펜젤러 기념에 동의하였고, 작년 5월 작정한 전도인과 권사들의 매년 공과를 쓰기로 결의하고, 이후에 송도에서 공작학교 설시를 결정함. 감목이 여러 목사와 부인들의 직임을 임명함.
5. 특기사항 : 감리교회 연환회, 연환회, 서울, 미국, 칼노웨, 송도, 고영백, 주일학교, 매일학교, 하운셀, 배재학당, 벙커, 아펜젤러, 공작학교, 무으씨, 송도북부교회, 그람, 송도병원, 서돈 의원, 원산, 하목사, 저딘, 원산병원, 노의씨 의원, 서울가르나나학교, 감불 부인, 하운셀 부인, 하보 부인, 한부인, 가로울 부인, 노울 부인

□ 1902. 11(제2권 11호)
1. 분류 : 론셜
2. 제목 : 감리교회스긔-연속(pp. 441~447)
3. 필자 :
4. 내용요약 : 제2장 웨슬리의 내력-조부모와 부모(사무엘 웨슬리와 수산나 웨슬리)의 내력, 제3장 웨슬리의 어렸을 때-형제들 소개와 웨슬리 목사 주택이 엡윗청년회·엡윗동몽회 근본이 되었고, 부모의 교육방법, 집에 화재가 났으나 요한 웨슬리 주의 은혜로 살아남.
5. 특기사항 : 요한 웨슬리, 메소디즘교회, 영국, 사무엘 웨슬리, 런던, 악스폿대학교, 엡윗회, 수산나 웨슬리, 아담갈나크, 메소디즘, 요한벤자민, 찰스, 사무엘, 수산나, 메헤타벨, 케샤야, 마다, 죤손, 엡윗셩, 엡윗청년회, 엡윗동몽회, 글래드소톤

□ 1902. 11(제2권 11호)
1. 분류 : 론셜
2. 제목 : 감리교규칙문답-연속(pp. 448~456)
3. 필자 : 맥길 목사
4. 내용요약 : 감리교회 규칙, 전도인, 집사, 장로, 감목회, 선교감목, 장로사, 목사, 전도인, 권사의 직분과 활동에 대한 문답
5. 특기사항 : 감리교회 규칙문답, 맥길, 웨슬리, 매년회, 대총의회, 감목회, 선교감목, 지방회, 계삭회,

□ 1902. 11(제2권 11호)
1. 분류 : 교보
2. 제목 : 열심으로 례비당을 지음(pp. 457~459)
3. 필자 : 문경호
4. 내용요약 : 이천지방에 예배당을 설립하는 곳이 여러 곳 있어서 기록함. 여주 돈리울교회(장희필 노인의 연보), 이천 죽골교회(여교우 마타씨), 광주 궁뜰교회, 광주 노곡교회, 이천 작별이, 오천교회, 큰골교회(이선여 씨 집을 예배당으로 바침), 안골교회, 소고지교회, 이천읍교회, 광주 퇴촌 등지.
5. 특기사항 : 이천지방, 문경호, 돈리울교회(여주), 장희필, 죽골교회(이천), 마타, 궁뜰교회(광주), 노곡교회(광주), 작별이(이천), 오천교회(이천), 큰골교회(이천), 이선여, 안골교회(이천), 소고지교회(이천), 이천읍교회, 퇴촌(광주), 광주, 예배당 설립

□ 1902. 11(제2권 11호)
1. 분류 : 교보
2. 제목 : 곡식 거둔 감샤례비(pp. 459~460)
3. 필자 :

4. 내용요약 : 이천지방 교회에서 처음으로 곡식 거둔 감사예배를 드림. 양력 10월 5일 주일에 여주 큰골교회에서 이천 각 교회 속장과 훈장들을 청하고, 문경호 전도사가 설교함.
5. 특기사항 : 이천지방, 큰골교회(여주), 문경호

□ 1902. 11(제2권 11호)
1. 분류 : 교보
2. 제목 : 리화학당 녀학도 별셰홈(pp. 460~461)
3. 필자 : 김애마
4. 내용요약 : 1891년 이화학당에 들어와 열심히 공부하던 여학도가 음력 8월 26일 별세함. 육신은 이별했지만 주를 믿는 자들은 이 세상에 있을 때 주의 일을 힘쓰고 세상을 떠난 후 천당에서 만나기를 바람.
5. 특기사항 : 이화학당, 아펜젤러, 김애마

□ 1902. 11(제2권 11호)
1. 분류 : 교보
2. 제목 : 참혹훈 일-연속(p. 461)
3. 필자 :
4. 내용요약 : 복복남 형제가 화를 당함은 첫째 신부가 교중 자매가 아니라 믿지 않는 외인이기 때문이며, 도깨비 장난이 아니라 마귀가 사람 속에 들어가 사람의 손으로 하게 한 일임. 결단코 교우들은 외인과 혼인하지 말아야 할 것이요 도깨비가 불놓는다는 말은 믿지 말 것.
5. 특기사항 : 복복남

□ 1902. 11(제2권 11호)
1. 분류 : 교보
2. 제목 : 셩경을 번역홈(p. 462)
3. 필자 :
4. 내용요약 : 10월 13일 정동 전 아펜젤러 목사 댁에서 성경번역을 시작함. 번역위원들은 게일 목사, 조원시 장로사, 리 목사, 한국인으로 최병헌, 문경호, 정동, 김명준 씨가 도와줌. 성경을 보고 자기 죄를 깨달아 회개하고 주를 믿는 자들이 많아지기를 바람.
5. 특기사항 : 정동, 아펜젤러, 성경번역, 게일, 조장로사, 리목사, 최병헌, 문경호, 김명준

□ 1902. 11(제2권 11호)
1. 분류 : 교보
2. 제목 : 감목의 젼도훈심(p. 462)
3. 필자 :

4. 내용요약 : 미국에서 나와 감리교회 연환회 사무를 보던 감목 칼노웨 씨가 10월 5
일 정동 미이미감리교회에서 설교함. 상동, 남송현감리교회, 정동 교우들
이 한자리에 모여 말씀을 듣고 원산항에서 전도하는 하목사가 통역함.
5. 특기사항 : 미국, 연환회, 칼노웨 감목, 정동미이미감리교회, 상동, 남송현감리교회,
원산항, 하목사, 감리교회 연환회

□ 1902. 11 (제2권 11호)
1. 분류 : 교보
2. 제목 : 금식긔도(p. 463)
3. 필자 :
4. 내용요약 : 상동 여교우 메레쉬어파 부인은 어린 자녀들이 있는 과부인데, 항상 매
주 토요일마다 밤새워 금식기도를 하고, 10세, 8세된 아들과 딸이 함께
기도함.
5. 특기사항 : 상동, 메레쉬어파 부인

□ 1902. 11 (제2권 11호)
1. 분류 : 광고(p. 464)
2. 제목 :
3. 필자 :
4. 내용요약 : 성서공회에서 출판한 책-성경문답, 훈ᄋ진언, 텬로지귀, 인가귀도, 환란
면ᄒ는근본 빅쟝가, 텬로력뎡, 파혹진션론, 리취예수, 쥬일직회논론, 병인
수쥬, 유몽쳔ᄌ(상·하), 셩교촬리, 쟝원량우샹론, 구셰진젼, 구셰론, 구셰
진쥬, 셩경략론 빅쟝가, 쟈쟈로인론, 싗별젼, ᄋ모권면, 복음요ᄉ
5. 특기사항 : 성서공회, 동촌과목골, 빈돈의사, 성경문답, 훈ᄋ진언, 텬로지귀, 인가귀
도, 환란면ᄒ는근본 빅쟝가, 텬로력뎡, 파혹진션론, 리취예수, 쥬일직회논
론, 병인수쥬, 유몽쳔ᄌ, 셩교촬리, 쟝원량우샹론, 구셰진젼, 구셰론, 구셰
진쥬, 셩경략론 빅쟝가, 쟈쟈로인론, 싗별젼, ᄋ모권면, 복음요ᄉ

□ 1902. 11 (제2권 11호)
1. 분류 : 만국쥬일공과
2. 제목 : 제4부 제5과 쥬셕비암(민수기 21:1-9)(10월 26일) / 제6과 모셔와 ᄀᆞᄒᆞᆫ 션지
(신명기 18:9-19)(11월 2일) / 제7과 하ᄂᆞ님을 ᄉᆞ랑ᄒᆞ고 슌죵ᄒᆞᆯ 것(신명기
30:11-20)(11월 9일) / 제8과 모셔가 죽음(신명기 34:1-12)(11월 16일) / 제9과
예삼부 도강(11월 23일)(pp. 465~482)
3. 필자 :
4. 내용요약 :
5. 특기사항 :

□ 1902. 12(제2권 12호)
1. 분류 : 사설
2. 제목 : 구주탄신(pp. 485~487)
3. 필자 :
4. 내용요약 : 그리스도의 탄생일을 맞이하여 예수님을 본받아 남 사랑하기를 내 몸같이 할 것이며, 사랑을 주위에 전하자고 함.
5. 특기사항 : 구주탄신

□ 1902. 12(제2권 12호)
1. 분류 : 사설
2. 제목 : 머리 긴 것(pp. 487~488)
3. 필자 :
4. 내용요약 : 갑오년 이후 단발하는 사람이 많아졌음. 서양사람의 풍속을 보아서 단발하는 자도 있고, 자기의 편함을 취해서 하는 이도 있음. 머리 깎는 것이 이치에 합당한데, 그 근원을 궁구하면 여자와 남자를 분별할 수 있기 때문임. 대한에서 머리 깎는 풍속을 세운 것을 치하함.
5. 특기사항 : 갑오년, 단발

□ 1902. 12(제2권 12호)
1. 분류 : 사설
2. 제목 : 녀인들이 본밧을 일(pp. 488~490)
3. 필자 :
4. 내용요약 : 음력 9월 20일에 정동첫째회당에서 보호여회 두돌 경축함. 회장 황메레 부인이 개회하고 본회 회원 및 정동 상동 동대문 3처 교회 형제자매가 참여함. 최병헌, 노병선, 조원시, 상동여교우, 여청년회원, 친애회원 등이 치하하고 이경직의 기도로 폐회함. 보호여회가 크게 왕성하고 진보가 되었음을 하나님께 감사하고 회장 황씨부인을 치하함. 여인들이 배울 것은 열심과 큰 마음과 교제이니, 누구나 본받아 큰 사업을 하기를 바람.
5. 특기사항 : 정동첫째회당, 보호여회, 황메레, 정동, 상동, 동대문, 최병헌, 노병선, 조원시, 친애회원, 이경직, 황씨부인

□ 1902. 12(제2권 12호)
1. 분류 : 사설
2. 제목 : 령혼론의 단어(Vocabulary of Primer of Psychology)(pp. 491~495)
3. 필자 : 노블(W. Arthur Noble)
4. 내용요약 :
5. 특기사항 : 영혼론, 노블, 평양

□ 1902. 12(제2권 12호)
1. 분류 : 론셜
2. 제목 : 감리교회 사긔(pp. 496~499)
3. 필자 :
4. 내용요약 : 제4장 악스폿학교와 성협회의 시작이라-악스폿대학교에서 공부한 후 엡웟에서 목회하다가, 다시 악스폿으로 가서 동생 촬스와 성협회를 시작함. 요한웨슬리는 메소디즘의 기초자와 젼권있는 젼도자요, 촬스웨슬리는 찬미가 지은 자요, 조아쥬화이터필은 불일 듯 젼도하는 자임. 영국의 교회가 퇴폐할 때 성협회 소년들은 열심히 하나님의 말씀을 공부하고 기도와 젼도에 힘씀.
5. 특기사항 : 악스폿대학교, 성협회, 런던찰으터하우스학교, 요한웨슬리, 엡웟, 악스폿, 촬스웨슬리, 로벗컥함, 윌리암모간, 메소디스트, 화이터필, 제임스허비, 메소디즘, 영국교회, 감리교회사기

□ 1902. 12(제2권 12호)
1. 분류 : 론셜
2. 제목 : 미국부인이 외방젼도회 셜시홈(pp. 500~502)
3. 필자 : 박에스더
4. 내용요약 : 1869. 3. 23 미국 보스턴에서 외방젼도회를 셜시할 때, 파커 부인과 뺏을너 부인이 개회하고, 이 두 부인을 택해 사무를 보게 함. 우선 인도국의 여인들의 가련함을 말하고 토본 부인과 스웨인 의원부인을 택해 인도국에 보내 학교 병원을 셜시함. 이제 30년이 되어 많은 진보가 있음. 대한의 부인들도 이를 본받아 힘써 젼도하기를 바람.
5. 특기사항 : 박에스더, 외방젼도회, 보스턴, 파커부인, 뺏을너부인, 인도국, 파커목사 부인, 토본부인, 스웨인의원 부인

□ 1902. 12(제2권 12호)
1. 분류 : 론셜
2. 제목 : 구쥬탄일 풍쇽(pp. 502~504)
3. 필자 : 프라이 션싱부인(Miss L. E. Frey)
4. 내용요약 : 구주탄일에 형제 자매가 서로 선물을 보내는 것, 산타클로스가 아이의 양말에 선물을 주는 것, 각색 나무를 꾸미고 선물을 거는 등 여러 풍속이 있음. 이것은 법으로 정한 것이 아니고 사회상 관습으로 된 것이니, 우리도 구주의 탄일을 함께 기뻐하도록 함.
5. 특기사항 : 프라이 부인, 크리스마스, 산타클로스, 구주탄일

□ 1902. 12(제2권 12호)
1. 분류 : 교보
2. 제목 : 아편셜라 씨를 위하야 긔렴비 스무소로 연조금 보니신 쳠군즈의 일홈을 좌

에 긔지호노라(pp. 505~506)
3. 필자 :
4. 내용요약 : 아펜젤러 기념비 연조금 보낸 자와 교회 명단 기재함.
5. 특기사항 : 아펜젤러 기념비, 박창준, 이덕여, 최치연, 최구연, 현운주, 권금손, 김방락, 유공서, 박선일, 김홍식, 한상석, 임여운, 조창식, 김기현, 박근하, 박인식, 최중오, 김금산, 최영구, 국윤장, 이홍식, 김광선, 시천계작, 이순여, 쎼라김, 알이실교회, 장연장로교회, 임종면, 함의준, 박효성, 임상재, 해주꼿모교회, 고회신, 증산교회, 오동암교회, 연안읍교회, 유쥬지교회, 남신당교회, 범홍교회, 공홍렬, 동현교회

□ 1902. 12(제2권 12호)
1. 분류 : 광고(p. 507)
2. 제목 :
3. 필자 :
4. 내용요약 : 성서공회에서 출판한 책-성경문답, 훈ᄋ진언, 텬로지귀, 인가귀도, 환란면호는근본 빅쟝가, 텬로력뎡, 파혹진션론, 리춰예수, 쥬일직희논론, 병인수쥬, 유몽천즈(상·하), 셩교촬리, 쟝원량우샹론, 구셰진젼, 구셰론, 구셰진쥬, 셩경략론 빅쟝가, 쟝쟈로인론, 쉿별젼, ᄋ모권면, 복음요ᄉ
5. 특기사항 : 성서공회, 동촌과목골, 빈돈의사, 성경문답, 훈ᄋ진언, 텬로지귀, 인가귀도, 환란면호는근본 빅쟝가, 텬로력뎡, 파혹진션론, 리춰예수, 쥬일직희논론, 병인수쥬, 유몽천즈, 셩교촬리, 쟝원량우샹론, 구셰진젼, 구셰론, 구셰진쥬, 셩경략론 빅쟝가, 쟝쟈로인론, 쉿별젼, ᄋ모권면, 복음요ᄉ

□ 1902. 12(제2권 12호)
1. 분류 : 만국쥬일공과
2. 제목 : 제4부 제1과 요셔아의게 권유(여호수아 1:1-11)(11월 30일) / 제2과 요단강을 건너감(여호수아 3:9-17)(12월 7일) / 제3과 야리고가 문어짐(여호수아 6:12-20)(12월 14일) / 제4과 요셔아와 가득(여호수아 14:5-15)(12월 21일) / 제5과 예수씨 탄싱(누가 2:8-20)(12월 28일)(pp. 508~528)
3. 필자 :
4. 내용요약 :
5. 특기사항 :

□ 1903. 1(제3권 1호)
1. 분류 : 사설
2. 제목 : 새해인사(pp. 531~532)
3. 필자 :
4. 내용요약 : 세 가지 행할 것이 있으니 하나는 새 의관만 입을 뿐 아니라 마음속 영혼을 새로이 하고 하나님께 산 제사를 드리는 것이고, 두 번째는 성경에

기록하신 모든 계명을 지켜 착한 일을 행할 것이고, 세 번째는 주를 독실히 믿고 모든 육체의 정욕을 버리고 천당만 바라보고 열심히 달음질하여 1903년 새 세계를 잘 지내기를 축원함.
5. 특기사항 :

□ 1903. 1(제3권 1호)
1. 분류 : 사설
2. 제목 : 야단의 손해(pp. 532~535)
3. 필자 :
4. 내용요약 : 야단이라는 것은 범사에 손해 당하는 것이 많고, 야단치는 자마다 패가망신할 뿐 아니라 영혼까지 아울러 멸망함을 당할 것임. 야단의 손해는 1. 성내어 야단을 쳐 신병이 일어날 것이요, 2. 좋지 못한 사람이라 지목할 것이요, 3. 야단쳐 손해 당한 사람에게 원수를 당할 것이요, 4. 야단침으로 능히 옳은 것을 성공치 못하고 큰 해를 당하며, 5. 하나님과 사람에게 죄를 얻어 망할 것이니, 우리 믿는 자들은 그리스도를 본받아 착한 행실을 많이 행하기를 바람.
5. 특기사항 : 서울 종로, 서울 남문안, 제물포

□ 1903. 1(제3권 1호)
1. 분류 : 사설
2. 제목 : 공주의 교회를 새로 설립함(pp. 536~537)
3. 필자 :
4. 내용요약 : 하나님의 도는 불같은 권세가 있어 어느 곳이든지 하나님 말씀이 들어가는 곳마다 교회와 교인이 왕성해짐. 공주 관찰부 앞에 김동현씨가 날마다 전도를 하는데 지금은 동리 사람들이 믿지 않고 비방하나 장차 흥왕할 것을 믿음. 김동현 형제를 위해 기도바람.
5. 특기사항 : 공주, 제물포, 서울, 강화, 행주, 전주, 부산, 대구, 송도, 이천, 여주, 광주, 죽산, 고양, 수원, 김포, 장연, 재령, 연안, 은율, 풍천, 안악, 곡산, 해주, 백천, 평양, 의주, 순안, 선천, 충주, 나주, 함흥, 구성, 원산, 수안, 전라도, 안성, 송화, 진천, 목천, 양근, 음죽, 시흥, 과천, 용인, 공주 관찰부, 김동현, 평양성, 교회설립

□ 1903. 1(제3권 1호)
1. 분류 : 사설
2. 제목 : 황해도교회 진보함(pp. 537~540)
3. 필자 : 장원근 권사
4. 내용요약 : 황해도 지방에 흉년이 들었으나 연안읍교회, 오동바위교회, 증산교회, 여리교회에서는 회당이 좁아 늘였으며, 법흥리, 서두버리, 단디미에 교회가 설시됨. 10월 30일 배천, 평산, 연안의 속장과 유사들이 모여 계삭회를 열

어 케불 목사가 대리회장으로 사무보고, 각 보고를 들으니 황해도 각 교회가 점점 흥왕함. 해주에서는 하춘택 전도사가 전도해 흥왕하고, 해주꽃뫼교회 속장 김옹수 씨의 열심, 신천군에 함베드로, 서흥군에 고치일 씨가 열심히 전도함.
5. 특기사항 : 황해도, 장원근, 연안읍교회(황해도), 오동바위교회(황해도), 증산교회(황해도), 여리교회(황해도), 법흥리(황해도), 서두버리(황해도), 단디미(황해도), 연안군(황해도), 배천(황해도), 평산(황해도), 연안(황해도), 계삭회, 조원시, 케불 목사, 김기범, 해주, 하춘택, 해주꽃뫼교회, 김옹수, 신천군(황해도), 함베드로, 서흥군(황해도), 고치일, 교회설립

☐ 1903. 1(제3권 1호)
1. 분류 : 론셜
2. 제목 : 감리교회 사긔-연속(pp. 540~544)
3. 필자 :
4. 내용요약 : 제5장 웨슬리의 형제가 미국에서 행한 일이라-요한과 찰스 웨슬리가 미국으로 건너가 전도했지만 너무 엄격하였기 때문에 전도가 어려움. 스방은택 선생을 만나 문답하는 중 자신도 아직 하나님께 돌아오지 못했음을 깨닫고 영국으로 돌아감.
5. 특기사항 : 웨슬리, 영국, 제임스 오글돕, 미국, 조지2세, 요한웨슬리, 찰스웨슬리, 메소디즘회, 조쥐화이터필, 모모라비엥, 스방은택, 감리교회사긔

☐ 1903. 1(제3권 1호)
1. 분류 : 론셜
2. 제목 : 감리교회 규측문답-연속(pp. 544~551)
3. 필자 : 맥길(W. B. McGill)
4. 내용요약 : 3장 지방유사회, 직인회, 장유회, 유사회, 탁사회에 대한 문답, 4장 예배, 성만찬, 세례, 장례, 혼인예식, 간증회, 애찬회 등에 대한 문답
5. 특기사항 : 감리교회 규칙문답, 맥길, 지방유사회, 계삭회, 직인회, 장유회, 유사회, 탁사회, 대총의회, 미이미교강례, 요한웨슬리, 웨슬리, 간증회, 일속회, 애찬회, 계삭예배

☐ 1903. 1(제3권 1호)
1. 분류 : 교보
2. 제목 : 아편설라 씨를 위하야 긔렴비 세우랴소로 연조금 보내신 첨군자의 일홈을 좌에 긔지하노라-연속(pp. 552~553)
3. 필자 :
4. 내용요약 : 아펜젤러 기념비 연조금 보낸 자와 교회 명단 기재함.
5. 특기사항 : 아펜젤러 기념비, 최병헌, 노병선, 문경호, 윤창렬, 여병현, 민찬호, 육정수, 강조원, 조만수, 주상호, 이천교회, 소고지(이천), 가목동(이천), 죽골

(이천), 매화지(이천), 말네(이천), 용고동(이천), 웅암(이천), 큰골(이천), 내봉골(이천), 임천차랑, 강화교회, 홍외(강화), 교동교회(강화), 매음도교회(강화), 제물포교회, 강화읍, 강해원, 이하경, 신형진, 맹석원, 남양교회, 홍승하, 하도원, 군돌(이천), 맹골(강화), 흑석(강화), 오천(강화), 읍네(강화), 양주독바위교회, 강재희, 박응용, 노형달, 동대문안교회, 양처리교회

□ 1903. 1(제3권 1호)
1. 분류 : 교보
2. 제목 : 북디방 녀인사경회(p. 554)
3. 필자 : 노블 부인
4. 내용요약 : 평양성 남산현 새회당에서 11월 14일 사경회 개회, 사경회원 115인이며 항상 참회한 이는 75인이며, 자기 쓸 비용을 자담하고 공부함. 11월 25일 폐회하는데, 노블 목사가 성만찬례를 행하고 친목회로 노블 목사댁에서 모임.
5. 특기사항 : 여인사경회, 노블 부인, 남산현회당(평양), 노블, 사경회

□ 1903. 1(제3권 1호)
1. 분류 : 교보
2. 제목 : 형제 리중빈 씨 별세함(pp. 554~555)
3. 필자 :
4. 내용요약 : 믿음이 독실한 이중빈 형제가 병이 들어 11월 17일에 별세함. 장례에 각 처에서 참여했는데, 제물포에 있는 복정채, 장원근, 문경호, 전봉운 제씨가 장례를 행하고, 수원 스구문 밖에 장사지냄.
5. 특기사항 : 이중빈, 제물포, 복정채, 장원근, 문경호, 전봉운, 수원

□ 1903. 1(제3권 1호)
1. 분류 : 교보
2. 제목 : 송도사경회(pp. 555~556)
3. 필자 :
4. 내용요약 : 1902년 12월 4일 송도사경회를 개성남부에서 열었는데 송도, 풍덕, 금천, 장단, 평산, 배천, 연안, 해주, 신천, 인천 10고을 교회 속장과 유사 70여 인이 모이고 집사 김기범 씨도 참례하고, 고목사, 크램 목사, 케불 목사, 조장로사 등이 열심히 가르침. 송도지방을 맡아 전도하는 고목사의 대부인이 별세하셨다고 영국에서 전보가 옴.
5. 특기사항 : 송도사경회, 개성남부, 송도, 풍덕, 금천, 장단, 평산, 배천, 연안, 해주, 신천, 인천, 김기범, 고목사, 크램, 케불, 조장로사, 영국, 송도지방, 사경회

〈신학월보〉 제2권 내용 색인 93

□ 1903. 1(제3권 1호)
1. 분류 : 광고(p. 557)
2. 제목 :
3. 필자 :
4. 내용요약 : 성서공회에서 출판한 책-성경문답, 훈ㅇ진언, 텬로지귀, 인가귀도, 환란 면ㅎ는근본 빅쟝가, 텬로력뎡, 파혹진션론, 리취예수, 쥬일직희논론, 병인 ᄉ쥬, 유몽쳔주(상·하), 셩교촬리, 쟝원량우샹론, 구셰진젼, 구셰론, 구셰 진쥬, 셩경략론 빅쟝가, 쟝쟈로인론, 싯별젼, ᄋ모권면, 복음요ᄉ
5. 특기사항 : 성서공회, 동촌과목골, 빈돈의사, 성경문답, 훈ㅇ진언, 텬로지귀, 인가귀 도, 환란면ㅎ는근본 빅쟝가, 텬로력뎡, 파혹진션론, 리취예수, 쥬일직희논 론, 병인ᄉ쥬, 유몽쳔주, 셩교촬리, 쟝원량우샹론, 구셰진젼, 구셰론, 구셰 진쥬, 셩경략론 빅쟝가, 쟝쟈로인론, 싯별젼, ᄋ모권면, 복음요ᄉ

□ 1903. 1(제3권 1호)
1. 분류 : 만국쥬일공과
2. 제목 : 제4부 제6과 피난홀 셩들(여호수아 20:1-9)(1월 4일) / 제7과 요셔아의 작별 ᄒ는 교훈(여호수아 24:14-25)(1월 11일) / 제8과 ᄉᄉ들때(사사기 2:7-17)(1월 18일) / 제9과 존졀(이사야 28:1-7)(1월 25일)(pp. 558~573)
3. 필자 :
4. 내용요약 :
5. 특기사항 :

□ 1903. 2(제3권 2호)
1. 분류 : 사설
2. 제목 : 예수씨는 귀하심(p. 577)
3. 필자 :
4. 내용요약 : 하나님께 얻은 복 중에 가장 귀한 복은 구주 예수이니, 형제자매들이 기 도회나 전도회나 간증할 때마다 우리 구주예수의 귀하심을 가르쳐 간증 을 많이 하길 바람.
5. 특기사항 :

□ 1903. 2(제3권 2호)
1. 분류 : 사설
2. 제목 : 북방교회 진보함(pp. 577~583)
3. 필자 : 이은승
4. 내용요약 : 이은승 전도사가 북방교회 소식을 보내옴.
　　　　　　○대한북방지방회-대한북방 제1차지방회가 평양성 남산현 새회당에서 개 회함. 회장은 장로사 노블, 서기는 전도사 이은승. 논설문제와 위원은 일 속회와 교우단정문제는 이은승, 남녀경위와 혼인법은 김창식, 교인자기가

족 구원은 오석형과 강인걸, 계주는 송상유와 김선규, 연보는 김성호와 김정길, 학교왕성은 윤형필이 함. ○평양남산현 새회당 수은예배-11월 30일에 은혜중에 회당을 필한 것, 괴질을 잘 면한 것, 추수를 잘되게 하신 일을 위해 수은함. 각색 곡식과 실과를 놓고 예배하였고 장로회 배목사를 청해 감사하는 문제로 논설함. ○북방사경회-12월 1일 남산현회당에서 사경회에서 장로사 노블씨가 각 학원의 성정을 점고한 후 세반으로 나누어 1반은 김창식과 이은승이 증보천도총론과 예수사기, 2반은 모리씨 목사가 사도행전, 맥길 목사가 묵시록, 3반 신학원은 노블 목사가 로마인서 영혼론 속장의본분 논설법 등을 가르치고, 세반을 합하여 가르치기도 함. 노블 부인은 매일 한 시간 동안씩 찬미공부를 가르침. ○친목회, ○평양회당 세례학습-12월 14일 주일에 남산현회당, ○청년회-평양남산현 굿셀지파청년회 임원선정, 회장 이은승, 전도국장 오석형, 인제국장 안석훈, 학문국장 김귀혁, 다정국장 홍치범, 통신국장 강신화 김득수, 회계국장 임정수, ○구주탄일 경축-남산현회당을 여러 가지로 꾸미고, 천명 정도가 모여 성탄축하예배를 행함.

5. 특기사항 : 북방교회, 이은승, 대한북방지방회, 지방회, 남산현회당(평양), 노블, 일속회, 혼인법, 김창식, 오석형, 강인걸, 송상유, 김선규, 김성호, 김정길, 윤형필, 배목사, 북방사경회, 노블, 모리씨, 맥길, 신학원, 노블 부인, 친목회, 청년회, 굿셀지파청년회(평양 남산현), 이은승, 오석형, 안석훈, 김귀혁, 홍치범, 강신화, 김득수, 임정수, 평양, 태극기, 성탄, 에스티부인, 구주탄일 경축

□ 1903. 2(제3권 2호)
1. 분류 : 사설
2. 제목 : 호부호형할 권리를 도로 차즘(pp. 583~584)
3. 필자 :
4. 내용요약 : 하나님이 창조하신 아담과 리와가 하나님께 범죄함으로 아버지라 부를 수 없었지만, 예수님의 십자가 보혈로 인해 우리가 하나님을 아버지라 부를 수 있고 예수님을 형님이라 할 수 있으니 감사한 일임.
5. 특기사항 :

□ 1903. 2(제3권 2호)
1. 분류 : 론셜
2. 제목 : 장치연 씨 혼가귀화홈(pp. 584~586)
3. 필자 : 김순일
4. 내용요약 : 운천교회 장치연의 동생 장문옥은 형님 댁에서 살면서 술에 빠져 살다가, 함경도 원산으로 가서 예수교 전도말씀을 듣고 자기 죄를 깨달음. 형님 집에 돌아와 형님과 온 가족을 전도하고, 온 가족이 보산예배당에 다니다가 집 옆에 예배당을 세움.

5. 특기사항 : 김순일, 장치연, 운천교회, 장문옥, 함경도 원산, 보산예배당

□ 1903. 2(제3권 2호)
1. 분류 : 론셜
2. 제목 : 남양교회 진보홈과 마귀를 승전함(pp. 586~588)
3. 필자 : 장원근 권사
4. 내용요약 : 1900년 홍승하가 전도하기 시작한지 3년만에 교회가 7곳 설시되고 날로 흥왕함. 케블 목사와 10월 5일에 남양읍 제2차 계삭회에서 홍소원과 과부 이씨가 마귀들렸다는 보고를 받고, 홍승하 권사가 믿는 형제들과 찾아가 마귀를 물리치고, 두 사람은 하나님께 기도하고 찬미함.
5. 특기사항 : 남양교회, 장원근, 홍승하, 케블, 남양읍, 계삭회, 홍소원, 이씨

□ 1903. 2(제3권 2호)
1. 분류 : 론셜
2. 제목 : 감리교회 규측문답-연속(pp. 588~595)
3. 필자 : 맥길 목사
4. 내용요약 : 성례, 세례, 성만찬에 대한 문답, 6장 미이미교도리, 성신, 은혜, 은총, 구원, 회개 등에 대한 문답
5. 특기사항 : 감리교회 규칙문답, 맥길, 요한웨슬리, 영국교회

□ 1903. 2(제3권 2호)
1. 분류 : 교보
2. 제목 : 리천읍에 계삭회함(pp. 595~597)
3. 필자 :
4. 내용요약 : 1902년 11월 14일 이천읍회당에서 열린 계삭회에 이천, 광주, 여주, 양지, 음죽 다섯고을 형제들이 모임. 새회장은 서목사, 고시영이 기도하고, 김제안, 장춘명, 이선여, 구흥국, 한창운 권사 5인을 택정하고, 전도부비로 쓸 것을 연보함.
5. 특기사항 : 이천읍회당, 계삭회, 이천, 광주, 여주, 양지, 음죽, 서목사, 고시영, 김제안, 장춘명, 이선여, 구흥국, 한창운

□ 1903. 2(제3권 2호)
1. 분류 : 교보
2. 제목 : 서목사 슌힝젼도(p. 597)
3. 필자 :
4. 내용요약 : 이천을 떠나 죽산장으로 갈 때 서목사와 고시영, 구춘경이 함께 함. 청주 토옥골 이행하 등 3인에 세례주고, 청주 평촌과 연기새말, 조존장터에서 기도와 찬미후 간증함.
5. 특기사항 : 서목사, 이천, 죽산장, 고시영, 구춘경, 청주토옥골, 이행하, 청주평촌, 연

기새말, 조존장터

□ 1903. 2(제3권 2호)
1. 분류 : 교보
2. 제목 : 시년전도방칙(p. 597)
3. 필자 :
4. 내용요약 : 1903년 전도를 마련하였는데, 북방장로사 노블 씨가 올라와 참여함.
5. 특기사항 : 서울, 노블

□ 1903. 2(제3권 2호)
1. 분류 : 교보
2. 제목 : 시년만국긔도회(pp. 597~598)
3. 필자 :
4. 내용요약 : 제물포교회와 서울교회에서 기도회를 함.
5. 특기사항 : 만국기도회, 제물포교회, 서울교회

□ 1903. 2(제3권 2호)
1. 분류 : 교보
2. 제목 : 소학교를 세움(p. 598)
3. 필자 :
4. 내용요약 : 서울의 빽목사가 남양 양처리교회에서 소학교를 세웠는데, 남학도 9, 여학도 6명, 선생은 박세창 씨임.
5. 특기사항 : 서울, 빽목사, 남양, 양처리교회(남양), 소학교 설립, 박세창

□ 1903. 2(제3권 2호)
1. 분류 : 교보
2. 제목 : 남양등디교회 진보함(p. 598)
3. 필자 :
4. 내용요약 : 남양교회 교우가 늘어남.
5. 특기사항 : 남양교회

□ 1903. 2(제3권 2호)
1. 분류 : 교보
2. 제목 : 신병(p. 598)
3. 필자 :
4. 내용요약 : 제물포 전도사 장경화 씨 신병으로 괴롭다가, 서울 제중원에서 치료하여 나음.
5. 특기사항 : 제물포, 장경화, 제중원

□ 1903. 2(제3권 2호)
1. 분류 : 교보
2. 제목 : 리화학당 학도들이 경축함(p. 599)
3. 필자 :
4. 내용요약 : 이화학당 학도들이 12월 24일 예수탄일 전날 스스로 예식을 꾸미고, 페인, 프라이 두 부인이 학도들에게 예물을 나눠줌.
5. 특기사항 : 이화학당, 페인, 프라이

□ 1903. 2(제3권 2호)
1. 분류 : 교보
2. 제목 : 리화학당의서 구휼함(p. 599)
3. 필자 :
4. 내용요약 : 정동교회 여교우들이 빈민구제위해 연보하고, 나머지는 페인, 프라이 두 부인이 자담해 나누어줌.
5. 특기사항 : 이화학당, 정동교회, 빈민구제, 페인, 프라이

□ 1903. 2(제3권 2호)
1. 분류 : 교보
2. 제목 : 정동교회의서 예수씨 탄일을 경축함(pp. 599~600)
3. 필자 :
4. 내용요약 : 정동교회에서 예수탄일을 경축하여 청년들이 예배당을 단장하고, 장로교 리목사를 청해 전도하고, 또 문경호, 윤창렬이 몇 마디를 하고, 상동교우와 정동교우들이 모여 환등회를 함.
5. 특기사항 : 정동교회, 리목사, 문경호, 윤창렬, 상동, 정동, 환등회, 예수탄일경축

□ 1903. 2(제3권 2호)
1. 분류 : 교보
2. 제목 : 정동회당의서 구휼함(p. 600)
3. 필자 :
4. 내용요약 : 정동회당 남녀교우들이 연보하여 구휼함.
5. 특기사항 : 정동회당

□ 1903. 2(제3권 2호)
1. 분류 : 교보
2. 제목 : 으랑킨 목사 별세함(pp. 600~601)
3. 필자 :
4. 내용요약 : 미국남장로회 으랑킨 목사가 세계 교회 유람하는 중 우리나라에 와서 평양교회 구경하러 갔다가 별세함. 배재학당 예배당에서 12월 6일 추도회.

5. 특기사항 : 으랑킨, 미국남장로회, 평양교회, 배재학당

□ 1903. 2(제3권 2호)
1. 분류 : 교보
2. 제목 : 졔물포교회 쥬탄신 경츅(pp. 601~602)
3. 필자 : 장원근
4. 내용요약 : 제물포교회에서 구주탄신을 경축하여 회당을 꾸미고, 경축회(김영순 기도, 조원시 경축대지 설명, 손승용 이동호 연설, 장원근 최봉현 연설, 복정채 권설, 빈민구제, 강원석 기도, 케블 목사 축수하고 폐회함). 탄일 아침에 노블 연설, 밤에 불놀이함.
5. 특기사항 : 장원근, 제물포교회, 태극기, 김영순, 조원시, 손승용, 이동호, 복정채, 장원근, 최봉현, 강원석, 케블, 노블, 구주탄신경축

□ 1903. 2(제3권 2호)
1. 분류 : 교보
2. 제목 : 아편설라 씨를 위호야 긔렴비스무소로 연조금 보니신 쳠군자의 일홈을 좌에 긔지호노라-연속(p. 603)
3. 필자 :
4. 내용요약 : 아펜젤러 기념비 연조금 보낸 자와 교회 명단 기재함.
5. 특기사항 : 아펜젤러 기념비, 송기용, 송석용, 송석린

□ 1903. 2(제3권 2호)
1. 분류 : 광고(p. 604)
2. 제목 :
3. 필자 :
4. 내용요약 : 성서공회에서 출판한 책-성경문답, 훈으진언, 텬로지귀, 인가귀도, 환란면호는근본 빅쟝가, 텬로력뎡, 파혹진션론, 리췌예수, 쥬일직희논, 병인스쥬, 유몽쳔즈(상·하), 성교촬리, 쟝원량우샹론, 구셰진젼, 구셰론, 구셰진쥬, 셩경략론 빅쟝가, 쟈쟈로인론, 싯별젼, ㅇ모권면, 복음요소
5. 특기사항 : 성서공회, 동촌과목골, 빈돈의사, 성경문답, 훈으진언, 텬로지귀, 인가귀도, 환란면호는근본 빅쟝가, 텬로력뎡, 파혹진션론, 리췌예수, 쥬일직희논론, 병인스쥬, 유몽쳔즈, 성교촬리, 쟝원량우샹론, 구셰진젼, 구셰론, 구셰진쥬, 셩경략론 빅쟝가, 쟈쟈로인론, 싯별젼, ㅇ모권면, 복음요소

□ 1903. 2(제3권 2호)
1. 분류 : 만국쥬일공과
2. 제목 : 제4부 제10과 긔던과 삼빅인(사사기 7:1-8)(2월 1일) / 제11과 로득과 나아미(룻기 1:16-22)(2월 8일) / 제12과 아희살모리(사무엘 상권 3:6-14)(2월 15일) / 제13과 스스살모이(사무엘 상권 7:3)(2월 22일)(pp. 605~623)

3. 필자 :
4. 내용요약 :
5. 특기사항 :

제3권

□ **1903. 3(제3권 3호)**
1. 분류 : 사설
2. 제목 : 규모를 직혀야 할 것(pp. 3~5)
3. 필자 :
4. 내용요약 : 작금의 사경회에서 교인들의 태도가 方正하지 못한 것을 지적하며 예배당 안에서 교인들이 지켜야 할 도리를 제시함. 예배당에 가기 전에 몸과 의복을 정결히 할 것, 예배당에 들어가서는 묵도할 것, 예배시에는 엄숙하고 경건하게 하되 말씀을 경청하고 소란을 피우지 말고 앉는 자세를 단정히 하며 들락거리지 말며 시계를 보지 말 것 등.
5. 특기사항 : 사경회

□ **1903. 3(제3권 3호)**
1. 분류 : 사설
2. 제목 : 북경 소문(pp. 5~8)
3. 필자 :
4. 내용요약 : 청인들은 서양인에 대해 매우 배타적. 그러나 미국공사의 부인이 청국 황실의 부인들과 교제를 나눔. 서태후의 양녀 정수공주가 미공사관 연회에 참석하였고 이어 다시 공주가 공사 부인 등을 초대함으로써 양국의 우의를 다졌다. 이로써 청국은 각국과 점차 수교할 수 있는 기틀을 마련한 것.
5. 특기사항 : 정수공주, 컨져쓰의 부인, 서태후

□ **1903. 3(제3권 3호)**
1. 분류 : 론설
2. 제목 : 령혼론(pp. 8~14)
3. 필자 : 노블
4. 내용요약 : 제2단 감성(Psychology) / 1관 감각 / 1항 단순(單純)된 감각·2항 기욕(嗜慾)
5. 특기사항 : 노블, 영혼론

□ **1903. 3(제3권 3호)**
1. 분류 : 론설
2. 제목 : 연안읍 교인 리마태 씨 별세함(pp. 14~17)
3. 필자 :
4. 내용요약 : 연안읍교회 속장 이마태는 교회 재정을 적극 돕고 전도와 성경공부에 힘쓰는 한편 어려움을 당한 교우들과 교회 안팎의 빈한한 자들을 돌보는

일에 열심이었음. 핍박하던 가족들을 기도로써 주께 인도하였으며, 병상에서의 온갖 조롱과 유혹도 예수의 말씀으로 이겨냄. 62세로 별세함.
5. 특기사항 : 이마태, 연안읍

□ 1903. 3(제3권 3호)
1. 분류 : 교보
2. 제목 : 송도에 전도함(pp. 17~20)
3. 필자 : 문경호
4. 내용요약 : 음력 정초에 송도 북부지역 병교회에서 전도활동. 오전에는 전도회, 저녁에는 기도회로 모임. 교인들은 둘씩 짝지어 동서남북으로 나아가 매일 전도하였는데 책도 많이 팔고 10여 일 사이에 25인의 새 교우를 얻게 됨.
5. 특기사항 : 문경호, 크람, 송도병교회당, 송도미이미감리교회, 장단읍교회, 이장포교회, 장단, 송도, 송도성, 신년기도회

□ 1903. 3(제3권 3호)
1. 분류 : 교보
2. 제목 : 세샹의셔 들은 일(pp. 20~21)
3. 필자 :
4. 내용요약 : 교우 박근하는 초라한 외모에 말씨도 어눌하고 서양인 집에 고용되어 근근히 살아가지만 독실한 신앙인. 제물포의 부자 타운슨 씨 부인이 잃어버린 싯가 2만냥이 넘는 진주목걸이를 찾아 돌려줌.
5. 특기사항 : 박근하, 타운슨씨 부인, 제물포

□ 1903. 3(제3권 3호)
1. 분류 : 광고(p. 22)
2. 제목 :
3. 필자 :
4. 내용요약 : 성서공회에서 출판한 책을 빈돈의사 집에서 판매함 - 셩경문답, 훈ᄋ진언, 텬로지귀, 인가귀도, 환란면ᄒ는근본 빅쟝가, 텬로력뎡, 파혹진션론, 리취예수, 쥬일직회논론, 병인슈쥬, 유몽쳔ᄌ(상·하), 셩교활리, 쟝원량우샹론, 구셰진젼, 구셰론, 구셰진쥬, 셩경략론 빅쟝가, 쟝쟈로인론, 싯별젼, ᄋ모권면, 복음요ᄉ
5. 특기사항 :

□ 1903. 3(제3권 3호)
1. 분류 : 만국주일공과
2. 제목 : 제1부 제1과 필닙보에 바울노와 실나(사도 16:23-34)(3월 1일) / 제2과 긔독교인의 지나논것(빌닙보 4:1-13)(3월 8일) / 제3과 바울이 데살노니가와 베

뢰아에게 가심(사도행전 17:1-12)(3월 15일) / 제4과 바울노가 데살노니가인의게 교훈훈 말(데살로니가 5:14-28)(3월 22일) / 제5과 바울노가 이튄에 잇솜(사도 17:22-34)(3월 29일)(pp. 23~42)
3. 필자 :
4. 내용요약 :
5. 특기사항 :

□ 1903. 4(제3권 4호)
1. 분류 : 사설
2. 제목 : 하나님의 처분을 견딈(pp. 45~48)
3. 필자 :
4. 내용요약 : 무생물에 이르기까지 이 세상의 모든 피조물은 그 이치가 하나님께 달린 것이니, 인생은 환란 중에도 그것이 하나님의 처분임을 알아 걱정이나 근심을 버리고 끝까지 견고히 하고 참고 견디므로 구원을 얻기를 바람.
5. 특기사항 :

□ 1903. 4(제3권 4호)
1. 분류 : 사설
2. 제목 : 봄이 도라옴(pp. 48~50)
3. 필자 :
4. 내용요약 : 봄이 돌아오면 온갖 초목들이 다시 살아나듯 교우들의 영혼도 생기를 찾기를 바람. 또한 각자의 마음밭에 자라고 있는 풀이 선한 것인지 악한 것인지 살펴보아야 할 것인데, 마태 7장 16-20절의 말씀대로 악한 풀이 있거든 즉시 뽑아버리고 선한 열매를 맺도록 할 것임.
5. 특기사항 :

□ 1903. 4(제3권 4호)
1. 분류 : 사설
2. 제목 : 숑도남부회당별 전도회(pp. 50~52)
3. 필자 :
4. 내용요약 : 음력 정월 초에 특별전도회로 모였는데 오후에는 전도활동을 벌여 매일 이삼십 명씩 전도함. 일주일 동안 150권 가량의 복음책이 배포되었고 예배당에 와서 구경한 이는 삼천 명 정도, 새로 자복한 사람은 11인. 북부회당에서도 전도회를 열어 큰 능력과 은혜를 받음.
5. 특기사항 : 고목사, 송도남부회당, 송도북부회당, 송도부, 송도, 특별전도회

□ 1903. 4(제3권 4호)
1. 분류 : 사설

2. 제목 : 전도사 박능일 씨 별세함(pp. 52~53)
3. 필자 :
4. 내용요약 : 강화읍교회 본토전도사 박능일 씨는 미감리교회의 기둥같은 이로서 믿음과 전도하는 일과 행실의 단정함으로 모범을 보여왔으나 삼월 초일일에 별세함.
5. 특기사항 : 박능일, 강화읍교회

□ 1903. 4(제3권 4호)
1. 분류 : 론설
2. 제목 : 함종읍교회 형편약론(p. 53)
3. 필자 :
4. 내용요약 : 1900년부터 1902년 8월까지 안처겸의 집에서 예배드리다가 속장 이교담을 비롯한 온 교우들의 정성으로 8월에 아홉간 예배당을 건축함. 외부에서도 박태석과 그의 어머니 김씨 그리고 김소택 등이 헌금함. 교우들에게 이들과 그 가족의 구원을 위해 기도해 줄 것을 부탁함.
5. 특기사항 : 안처겸, 이교담, 박태석, 박태석모친 김씨, 김소택, 함종, 함종읍교회

□ 1903. 4(제3권 4호)
1. 분류 : 론설
2. 제목 : 함종교우의 거디(p. 54)
3. 필자 :
4. 내용요약 : 함종에는 16동이 있고 동리마다 회당 설립된 곳 많음. 특히 함종읍교회 교우 집 수는 오십 호, 교우는 백여 명에 이름.
5. 특기사항 : 함종, 함종읍회당

□ 1903. 4(제3권 4호)
1. 분류 : 론설
2. 제목 : 밋는 부인의 덕힝(p. 54)
3. 필자 :
4. 내용요약 : 함종읍에서 십리 떨어진 쇠정에 사는 박씨부인은 부모의 반대로 교회 출입을 마음대로 할 수 없는 형편에 있으나 매주일 홀로 예배를 드리며 수전을 모았다가 읍회당에 전달함. 이 부인을 위한 교우들의 기도를 바람.
5. 특기사항 : 박씨부인, 함종쇠정, 함종읍회당

□ 1903. 4(제3권 4호)
1. 분류 : 론설
2. 제목 : 육신병과 령혼병 곳침(pp. 55~56)
3. 필자 :

4. 내용요약 : 함종읍 뒤골 사는 장문식은 실성하여 일년 가까이 지내는 중 그 집 식
구가 속장 이교담을 찾아와 기도를 청함. 교우들이 함께 그 집을 찾아가
20일 동안 번갈아 기도하고 지켜주는 중에 그는 완전히 나아 이제는 날
마다 예수를 간증할 뿐만 아니라 그 형제 세 집 식구가 믿게 됨.
5. 특기사항 : 장문식, 이교담, 함종읍

□ **1903. 4(제3권 4호)**
1. 분류 : 론설
2. 제목 : 녀학교 설립함(pp. 56~57)
3. 필자 :
4. 내용요약 : 함종읍에 작년 5월 평양의 여선교사 에스티가 여학교를 설립하였는데
전삼덕 이 타지에 홀로와 교사로 활동함. 학생은 안도명, 오광명, 김성덕,
이성심, 홍경신.
5. 특기사항 : 에스티, 전삼덕, 김승지, 안도명, 오광명, 김성덕, 이성심, 홍경신, 함종읍,
평양, 강서

□ **1903. 4(제3권 4호)**
1. 분류 : 론설
2. 제목 : 함종읍 사경회(pp. 57~58)
3. 필자 :
4. 내용요약 : 함종읍교회에서 이월 이일부터 일주일 동안 이은승이 성경공부 인도하
였는데 70명이 참석하였고 50명 가량이 개근함. 참석한 사람 명단 기재.
5. 특기사항 : 이은승, 이교담, 오기서, 장병일, 김기수, 장은필, 김익수, 오건선, 박영순,
안동국, 문정목, 이상환, 강창후, 안태국, 오우선, 안처겸, 정원식, 전관수,
정종만, 문대벽, 최동이, 유희경, 김요랙, 정제민, 박지화, 곽영두, 김선곤,
장문식, 이관근, 정종렴, 장문협, 고희격, 장순필, 유태일, 강창혁, 문명진,
장한규, 한봉준, 이교유, 이홍재, 김재찬, 전삼덕, 윤별나, 김에다, 이성실,
장득성, 오광명, 안도명, 이성심, 김성덕, 홍경신, 이성일, 상환모친김씨,
광명조모변씨, 이애더, 영순조모이씨, 홍석모김씨, 문정목댁어씨, 영조모한
씨, 봉황재김씨, 안동국조모유씨, 선곤모친김씨, 룡손모친김씨, 오건선모친
김씨, 종렴모친송씨, 종만모친문씨, 광명모친이씨, 가루개조씨, 자작골박
씨, 도명자친오씨, 함종읍회당, 함종읍, 강서, 사경회

□ **1903. 4(제3권 4호)**
1. 분류 : 론설
2. 제목 : 삼십 년전브터 로마교하던 이가 슐픈코 예수교에 도라옴(pp. 58~62)
3. 필자 :
4. 내용요약 : 함종읍 봉황재의 김주련은 삼십여 년 전부터 천주교를 신봉해왔는데 예
수교의 도리를 알게 되자 그 가족과 남들에게도 전도함. 그러나 자신은

그간 믿어온 종교를 하루아침에 돌이키기가 어렵고 또 술을 끊을 수가 없어 결단하지 못하던 중에 마침 함종사경회에서 술문제로 문답('술노 문답함')을 나눈 후 술을 끊고 예수교로 돌아오게 됨.
5. 특기사항 : 김주련, 함종읍봉황재, 평양, 함종사경회

□ **1903. 4(제3권 4호)**
1. 분류 : 론설
2. 제목 : 슐문답밍셔문(pp. 62~64)
3. 필자 : 김주련
4. 내용요약 : 젊을 때부터 술을 배워 끊지 못하고 지내왔으나, 사경회를 통하여 술문제에 대해 공부하면서 그간 술로 받은 해악을 헤아리며 회개함.
5. 특기사항 : 김주련, 사경회, 경성

□ **1903. 4(제3권 4호)**
1. 분류 : 론설
2. 제목 : 함종 세 곳에 교회 니러남(pp. 64~65)
3. 필자 :
4. 내용요약 : 호수가 삼백여 호되는 함종 세 곳에서 열 가정이 예수를 믿게 되었는데, 이교유가 자기의 큰사랑에서 동리 교우들과 함께 예배하기로 함.
5. 특기사항 : 이교유, 이교담, 함종읍

□ **1903. 4(제3권 4호)**
1. 분류 : 교보
2. 제목 : 긔렴비연보함(p. 65)
3. 필자 :
4. 내용요약 : 아펜젤러 기념비 사무소에 그동안 도처에서 모두 2,000여 냥이 답지했는데 계속적인 성금바람.
5. 특기사항 : 아펜젤러 기념비

□ **1903. 4(제3권 4호)**
1. 분류 : 교보
2. 제목 : 정동교회에서 셰례를 베품(pp. 65~66)
3. 필자 :
4. 내용요약 : 3월 8일 벙커 목사에게 남녀 합 16인이 세례받음.
5. 특기사항 : 벙커, 정동교회, 정동첫째회당

□ **1903. 4(제3권 4호)**
1. 분류 : 교보
2. 제목 : 혼인을 힝함(p. 66)

3. 필자 :
4. 내용요약 : 정월 26일(음) 이화학당 기도방에서 이화학당 여학생과 제물포 교우가 벙커 목사의 주례로 혼례를 치름.
5. 특기사항 : 벙커, 정동, 이화학당, 제물포

□ **1903. 4(제3권 4호)**
1. 분류 : 교보
2. 제목 : 남양교회 왕셩함(pp. 66~67)
3. 필자 :
4. 내용요약 : 남양교회가 부흥하여 두 곳에 교회를 신설하고 한 곳에는 復設함.
5. 특기사항 : 홍승하, 남양교회

□ **1903. 4(제3권 4호)**
1. 분류 : 교보
2. 제목 : 쳥년들이 전도함(p. 67)
3. 필자 :
4. 내용요약 : 상동미드메모리얼교회 청년회 회원들은 매일 둘씩 짝지어 외지전도를 나감.
5. 특기사항 : 상동미드메모렬예배당, 이태원

□ **1903. 4(제3권 4호)**
1. 분류 : 교보
2. 제목 : 제물포에서 사경회를 함(p. 67)
3. 필자 :
4. 내용요약 : 3월 9일부터 제물포룡동 새 회당에서 2주일 동안 사경회 열림. 본교회외에 송도남북부교회, 장단 파주교회, 연안교회, 강화 여러 교회, 남양 여러 교회, 부평교회 등이 참가하였는데 참석자는 본토전도인과 권사, 속장 모두 200여명. 강사는 조장로사, 고목사, 케이블목사, 크람목사.
5. 특기사항 : 조장로사, 고목사, 케이블, 크람, 제물포 용동회당, 송도남북부교회, 파주교회(장단), 연안교회, 부평교회, 강화, 남양, 사경회

□ **1903. 4(제3권 4호)**
1. 분류 : 교보
2. 제목 : 성경을 번역함(p. 68)
3. 필자 :
4. 내용요약 : 고린도전후서, 갈라디아서 마치고 에베소서에 착수함.
5. 특기사항 : 성경번역

□ 1903. 4(제3권 4호)
1. 분류 : 광고(p. 69)
2. 제목 :
3. 필자 :
4. 내용요약 : 성서공회에서 출판한 책을 빈돈의사 집에서 판매함 - 셩경문답, 훈ᄋ진언, 텬로지귀, 인가귀도, 환란면ᄒ눈근본 빅쟝가, 텬로력뎡, 파혹진션론, 리취예수, 쥬일직희논론, 병인ᄉ쥬, 유몽쳔ᄌ(샹권.하권), 셩교촬리, 쟝원량우샹론, 구셰진젼, 구셰론, 구셰진쥬, 셩경략론 빅쟝가, 쟝쟈로인론, 싯별젼, ᄋ모권면, 복음요ᄉ
5. 특기사항 :

□ 1903. 4(제3권 4호)
1. 분류 : 만국주일공과
2. 제목 : 제1부 제6과 고린도에 교회롤 설립함(사도 18:1-11)(4월 5일) / 제7과 부활(고린도전서 15:20-21, 50-58)(4월 12일) / 제8과 긔독교인의 조신(고린도전서 8:4-13)(4월 19일) / 제9과 긔독교인의 ᄉ랑(고린도전서 13:1-13)(4월 26일)(pp. 70~85)
3. 필자 :
4. 내용요약 :
5. 특기사항 :

□ 1903. 5(제3권 5호)
1. 분류 : 사설
2. 제목 : 옥중전도(pp. 89~95)
3. 필자 : 이승만
4. 내용요약 : 옥중에서 작년 9월(음)부터 아이들 수십 명을 한 곳으로 불러내어 국어, 한문, 영어, 일어, 가감승제, 지도뿐만 아니라 신약과 찬송가를 가르치는 한편 원하는 어른들에게도 영어와 지지, 문법을 가르침. 양의종과 신흥우가 각기 아이들과 어른의 방에 거하며 가르치고 이승만이 매일 정해진 시각에 각 반을 가르치며 벙커 목사가 매주일 가르침. 또한 옥중에 괴질이 돌 때도 무사히 넘기게 된 것과 서적실을 설치하게 된 것을 감사함.
5. 특기사항 : 이승만, 양의종, 신흥우, 벙커, 김영선, 이중진, 박진영, 제물포, 제국신문사, 성서공회

□ 1903. 5(제3권 5호)
1. 분류 : 사설
2. 제목 : 년환회(pp. 95~96)
3. 필자 :
4. 내용요약 : 5월 1일에 정동회당에서 개최되며 목사 4인 파송받음.

5. 특기사항 : 문대벽, 정동회당, 연환회

□ **1903. 5(제3권 5호)**
1. 분류 : 사설
2. 제목 : 해서교뇨(pp. 96~98)
3. 필자 :
4. 내용요약 : 황해도 천주교도들이 교회의 세를 업고 재령, 신천 등지에서 관·민에게 횡포를 부리고 특히 예수교인들을 핍박하므로 정부에서 안핵사 이응익을 파송하여 진상을 조사하게 함. 이 일에 대하여 종교와 무관하게 단지 죄의 유무와 경중을 조사할 것과 정부가 자주적으로 법률대로 죄를 징치할 것 그리고 선후지책을 건의함.
5. 특기사항 : 이응익, 이능화, 수을랑, 재령, 신천, 천주교도와 대립, 황해도, 해서교안

□ **1903. 5(제3권 5호)**
1. 분류 : 사설
2. 제목 : 남방교회 형편(p. 98)
3. 필자 : 문경호
4. 내용요약 : 먼저 북방에 비친 복음의 빛이 이제는 이천지방 여러 마을에 비춰어 남방 교회들이 흥왕함.
5. 특기사항 : 문경호, 이천

□ **1903. 5(제3권 5호)**
1. 분류 : 사설
2. 제목 : 교회가 왕성함(pp. 98~99)
3. 필자 :
4. 내용요약 : 이천지방 교세 부흥의 불길이 원주, 진천, 목천, 청주, 전의, 문의, 연기, 공주 등지로 번져나감. 이천지방 여덟 골에 교회 설립된 곳은 38곳, 새신자 63인, 예배당은 13처.
5. 특기사항 : 이천, 원주, 진천, 목천, 청주, 전의, 문의, 연기, 공주

□ **1903. 5(제3권 5호)**
1. 분류 : 사설
2. 제목 : 김명선 씨의 믿음(p. 99)
3. 필자 :
4. 내용요약 : 이천 작별이교회의 김명선은 남편 있는 아내와의 십여 년의 생활을 정리하고 아내를 전 남편에게 돌려보냄.
5. 특기사항 : 김명선, 이천, 작별이교회(이천)

□ **1903. 5(제3권 5호)**

1. 분류 : 사설
2. 제목 : 김상태 씨의 열심(p. 100)
3. 필자 :
4. 내용요약 : 이천 말네교회 김상태는 예수를 믿은 후 신주를 불사르고 권속을 모두
   교회로 인도하였으며 사랑채를 성전으로 바침.
5. 특기사항 : 김상태, 이천, 말네교회(이천)

□ **1903. 5(제3권 5호)**
1. 분류 : 사설
2. 제목 : 새로 밋는 자(p. 100)
3. 필자 :
4. 내용요약 : 여주범솟, 신대천, 새터, 우마니, 력골 등지의 교회가 진보함.
5. 특기사항 : 장춘명, 여주범솟, 신대천, 새터, 우마니, 력골, 원주

□ **1903. 5(제3권 5호)**
1. 분류 : 론설
2. 제목 : 령혼론(pp. 100~106)
3. 필자 : 노블
4. 내용요약 : 2관 정조(情操) / 1항 정셔(情緖)
5. 특기사항 : 노블, 영혼론

□ **1903. 5(제3권 5호)**
1. 분류 : 론설
2. 제목 : 탐렴결과(pp. 107~109)
3. 필자 : 최재학
4. 내용요약 : 탐욕스러운 자와 청렴한 자의 예화를 대비시켜 하나님께서는 선한 자에
   게 복을 주시고 악한 자에게 앙화를 주실 것임을 가르침.
5. 특기사항 : 최재학

□ **1903. 5(제3권 5호)**
1. 분류 : 론설
2. 제목 : 가을 사경회 공부과정(pp. 109~111)
3. 필자 : 노블부인
4. 내용요약 : 공부할 내용과 사경회를 하는 의미를 세 가지-성경을 더욱 상고함, 함
   께 모여 예수의 명을 찾음, 예수께 더 가까이 가고 이후에 남에게 더 많
   이 가르침-로 설명함.
5. 특기사항 : 노블부인, 사경회

《신학월보》 제3권 내용 색인 111

□ 1903. 5(제3권 5호)
1. 분류 : 론설
2. 제목 : 하나님 주신 평안(pp. 111~112)
3. 필자 :
4. 내용요약 : 고목사가 지은 찬미 일편
5. 특기사항 : 고목사, 송도

□ 1903. 5(제3권 5호)
1. 분류 : 교보
2. 제목 : 됴장로사 전도하심(pp. 112~113)
3. 필자 :
4. 내용요약 : 예수가 십자가에 못박히신 날을 기념하여 정동 첫재회당에서 서울안의 감리교회와 미감리교회들이 모여 예배함.
5. 특기사항 : 조장로사, 정동첫째회당, 서울

□ 1903. 5(제3권 5호)
1. 분류 : 교보
2. 제목 : 새 목사 네 분이 나오심(p. 113)
3. 필자 :
4. 내용요약 : 4월 초에 미국에서 목사 네 명이 파송받고 내한함.
5. 특기사항 : 정동교회

□ 1903. 5(제3권 5호)
1. 분류 : 교보
2. 제목 : 사경회을 함(pp. 113~114)
3. 필자 : 유성근
4. 내용요약 : 정월 오일에 원산 남산동감리교 새 회당에서 일곱골에서 남녀 합 36명이 모여 이주일 동안 사경회를 함.
5. 특기사항 : 유성근, 전목사, 하목사, 나의원, 원산남산동회당, 간성, 안변, 정평, 칠원, 김화, 평강, 사경회

□ 1903. 5(제3권 5호)
1. 분류 : 교보
2. 제목 : 아편설라 씨룰 위ᄒᆞ야 긔렴비ᄉᆞ무소로 연조금 보니신 쳠군자의 일홈을 좌에 긔 지하노라(pp. 114~115)
3. 필자 :
4. 내용요약 : 아펜젤러 기념비 제작을 위해 헌금한 이 명단.
5. 특기사항 : 아펜젤러기념비, 윤경화, 임수돌, 조잇스뺄, 김중헌, 박대여, 박춘식, 서사교항동, 안성교회, 제물포교회, 강화교회

□ **1903. 5(제3권 5호)**
1. 분류 : 교보
2. 제목 : 북디방 녀인사경회(pp. 115~116)
3. 필자 :
4. 내용요약 : 4월 18일부터 28일까지 평양 남산현에서 모인 북지방 여인 봄사경회에 125명이 참석하여 감리교회 중 가장 큰 규모로서 성황을 이룸.
5. 특기사항 : 노블부인, 에스티부인, 라벤스부인, 평양, 남산현, 사경회

□ **1903. 5(제3권 5호)**
1. 분류 : 교보
2. 제목 : 학교 왕셩(pp. 116~117)
3. 필자 :
4. 내용요약 : 평양 남산현교회에 속한 여학교와 남학교는 각기 그 학생들의 학업과 규모에 있어 발전하고 있음.
5. 특기사항 : 김또라, 김득수, 노블, 평양, 남산현회당, 희천, 남산현남학교, 남산현여학교

□ **1903. 5(제3권 5호)**
1. 분류 : 교보
2. 제목 : 평양 북지방 믹길목사 편힝쳐교회즁 대강형편(pp. 117~118)
3. 필자 :
4. 내용요약 : 성천지역의 자패장에는 복음의 씨가 뿌리워져 잘 자라고 있음.
5. 특기사항 : 강인걸, 박승필, 이룡주, 이동식, 배리일, 노블, 맥길, 평양, 성천, 자패장, 노화방

□ **1903. 5(제3권 5호)**
1. 분류 : 교보
2. 제목 : 은산 룡승리교회 형편(p. 118)
3. 필자 :
4. 내용요약 : 은산 룡승리에 남녀 합하여 25명의 교인들이 있는데 회당을 설립하기로 함.
5. 특기사항 : 유규환, 용승리교회(은산), 로화방

□ **1903. 5(제3권 5호)**
1. 분류 : 교보
2. 제목 : 슌쳔 신창교회 형편(pp. 118~119)
3. 필자 :
4. 내용요약 : 신창에는 남녀 교우 35명이 예배당 설립을 위해 연보에 힘쓰고, 교인들

이 사방으로 지역을 나누어 각기 전도할 것임.
5. 특기사항 : 맥길, 이수홍, 주종화, 석달화, 이화순, 순천신창교회, 신창, 원산, 평양, 안주, 성천

☐ **1903. 5 (제3권 5호)**
1. 분류 : 교보
2. 제목 : 원창교회 형편 (p. 119)
3. 필자 :
4. 내용요약 : 원창지역은 속장 김계랙을 중심으로 20명되는 교인들이 동네 전도에 힘쓰고 있으니 머지않아 큰 회당이 설립될 것임.
5. 특기사항 : 김계랙, 원창교회, 원창, 신창

☐ **1903. 5 (제3권 5호)**
1. 분류 : 광고 (p. 120)
2. 제목 :
3. 필자 :
4. 내용요약 : 성서공회에서 출판한 책을 빈돈의사 집에서 판매함 - 셩경문답, 훈ᄋ진언, 텬로지귀, 인가귀도, 환란면ᄒᆞᄂ 근본 빅쟝가, 텬로력뎡, 파혹진션론, 리취예수, 쥬일직희논론, 병인ᄉᆞ쥬, 유몽쳔ᄌ(샹권.하권), 셩교촬리, 쟝원량우샹론, 구셰진젼, 구셰론, 구셰진쥬, 셩경략론 빅쟝가, 쟝쟈로인론, 싓별젼, ᄋ모권면, 복음요ᄉ
5. 특기사항 :

☐ **1903. 5 (제3권 5호)**
1. 분류 : 만국주일공과
2. 제목 : 제1부 제10과 바울과 아볼노(사도 18:24-19:6)(5월 3일) / 제11과 바울이 에베소에 잇삼(사도 19:13-20)(5월 10일) / 제12과 에베소에 교요 니러남(사도 9:29-41)(5월 17일) / 제13과 바울이 에베소 교인의게 한 말삼(에베소 2:1-10)(5월 24일) / 제14과 도강(5월 31일)(pp. 121~135)
3. 필자 :
4. 내용요약 :
5. 특기사항 :

☐ **1903. 6 (제3권 6호)**
1. 분류 : 사설
2. 제목 : 작별함 (p. 139)
3. 필자 :
4. 내용요약 : 조원시 목사가 귀국하면서 석별의 정을 전함.
5. 특기사항 : 서장로사, 조원시

□ 1903. 6(제3권 6호)
1. 분류 : 사설
2. 제목 : 새로 인사함(pp. 139~140)
3. 필자 :
4. 내용요약 : 미감리교회의 서원보 장로사와 남감리교회의 무스 장로사가 조원시 후
임으로 월보사장에 선임됨. 천여 권이 발행되는 월보의 구독자들에게 지
면을 통한 적극 참여를 부탁함.
5. 특기사항 : 문대벽, 서원보, 무스, 조원시, 송도, 원산, 평양, 제물포, 서울, 이천, 수
원, 월보 사장에 무스와 서원보가 선임됨.

□ 1903. 6(제3권 6호)
1. 분류 : 사설
2. 제목 : 조장로사 귀국함(pp. 140~141)
3. 필자 :
4. 내용요약 : 신병 치료를 위해 일시 귀국하는 조원시의 그동안 행적을 기리며, 속히
다시 만날 수 있기를 기원함.
5. 특기사항 : 조원시

□ 1903. 6(제3권 6호)
1. 분류 : 사설
2. 제목 : 년환회를 함(pp. 141~142)
3. 필자 :
4. 내용요약 : 5월 1일부터 8일간 정동교회에서 열린 연환회에서는 한국에 선교회를
설시할 것을 미국사년총의회에 청구하기로 결정함. 이은승과 미국에서
새로 나온 목사 4인에게 집사직품과 장로품 안수례를 행함.
5. 특기사항 : 이은승, 홀부인, 커틀러부인, 문감목, 문목사, 백목사, 김목사, 사목사, 노
블, 정동첫째회당, 평양, 서울, 제물포, 연환회

□ 1903. 6(제3권 6호)
1. 분류 : 론설
2. 제목 : 대한미이미감리교회 제십구차 년환회 회록(pp. 143~162)
3. 필자 :
4. 내용요약 : 1935년 5월 1일 서울 정동첫째회당에서 연환회 개회, 5월 2일·4·5·
6·7일 회록
5. 특기사항 : 연환회, 참여인물 기록

□ 1903. 6(제3권 6호)
1. 분류 : 교보

2. 제목 : 감사한 일(pp. 162~163)
3. 필자 :
4. 내용요약 : 미국의 템풀부인은 이천지역에서 전도사로 일하고 있는 문경호를 위해 매년 헌금하여 그의 월급에 충당하도록 도움. 부인이 교회에서 가르치는 학생들은 이천지방에서 일어난 어려운 일을 전해 듣고 스스로의 노력으로 돈을 벌어 보냄.
5. 특기사항 : 템풀부인, 문경호, 이천

□ 1903. 6(제3권 6호)
1. 분류 : 교보
2. 제목 : 목사 세분과 부인이 귀국하심(p. 163)
3. 필자 :
4. 내용요약 : 조원시·벙커·고목사와 피어스부인이 휴가 얻어 일시 귀국함.
5. 특기사항 : 조원시, 벙커, 피어스부인, 고목사, 제물포, 정동, 송도

□ 1903. 6(제3권 6호)
1. 분류 : 광고(p. 164)
2. 제목 :
3. 필자 :
4. 내용요약 : 성서공회에서 출판한 책을 빈돈의사 집에서 판매함 - 성경문답, 훈ᄋ진언, 텬로지귀, 인가귀도, 환란면ᄒᄂ근본 빅쟝가, 텬로력뎡, 파혹진션론, 리취예수, 쥬일직희논론, 병인ᄉ쥬, 유몽천ᄌ(샹권.하권), 셩교촬리, 쟝원량우샹론, 구셰진젼, 구셰론, 구셰진쥬, 셩경략론 빅쟝가, 쟝쟈로인론, 싯별젼, ᄋ모권면, 복음요ᄉ
5. 특기사항 :

□ 1903. 6(제3권 6호)
1. 분류 : 만국주일공과
2. 제목 : 제2부 제1과 바울이 에베소 교인을 작별함(사도 20:28-38)(6월 7일) / 제2과 사랑하는 법(로마 13:7-14)(6월 14일) / 제3과 바울이 예루살넴에 올나가심(사도 21:3-12)(6월 21일) / 제4과 바울이가 잡힘(사도 21:30-39)(6월 28일)(pp. 165~178)
3. 필자 :
4. 내용요약 :
5. 특기사항 :

□ 1903. 7(제3권 7호)
1. 분류 : 사설
2. 제목 : 언문 배우기 긴함(pp. 181~182)

3. 필자 :
4. 내용요약 : 한 나라의 국어는 그 나라의 자주성과 문화수준의 잣대가 되는 것이니 만큼 대한의 어린이들에게 한문에 앞서 먼저 한글을 힘써 가르치길 원함.
5. 특기사항 : 언문

□ **1903. 7(제3권 7호)**
1. 분류 : 사설
2. 제목 : 물노 세례함(pp. 182~183)
3. 필자 :
4. 내용요약 : 장로교 법을 어기고 출교당한 박대유가 감리교회로 다니며 전도하고 세례도 베푼다고 하니 미혹되지 말 것.
5. 특기사항 : 박대유

□ **1903. 7(제3권 7호)**
1. 분류 : 사설
2. 제목 : 여름(pp. 183~186)
3. 필자 :
4. 내용요약 : 더위로 사람들이 게을러지는 여름은 마귀의 유혹에 빠지기 쉬운 때이니, 먼저 마음의 원하는 것을 따라 죄에 빠지지 않도록 할 것이며, 더욱 힘써 예배에 참여할 것을 권고함.
5. 특기사항 :

□ **1903. 7(제3권 7호)**
1. 분류 : 론설
2. 제목 : 내외하는 풍속(pp. 187~190)
3. 필자 : 문경호
4. 내용요약 : 대한의 여인들은 내외법에 묶여 집안에 갇힌 채 남편에게 종속되어 노예와 같은 인생을 살고 있지만, 예수교인들은 하나님이 짝지어주신 아내를 사랑하고 보호하며 자유권을 주어 마음대로 다니게 할 것이며 옳은 일은 서로 협력하여 행하되 함께 교회에 출석하기를 힘쓸 것.
5. 특기사항 : 문경호

□ **1903. 7(제3권 7호)**
1. 분류 : 론설
2. 제목 : 감목이 상동회당에서 전도하심(pp. 190~193)
3. 필자 :
4. 내용요약 : 묵시록 22:17의 말씀을 비유를 들어 전하되, 생명수는 지식과 교만과 높은 신분으로 얻을 수 있는 것이 아니라 주를 섬기고 복종함을 통해서만

가능한 것임을 강조함.
5. 특기사항 : 상동회당

□ **1903. 7(제3권 7호)**
1. 분류 : 론설
2. 제목 : 미국서 교회일노 유람나오신 카나한 부인끠서 평양 청년회원의게 연설하심을 대강 번역하야 긔재하노라(pp. 193~196)
3. 필자 : 박에스더
4. 내용요약 : 요13:4-17, 빌2:8, 행1:8의 말씀을 중심으로, 예수께서 제자들의 발을 씻기신 것은 남에게 겸손하게 행할 것의 본을 보임과 동시에 우리 영혼의 죄를 정결케 하심을 뜻하는 것인데, 우리도 성신의 권능을 받아 모든 일에 겸손함으로 주를 온전히 섬길 것과 특별히 어린이에게 주의 도를 가르칠 것을 부탁함.
5. 특기사항 : 박에스더, 카나한부인, 평양

□ **1903. 7(제3권 7호)**
1. 분류 : 교보
2. 제목 : 문감목 평양성에 드러오심(p. 197)
3. 필자 :
4. 내용요약 : 노블과 문감목 부자가 남포를 거쳐 평양성에 입성할 때 남녀교우와 남녀학도들이 영접함.
5. 특기사항 : 문감목, 노블, 평양성, 남포

□ **1903. 7(제3권 7호)**
1. 분류 : 교보
2. 제목 : 학도체조를 구경함(p. 197)
3. 필자 :
4. 내용요약 : 장로회 중학당 학도들의 체조 시험하는 날에 감리교회의 목사들과 감목, 소학교 학도들도 청함을 받아 참석하여 친목을 도모함.
5. 특기사항 :

□ **1903. 7(제3권 7호)**
1. 분류 : 교보
2. 제목 : 례배당 봉흔함(p. 198)
3. 필자 :
4. 내용요약 : 5월 24일 평양 남산현예배당을 봉헌함.
5. 특기사항 : 문감목, 노블, 평양, 남산현예배당 봉헌식

□ 1903. 7(제3권 7호)
1. 분류 : 교보
2. 제목 : 감목 순행처 전설 긔록(p. 198)
3. 필자 :
4. 내용요약 : 감목께서 평양 서면의 읍내 교회들을 순찰함.
5. 특기사항 : 평양, 삼화읍, 서돌, 배못리, 줄바외, 경뎐, 함종읍, 강서, 칠산

□ 1903. 7(제3권 7호)
1. 분류 : 교보
2. 제목 : 평양 류동교회 소식(pp. 198~199)
3. 필자 :
4. 내용요약 : 평양 류동에 16인의 신자 그룹이 형성되었는데, 예배당 건축을 위해 헌금 중임.
5. 특기사항 : 송익주, 송관주, 윤형필, 오수철, 윤석, 평양, 유동, 칠산, 유동교회

□ 1903. 7(제3권 7호)
1. 분류 : 교보
2. 제목 : 학교 왕성(p. 199)
3. 필자 : 이은승
4. 내용요약 : 평양 남산현소학교에서는 국문, 학문, 성경지지, 산술을 가르치고 특히 체조를 강조함.
5. 특기사항 : 강창후, 이은승, 평양, 남산현소학교

□ 1903. 7(제3권 7호)
1. 분류 : 교보
2. 제목 : 서울 순환(pp. 199~200)
3. 필자 :
4. 내용요약 : 무목사와 한태정이 13일간 파주와 문산, 적성, 연천, 장단 등지에서 순행 전도함.
5. 특기사항 : 무목사, 한태정, 김순명, 서울, 송도남부교당, 파주새술막, 문산포, 적성굿밤이, 연천무도리, 장단고랑포

□ 1903. 7(제3권 7호)
1. 분류 : 교보
2. 제목 : 북방 순행 전도함(pp. 200~201)
3. 필자 :
4. 내용요약 : 문대벽 감목과 노블이 북방의 여러 교회를 순행 전도하는 중에 성황을 이루었음. 이수의 새 예배당 봉헌식에 1,900명 참석함.
5. 특기사항 : 문대벽, 노블, 삼화읍회당, 배고지회당, 강서읍회당, 서울, 증남포, 선도,

경정, 비석거리, 주바위, 함종읍, 평양성, 이수

□ 1903. 7(제3권 7호)
1. 분류 : 교보
2. 제목 : 노다부인 별세한 날을 긔렴함(pp. 201~203)
3. 필자 : 장원근
4. 내용요약 : 노다 부인의 1주기를 당하여 그의 아들 손우정은 제사지내는 대신 교우들을 초대하여 함께 추도예배를 드리고 생전의 신앙생활을 기림.
5. 특기사항 : 장원근, 노다부인, 손우정, 제물포교회

□ 1903. 7(제3권 7호)
1. 분류 : 교보
2. 제목 : 우리나라에 드문 일(pp. 203~204)
3. 필자 : 김우제
4. 내용요약 : 강화읍내에 사는 김씨 부인은 자녀·친척 없이 여종 하나를 데리고 사는 과부인데 예수를 믿게 된 후 종문서를 불사르고 여종을 딸로 삼음. 종을 부리는 사람들이 이를 본받아 노비를 해방시켜 스스로도 해방받기를 원함.
5. 특기사항 : 김우제, 김씨 부인, 복섬이, 강화읍

□ 1903. 7(제3권 7호)
1. 분류 : 광고(p. 205)
2. 제목 :
3. 필자 :
4. 내용요약 : 성서공회에서 출판한 책을 빈돈의사 집에서 판매함 - 성경문답, 훈ᄋ진언, 산술신편, 환란면하는근본 백장가, 천로력정, 성서강목, 파혹진선론, 주일직회는론, 복음요사, 참복엇는길 백장가, 중병곳치는법 백장가, 성교찰리, 장원량우상론, 인가귀도, 구세진주, 어린아해문답, 성경략론 백장가, 래취예수, 병인사주, 유몽천자 1·2·3권, 마귀를물니치는큰방책 백장가
5. 특기사항 :

□ 1903. 7(제3권 7호)
1. 분류 : 만국주일공과
2. 제목 : 제2부 제5과 바울을 죽이랴는 흉계(사도 23:12-22)(7월 5일) / 제6과 바울이 벨닉스의게 전도함(사도 24:10-16)(7월 12일) / 제7과 바울이 아그리파압헤 잇삼(사도 26:19-29)(7월 19일) / 제8과 생명을 주시는 신(로마 8:1-14)(7월 26일)(pp. 206~226)
3. 필자 :
4. 내용요약 :

5. 특기사항 :

□ **1903. 8(제3권 8호)**
1. 분류 : 사설
2. 제목 : 주일을 맛당이 직혀야 함(pp. 231~234)
3. 필자 :
4. 내용요약 : 주일을 지키는 것은 하나님을 섬겨 기뻐하시게 함이요, 하나님처럼 거룩 되기 위함이요, 하나님께서 원하시는 안식을 얻기 위한 것임. 또한 주일에 행할 바와 금해야 할 바를 분별할 것임.
5. 특기사항 :

□ **1903. 8(제3권 8호)**
1. 분류 : 사설
2. 제목 : 주의 긔도문(pp. 234~239)
3. 필자 : 문경호
4. 내용요약 : 장·감 양 교파에서 서로 다른 주기도문을 사용하던 중 1900년에 주기도문을 한 가지로 새로 교정하여 양 교파에서 같은 기도문을 쓰기로 하였음. 평양의 각 교회들은 이미 새 기도문을 쓰고 있는데 이에 새 주기도문을 기재하고 그 뜻을 풀이함.
5. 특기사항 : 문경호, 평양, 주기도문(장·감 연합)

□ **1903. 8(제3권 8호)**
1. 분류 : 론설
2. 제목 : 예수교가 대한 장래의 긔초(pp. 240~245)
3. 필자 : 이승만
4. 내용요약 : 개인이나 집안이나 나라가 다 위기에 처한 이 때 사람의 도(유교)로는 면할 길이 없으니, 하나님의 도로써 풍속과 인정을 일제히 변혁하여 새 것을 좇아야 할 것이며 남을 내 몸처럼 사랑하여 공존동생을 도모해야 함.
5. 특기사항 : 이승만

□ **1903. 8(제3권 8호)**
1. 분류 : 론설
2. 제목 : 크게 불너 쎄움 - 문제 : 한맘 한뜻으로 온전이 합하야랴(고린도전 1:10)(pp. 245~252)
3. 필자 : 홍승하
4. 내용요약 : 지금은 자다가 깰 때라. 속의 속잠 깊이 들어 영육간에 무지한 데에서 깨어야 하며, 겉잠 들어 분변력은 있으나 나태함에 빠져 있는 데에서 깨어야 하며, 광명갑주를 입고 나아가 마귀를 쳐서 복종시키며 한맘 한뜻

으로 천국을 회복해야 함.
5. 특기사항 : 홍승하

□ **1903. 8 (제3권 8호)**
1. 분류 : 론설
2. 제목 : 대한 북방지방회 유사별위원 리승은 보단(pp. 252~253)
3. 필자 : 이은승
4. 내용요약 : 작년 지방회 이후의 북지방회 각 교회의 재정상황을 보고함.
5. 특기사항 : 이은승, 칠산회당, 복룡동회당, 삼화읍회당, 예성회당, 대령뫼, 금당리회당, 배꽃이회당, 줄바외회당, 선돌회당, 경전회당, 돌다리회당, 돌메회당, 증산일상리회당, 함종읍회당, 강서, 남포회당, 일출리회당, 희천부생리, 복골, 덕골회당, 서제산회당, 월명산, 안주회당, 귀엄회당, 신계읍회당, 기외, 시산, 요포, 접섬, 서홍두무골

□ **1903. 8 (제3권 8호)**
1. 분류 : 론설
2. 제목 : 북방지방 탁사별위원 김선규 보단(pp. 253~254)
3. 필자 : 김선규
4. 내용요약 : 1902년도 지방회에서 평양 북방지방회에 속한 회당 26곳의 간수와 그 가격을 조사함.
5. 특기사항 : 김선규, 평양, 평양북방지방회, 평양본회당, 복룡동예배당, 칠산예배당, 강서읍예배당, 선돌회당, 줄바위회당, 배꽃이회당, 삼화읍회당, 남포회당, 덕동회당, 일출리회당, 대령뫼회당, 돌다리회당, 예성회당, 경전회당, 비석거리회당, 함종읍회당, 증산회당, 월명산회당, 운산읍회당, 희천복골회당, 신계읍회당, 구성거리회당, 요포회당, 귀엄회당, 접섬회당, 안주회당

□ **1903. 8 (제3권 8호)**
1. 분류 : 론설
2. 제목 : 남녀 경위문제(pp. 255~258)
3. 필자 : 김창식
4. 내용요약 : 남녀 서로 경위를 찾기 위해서는 피차 사랑하고 공경하고 대접하고 도와주어야함. 사랑은 외모와 예식에 치우치지 않고 마음에서 나오는 것이어야 하고, 서로 공경함은 자기 양심을 따를 것이며, 서로 대접하고 도움에 있어 여자의 재능이 열등하다는 관념을 버려야 할 것을 강조함.
5. 특기사항 : 김창식

□ **1903. 8 (제3권 8호)**
1. 분류 : 론설
2. 제목 : 북방지방회 그리스도인이 엇더케 행하여야 제 식구를 구원할 문제에 대한

론설(pp. 258~260)
3. 필자 : 강인걸
4. 내용요약 : 믿지 않는 가족의 구원을 위해서는 먼저 믿은 우리가 행실을 아름답게
할 것이며, 광야에서의 모세 행적을 본받아 가족에게 십계명을 가르치며
성신의 신령한 양식을 먹일 수 있기를 하나님께 힘써 기도할 것.
5. 특기사항 : 강인걸

☐ 1903. 8(제3권 8호)
1. 분류 : 교보
2. 제목 : 고목사 작별함(p. 260)
3. 필자 : 김순일
4. 내용요약 : 송도의 고영복 목사께서 본국에 일시 가게 되어 송도남북부예배당에서
작별례를 행하였는데 고목사의 부탁 권면의 말씀에 참석자들이 감동함.
5. 특기사항 : 고영복, 김순일, 송도남북부교회, 송도

☐ 1903. 8(제3권 8호)
1. 분류 : 교보
2. 제목 : 남지방 소문(p. 261)
3. 필자 :
4. 내용요약 : 충청도 연기 도옥골회당의 속장 오해두는 열심히 전도하여 많은 결실을
얻고 있음. 교인이 늘고 학교가 설립되고 예배당을 짓고 성서공회에 연
보까지 함.
5. 특기사항 : 오해두, 성서공회, 도옥골회당(연기), 연기

☐ 1903. 8(제3권 8호)
1. 분류 : 교보
2. 제목 : 정동 첫재회당에서 계삭회를 함(p. 262)
3. 필자 :
4. 내용요약 : 정동회당에서 열린 계삭회에 임원들이 모여 예산을 세우고, 권사를 새로
선정함.
5. 특기사항 : 서원보, 문경호, 사목사, 최목사, 페인 부인, 푸라이 부인, 윤창렬, 민찬
호, 이익채, 신홍우, 박환규, 노병선, 문경호 부인, 조만수 부인, 메레황씨
부인, 조만수, 정동첫째회당, 계삭회

☐ 1903. 8(제3권 8호)
1. 분류 : 교보
2. 제목 : 제물포 장유회 결정함(pp. 262~263)
3. 필자 :
4. 내용요약 : 제물포 웨슬레회당에서 장유회로 모여 일년 동안의 재정을 일천원으로

결산함.
5. 특기사항 : 케이블, 제물포웨슬레회당, 제물포장유회, 장유회

□ 1903. 8(제3권 8호)
1. 분류 : 교보
2. 제목 : 아편설라 씨의 긔렴 현판를 달음(p. 263)
3. 필자 :
4. 내용요약 : 배재학당 학도들이 아펜젤러의 행적을 기려 학당 내에 현판을 달음.
5. 특기사항 : 아펜젤러, 배재학당

□ 1903. 8(제3권 8호)
1. 분류 : 교보
2. 제목 : 정동 월은청년회를 다시 조직함(p. 263)
3. 필자 :
4. 내용요약 : 정동교회 청년회가 다시 조직되었는데 매주 토요일 기도회와 토론회로 모임. 임원 명단.
5. 특기사항 : 윤창렬, 문경호, 신흥우, 윤성렬, 민찬호, 임종면, 유옥겸, 정동월은청년회, 월은청년회, 청년회

□ 1903. 8(제3권 8호)
1. 분류 : 교보
2. 제목 : 공부과정(p. 264~268)
3. 필자 :
4. 내용요약 : 본처전도인 일·이·삼·사년급, 권사 일·이년급, 속장 등의 각 과정에서 공부할 것과 외울 것과 읽을 내용을 알림.
5. 특기사항 : 주일직히는론, 묘축문답, 인가귀도, 교우덕행규측, 미이미교회문답, 천로력정, 장원량우상론, 성경도설, 무림길, 증보천도총론, 교회사기, 태서신사, 천도소원, 량교변정, 성경지지

□ 1903. 8(제3권 8호)
1. 분류 : 광고(p. 269)
2. 제목 :
3. 필자 :
4. 내용요약 : 성서공회에서 출판한 책을 빈돈의사 집에서 판매함-성경문답, 훈ᄋ진언, 산술신편, 환란면하는근본 백장가, 천로력정, 성서강목, 파혹진신론, 주일 직희는론, 복음요사, 참복엇는길 백장가, 아모권면, 성교촬리, 장원량우상 론, 인가귀도, 구세진주, 어린아해문답, 성경략론 백장가, 래취예수, 병인 사주, 유몽천자 1·2·3권, 마귀를물니치는큰방책 백장가
5. 특기사항 :

□ **1903. 8(제3권 8호)**
1. 분류 : 만국주일공과
2. 제목 : 제2부 제9과 바울의 수로로 감과 파선함(사도 27:33-44)(8월 2일) / 제10과 바울이 로마에 잇삼(사도 28:16-24, 30-31)(8월 9일) / 제11과 바울이 듸모데의게 분부함(디모데후서 3:14-48)(8월 16일) / 제12과 하나님으로 더브러 화목함(로마 5:1-11)(8월 23일)(pp. 270~294)
3. 필자 :
4. 내용요약 :
5. 특기사항 :

□ **1903. 9(제3권 9호)**
1. 분류 : 사설
2. 제목 : 금식함(pp. 297~298)
3. 필자 :
4. 내용요약 : 모세 때부터 시작된 금식은 구·신약에 많은 실례를 보여주고 있는데, 진정한 금식은 음식을 먹지 않는 것에 그치는 것이 아니라 성령의 인도를 따라 하나님 앞에 참 회개하고 진실하게 기도하는 것임.
5. 특기사항 :

□ **1903. 9(제3권 9호)**
1. 분류 : 사설
2. 제목 : 광고(pp. 298~299)
3. 필자 :
4. 내용요약 : 구독자들에게 월보사 직원의 불성실로 지면에 실수가 있었음을 사과하며, 보다 유익한 내용을 펴낼 수 있도록 격려를 부탁함.
5. 특기사항 :

□ **1903. 9(제3권 9호)**
1. 분류 : 론설
2. 제목 : 두 가지 편벽됨(pp. 299~305)
3. 필자 : 이승만
4. 내용요약 : 예수교에 대한민족의 장래가 달린만큼 더욱 전도에 힘써야 하나 이에 두 가지 방해가 있음. 오직 정사를 바로 잡고 나라의 문명화를 위해 교회에 들어오는 이들과 오직 자신과 일가친척의 복락만을 구하기 위해 들어오는 이들이 그것. 예수교는 교화로써 나라를 변혁하는 것이요, 믿는 이들은 이웃과 나라와 이 세상의 구원을 위해서도 일해야 함.
5. 특기사항 : 이승만

□ **1903. 9 (제3권 9호)**
1. 분류 : 론설
2. 제목 : 밋음과 열심(pp. 305~310)
3. 필자 : 공홍렬(상동엡윗청년회 서기)
4. 내용요약 : 상동 엡윗청년회 신임원 소개. 청년회원들과 교우들이 서로 권면하여 열심으로 믿으며 열심으로 전하며 열심으로 참을 것을 바람.
5. 특기사항 : 공홍렬, 전덕기, 박승규, 이은덕, 최재학, 박용만, 임상재, 상동엡윗청년회, 엡윗청년회, 청년회

□ **1903. 9 (제3권 9호)**
1. 분류 : 교보(pp. 310~311)
2. 제목 :
3. 필자 :
4. 내용요약 : 매서인이었던 이군선은 다른 생업에 종사하려다가 실패한 후 깨달음이 있어 다시 전도와 매서활동에 더욱 매진함으로 다시 제물포교회의 매서인 직분을 맡게됨.
5. 특기사항 : 이군선, 제물포교회, 매서인, 인천제물포

□ **1903. 9 (제3권 9호)**
1. 분류 : 광고(p. 312)
2. 제목 :
3. 필자 :
4. 내용요약 : 성서공회에서 출판한 책을 빈돈의사 집에서 판매함-성경문답, 훈ᄋ진언, 산술신편, 환란면하는근본 백장가, 천로력정, 성서강목, 파혹진신론, 주일직회는론, 복음요사, 참복엇는길 백장가, 아모권면, 성교촬리, 장원량우상론, 인가귀도, 구세진주, 어린아해문답, 성경략론 백장가, 래취예수, 병인사주, 유몽천자 1·2·3권, 마귀를물니치는큰방책 백장가
5. 특기사항 :

□ **1903. 9 (제3권 9호)**
1. 분류 : 만국주일공과
2. 제목 : 제3부 제1과 이스라엘 백성들이 님군 세우시기를 구함(삼상 8:1-8)(9월 6일) / 제2과 서울노 님군을 퇵정함(삼상 10:17-27)(9월 13일) / 제3과 삼유엘의 작별한 연설(삼상 12:13-25)(9월 20일) / 제4과 하나님끠서 서울의 님군 노릇함을 바리심(삼상 15:13-23)(9월 27일)(pp. 313~330)
3. 필자 :
4. 내용요약 :
5. 특기사항 :

□ 1903.10(제3권 10호)
1. 분류 : 사설
2. 제목 : 모함함(pp. 333~337)
3. 필자 :
4. 내용요약 : 악한 자의 남을 모함하는 말은 전염성이 강해 모함을 당하는 이는 물론이요 공동체 전체를 망하게 하는 것이니, 교우들은 서로 말조심을 할 것이며 또 말질하여 모함하기 좋아하는 자를 멀리하기 바람.
5. 특기사항 :

□ 1903.10(제3권 10호)
1. 분류 : 론설
2. 제목 : 북쪽지방에서 전도함(pp. 337~345)
3. 필자 : 문경호
4. 내용요약 : 노블의 청함을 받아 40일 가량 평양 각처의 교회를 순회하며 전도하고 그 성과를 일곱 가지-크게 모임, 대동강에 선유함, 독신자, 종을 방석함, 성신께서 감하하심, 두 학교의 학도를 만나봄, 총합이라-로 구분하여 보고함.
5. 특기사항 : 문경호, 노블, 이은승, 함종읍교회, 박씨부인, 삼화읍교회, 안씨부인, 박동원, 박화원, 김매리연, 이종웅, 심성이, 서울, 평양성, 평양, 평양교회, 함종읍회당, 강서읍회당, 칠산리회당, 증산일상리회당, 삼화읍서리회당, 남산현교회, 명월산교회, 용강선돌회당, 이화학당, 배재학당, 평양성학교, 중화, 이천교회, 강화교회, 송도남감리교회, 잣골회당, 정동교회, 삼화읍서리교회, 삼화서리회당, 평양본회당, 평양성교회, 용강

□ 1903.10(제3권 10호)
1. 분류 : 론설
2. 제목 : 가난한 자는 복엇난 자로다(pp. 345~347)
3. 필자 : 한창원
4. 내용요약 : 재물은 사람의 육신과 영혼을 죽게 하는 것이니 세상 재물을 욕심하지 말고, 생명의 양식되시는 예수께로 나아와 영생을 얻으시기 바람.
5. 특기사항 : 한창원, 광주, 양지, 용인, 죽산, 이천

□ 1903.10(제3권 10호)
1. 분류 : 교보
2. 제목 : 인내로 이김(pp. 347~348)
3. 필자 : 홍승하
4. 내용요약 : 교동 사는 방씨부인은 집안에서 홀로 예수를 믿던 중 시부상을 당하여 喪禮를 따르지 않으므로 모진 핍박을 당하고 친가로 쫓겨났으나 그 믿음이 더욱 강고해짐.

5. 특기사항 : 홍승하, 황신철, 방씨부인, 교동

□ **1903.10(제3권 10호)**
1. 분류 : 교보
2. 제목 : 시험은 밋음을 나타냄(pp. 348~349)
3. 필자 : 홍승하
4. 내용요약 : 남양 사는 김씨 부인은 예수를 믿은 이후로 시집 식구들로부터 모진 고초를 겪고 있으니 기도해주기 바람.
5. 특기사항 : 홍승하, 김더현, 김씨부인, 남양송동, 영흥

□ **1903.10(제3권 10호)**
1. 분류 : 교보
2. 제목 : 강화읍 녀학교 진보함(pp. 349~350)
3. 필자 : 김우제
4. 내용요약 : 64세인 김영애는 자신의 재산으로 강화부 교회내에 여학교를 설립하고 10여 명의 학도를 가르치는 일에 힘씀. 한문 선생은 방족신.
5. 특기사항 : 김우제, 김영애, 박형재, 박제니, 주선일, 노지순, 방족신, 황성독립관, 새문안장로교회, 강화부, 강화읍여학교

□ **1903.10(제3권 10호)**
1. 분류 : 교보
2. 제목 : 병곳침을 엇음(pp. 350~352)
3. 필자 : 손승용
4. 내용요약 : 칠년 동안 무당이 내려 앓던 김씨부인이 연안읍교회에서 나음을 얻고, 연안남당교회에서는 반신불수에 걸린 김씨부인의 병이 나음. 그들로 인해 많은 이들이 예수께 나오게 됨
5. 특기사항 : 명대섭, 김씨부인, 정봉운, 박사준, 장부인, 김주부, 유승안, 손승용, 연안, 강서, 연안읍교회, 연안읍회당, 연안남당교회, 독머리

□ **1903.10(제3권 10호)**
1. 분류 : 교보
2. 제목 : 월명산교회 소문(pp. 352~353)
3. 필자 : 이양선
4. 내용요약 : 15세인 박동원은 모범적인 교회생활을 하는 중 집안의 핍박이 심하였으나 오히려 그 믿음이 더욱 굳건해짐.
5. 특기사항 : 이양선, 유씨, 박동원, 박하원, 평양, 월명산교회

□ **1903.10(제3권 10호)**
1. 분류 : 교보

2. 제목 : 공부과정(pp. 353~354)
3. 필자 :
4. 내용요약 : 권사 삼년급 과정에서 공부할 것, 읽을 것, 외울 것을 알림.
5. 특기사항 : 구세진주, 복음요사, 량교변정, 교회사긔

□ **1903.10(제3권 10호)**
1. 분류 : 교보
2. 제목 : 청년회문제(pp. 354~355)
3. 필자 :
4. 내용요약 : 숙고할 성경구절을 5가지 주제로 소개함.
5. 특기사항 : 엡웟청년회, 청년회

□ **1903.10(제3권 10호)**
1. 분류 : 광고(p. 356)
2. 제목 :
3. 필자 :
4. 내용요약 : 성서공회에서 출판한 책을 빈돈의사 집에서 판매함-성경문답, 훈ᄋ진언, 산술신편, 환란면하는근본 백장가, 천로력정, 성서강목, 파혹진신론, 주일직희는론, 복음요사, 참복엇는길 백장가, 아모권면, 성교촬리, 장원량우상론, 인가귀도, 구세진주, 어린아해문답, 성경략론 백장가, 래취예수, 병인사주, 유몽천자 1·2·3권, 마귀를물니치는큰방책 백장가
5. 특기사항 :

□ **1903.10(제3권 10호)**
1. 분류 : 만국주일공과
2. 제목 : 제3부 제5과 삼유엘이 짜윗을 기람바른(삼상 16:4-13)(10월 4일) / 제6과 짜윗과 골니앗(삼상 17:38-49)(10월 11일) / 제7과 사울이 짜윗을 죽이랴고 함(삼상 18:5-16)(10월 18일) / 제8과 짜윗과 요나단(삼상 20:12-23)(10월 25일)(pp. 357~375)
3. 필자 :
4. 내용요약 :
5. 특기사항 :

□ **1903.11(제3권 11호)**
1. 분류 : 사설
2. 제목 : 부자되난 법(pp. 379~389)
3. 필자 :
4. 내용요약 : 대한이 부강한 나라가 되기 위해서는 우상과 사신들 앞에 온갖 재물을 바치느라 큰 낭비를 하고 있는 풍속을 폐지해야 할 것이며, 백성들의 땀

흘리지 않고 놀고 먹는 것을 엄금하고 각기 그 재주대로 농사와 장색의 일을 하도록 유도해야 할 것임.
5. 특기사항 :

□ **1903.11(제3권 11호)**
1. 분류 : 론설
2. 제목 : 교회경략(pp. 383~389)
3. 필자 : 이승만
4. 내용요약 : 한국교회의 그동안의 성장은 하나님의 뜻을 따라 교회정치를 잘해온 결과임. 앞으로 교회가 더욱 흥왕하기 위해서는 외국교사들에게 의지하지 말고 自傳·自給·自治할 것 그리고 만국의 왕이신 그리스도 안에서 만인이 하나됨을 지향할 것 등을 주장함.
5. 특기사항 : 이승만

□ **1903.11(제3권 11호)**
1. 분류 : 교보
2. 제목 : 평양 칠산교회 형편(pp. 389~390)
3. 필자 : 이동식
4. 내용요약 : 1899년 복음이 전해진 이후로 15곳이 개척되어 칠산회당에 모이는 교인이 250~260명에 이르게 됨. 회당을 기역자 모양으로 증축하고, 학교도 설립함. 문수골과 유동에도 회당이 설립되었고, 세 곳이 더 개척되어 현재 신자그룹이 18곳으로 확대됨.
5. 특기사항 : 이동식, 평양, 칠산교회, 문수골, 유동

□ **1903.11(제3권 11호)**
1. 분류 : 교보
2. 제목 : 부인들이 글짐(pp. 390~392)
3. 필자 : 임정수
4. 내용요약 : 평양 남산재청년회 주최로 부인 글짓기대회가 처음 열림. 4편의 글을 소개함.
5. 특기사항 : 임정수, 강메불, 임통달, 전삼덕, 김또라, 평양, 남산재청년회, 청년회

□ **1903.11(제3권 11호)**
1. 분류 : 교보
2. 제목 : 인천항 엡윗청년회 임원 체임(pp. 392~395)
3. 필자 :
4. 내용요약 : 새로 임원을 선정함.
5. 특기사항 : 박대려, 강원석, 최붕현, 이동호, 최선도, 복기선, 천광은, 인천항엡윗청년회, 엡윗청년회, 청년회

□ 1903.11(제3권 11호)
1. 분류 : 교보
2. 제목 : 크리스도 청년(pp. 392~395)
3. 필자 : 이은덕(상동엡윗청년회 회원)
4. 내용요약 : 우리나라가 흥왕치 못하는 것은 하나님의 옳은 이치를 깨닫지 못하고 미신과 우상숭배에 빠져 자기의 이익만을 좇기 때문임. 이제 기독청년들은 십자가상의 예수의 고난을 생각하며 나라를 위하고 세상을 위하여 옳은 이치를 실천해야 할 때임.
5. 특기사항 : 이은덕, 상동엡윗청년회, 엡윗청년회, 청년회

□ 1903.11(제3권 11호)
1. 분류 : 교보
2. 제목 : 셔목사와 젼도사 량씨가 병드럿다가 나흠(pp. 395~396)
3. 필자 :
4. 내용요약 : 서원보 목사와 문경호 전도사가 순행전도 중에 얻은 병으로 고생하다가 나음.
5. 특기사항 : 서원보, 문경호, 서울, 평양

□ 1903.11(제3권 11호)
1. 분류 : 광고(p. 397)
2. 제목 :
3. 필자 :
4. 내용요약 : 성서공회에서 출판한 책을 빈돈의사 집에서 판매함-성경문답, 훈ᄋ진언, 산술신편, 환란면하는근본 백장가, 천로력정, 성서강목, 파혹진신론, 주일직희론, 복음요사, 참복엇는길 백장가, 아모권면, 성교촬리, 장원량우상론, 인가귀도, 구세진주, 어린아해문답, 성경략론 백장가, 래취예수, 병인사주, 유몽천자 1·2·3권, 마귀를물니치는큰방책 백장가
5. 특기사항 :

□ 1903.11(제3권 11호)
1. 분류 : 만국주일공과
2. 제목 : 제3부 제9과 짜윗이 사울을 안셔함(삼상 26:5-12, 21-25)(11월 1일) / 제10과 셔울과 요나단의 죽음(삼상 31:1-13)(11월 8일) / 제11과 짜윗이 님군되심(삼후 2:1-11)(11월 15일) / 제12과 악함을 면함(벧전 4:1-11)(11월 22일)(pp. 398~422)
3. 필자 :
4. 내용요약 :
5. 특기사항 :

□ 1903.12(제3권 12호)
1. 분류 : 사설
2. 제목 : 술의 큰 관계(pp. 425~430)
3. 필자 :
4. 내용요약 : 술은 먹음으로 집이 망하고 몸이 망하고 죄에 빠지게 되므로 교우들은 술 먹는 것을 끊고 이 세상에서의 안락함을 누릴 뿐만 아니라 장차 영생 쾌락을 누릴 수 있기를 바람.
5. 특기사항 :

□ 1903.12(제3권 12호)
1. 분류 : 사설
2. 제목 : 장생불사하는 법(pp. 431~434)
3. 필자 :
4. 내용요약 : 육신의 장생을 위해서는 자기 몸을 사랑하여 주색을 멀리하고 위생에 힘써야 하고, 영혼의 영생함을 위해서는 주 예수를 믿어 성령으로 거듭 나야 함.
5. 특기사항 :

□ 1903.12(제3권 12호)
1. 분류 : 론설
2. 제목 : 복을 밧고 화를 피할 것(pp. 434~437)
3. 필자 : 김홍순 권사
4. 내용요약 : 하나님께서 인생을 사랑하사 예수를 이 세상에 보내 대속제물로 삼으셨으니, 예수를 믿고 하나님을 공경하므로 마귀의 권세를 이기고 복을 받아 누리기를 바람.
5. 특기사항 : 김홍순

□ 1903.12(제3권 12호)
1. 분류 : 론설
2. 제목 : 청년들은 요한왜슬늬 선생을 모범할 것(pp. 437~446)
3. 필자 : 우병길
4. 내용요약 : 웨슬레의 생애를 번거한 시대에 태어남, 공부함과 책을 저술함, 전도함, 핍박을 견딤, 다섯 가지 폐단을 개혁함 등 다섯 단락으로 나누어 서술한 뒤, 청년들에게 웨슬레를 본받아 무너진 도덕을 다시 세우며 부패한 풍속을 고치며 복음을 전파해야 할 것을 강조함.
5. 특기사항 : 우병길, 엡윗청년회, 웨슬레, 청년회

□ **1903.12(제3권 12호)**
1. 분류 : 교보
2. 제목 : 프란손 목사의 전도하심(p. 447)
3. 필자 :
4. 내용요약 : 프란손 목사 전도회가 경성내 교우들이 모인 가운데 상동교회에서 열림. 제중원에서도 전도회 열림.
5. 특기사항 : 프란손, 모삼률, 상동회당, 제중원

□ **1903.12(제3권 12호)**
1. 분류 : 교보
2. 제목 : 긔렴종 연보젼(pp. 447~449)
3. 필자 :
4. 내용요약 : 아펜젤러 기념종 제작을 위해 연보한 이들의 명단과 특히 신자가 아닌 심의석 씨의 보조를 칭찬하며 많은 이들의 참여를 독려함.
5. 특기사항 : 윤경화, 박춘엽, 김중현, 임수돌, 김경영, 조신성, 라봉식, 이치경, 심의석, 아펜젤러, 상동교회, 지평다대울, 양근읍, 서울

□ **1903.12(제3권 12호)**
1. 분류 : 교보
2. 제목 : 정동보호녀회 제삼차 돌날(pp. 449~450)
3. 필자 :
4. 내용요약 : 11월 8일 정동보호여회의 설립 3주년 기념 행사가 정동교회에서 서울 각 교회 남녀 교우들이 모인 가운데 성황리에 열림.
5. 특기사항 : 황메례, 전덕기, 문경호, 쉽목사, 민찬호, 서원보, 이경직, 최병헌, 정동보호녀회, 친애회, 월은청년회, 조이스청년회, 청년회, 보호여회

□ **1903.12(제3권 12호)**
1. 분류 : 교보
2. 제목 : 찬미가 '마귀를 대적함'(pp. 450~451)
3. 필자 : 배동헌
4. 내용요약 : 全 8절의 가사로 하나님의 전신갑주로 무장하고 나아가 마귀의 권세와 싸워 이기자는 내용.
5. 특기사항 : 배동헌

□ **1903.12(제3권 12호)**
1. 분류 : 교보
2. 제목 : 형제 김태영 씨 별세긔렴서(pp. 451~452)
3. 필자 : 이동식
4. 내용요약 : 김태영은 입교한 이후로 교회일과 병자와 가난한 이들 돌보는 일과 손

　　　　　　대접하기에 힘쓰는 등 신앙의 본을 보이다가 임종시에도 의연한 모습으
　　　　　　로 온교우와 가족에게 위로를 주고 떠남.
5. 특기사항 : 이동식, 김태영, 평양

□ **1903.12(제3권 12호)**
1. 분류 : 교보
2. 제목 : 평양 류동교회 소식(pp. 452~453)
3. 필자 :
4. 내용요약 : 평양 유동교회는 교우들의 헌금으로 회당 건축중인데, 현재 동리 70여
　　　　　　호중 10여 가구가 입회, 교인 수는 60명.
5. 특기사항 : 유동, 칠산교회, 칠산, 복룡동교회, 복룡동, 평양, 남산현, 유동교회(평양)

□ **1903.12(제3권 12호)**
1. 분류 : 교보
2. 제목 : 평양 절골 소식(p. 453)
3. 필자 :
4. 내용요약 : 무당이었던 김씨부인은 예수를 믿게된 후 모든 우상을 멸하고 자신의
　　　　　　집을 예배당으로 내놓아 문수골 교우들이 그곳에서 예배드리고 있음.
5. 특기사항 : 김씨부인, 평양절골, 평양문수골

□ **1903.12(제3권 12호)**
1. 분류 : 교보
2. 제목 : 평양 청년회(p. 453)
3. 필자 :
4. 내용요약 : 평양남산현 엡윗청년회 친목회에 남녀 교우 약 450명이 모여 즐거운 시
　　　　　　간을 가짐.
5. 특기사항 : 노블부인, 파원목사, 모리스부인, 박에스더, 평양, 남산현엡윗청년회

□ **1903.12(제3권 12호)**
1. 분류 : 광고(p. 454)
2. 제목 :
3. 필자 :
4. 내용요약 : 성서공회에서 출판한 책을 빈돈의사 집에서 판매함-성경문답, 훈ᄋ진언,
　　　　　　산술신편, 환란면하는근본 백장가, 천로력정, 성서강목, 파혹진신론, 주일
　　　　　　직회논론, 복음요사, 참복엇는길 백장가, 아모권면, 성교찰리, 장원량우상
　　　　　　론, 인가귀도, 구세진주, 어린아해문답, 성경략론 백장가, 래취예수, 병인
　　　　　　사주, 유몽천자 1·2·3권, 마귀를물니치는큰방책 백장가
5. 특기사항 :

□ 1903.12(제3권 12호)
1. 분류 : 만국주일공과
2. 제목 : 제4부 제1과 따윗이 법궤를 예루살넴으로 가져올나가심(삼후 6:1-12)(12월 6일) / 제2과 하나님끠서 따윗과 갓치 언약하심(삼후 7:4-16)(12월 13일) / 제3과 따윗의 자복함(시편 51:1-17)(12월 20일) / 제4과 예수 탄일 공과(마태 2:1-12)(12월 27일)(pp. 455~470)
3. 필자 :
4. 내용요약 :
5. 특기사항 :

□ 1904. 1(제4권 1호)
1. 분류 : 사설
2. 제목 : 새해(pp. 471~472)
3. 필자 :
4. 내용요약 : 새해를 맞이하며 하나님을 더욱 공경하고 하나님의 계명을 더욱 잘 지킬 것을 결심할 일.
5. 특기사항 :

□ 1904. 1(제4권 1호)
1. 분류 : 사설
2. 제목 : 월보를 맛당이 사서 볼것(pp. 472~473)
3. 필자 :
4. 내용요약 : 신학월보는 도덕상에 좋은 논설, 성경공부, 교회형편 등을 실어 사람의 몸과 영혼을 바른 길로 인도하여 구원함을 얻게 하는 책이니 많이 구독하기를 바람.
5. 특기사항 :

□ 1904. 1(제4권 1호)
1. 분류 : 사설
2. 제목 : 하나님끠 맛당이 연보함(pp. 474~476)
3. 필자 :
4. 내용요약 : 돈을 쓰되 어리석게 헛되이 쓰지 말고 하나님 나라 사업을 위하여 힘써 연보할 일. 연보하되 억지로 말고 각기 정성대로 기쁜 마음으로 할 것.
5. 특기사항 : 제물포교회, 상동회당, 미드모랠부인

□ 1904. 1(제4권 1호)
1. 분류 : 론설
2. 제목 : 상리목사서(pp. 476~480)
3. 필자 :

4. 내용요약 : 노자·석가·공자·맹자 등은 예수의 길을 예비하기 위해 하나님께서 보내신 사자인데 그들의 가르침은 천지인 삼재(三才)의 도에 이르지 못하는 한계를 안고 있음. 그러므로 천지와 인류와 지옥까지 가르치는 온전한 이치의 기독교를 믿어 천국낙원의 무궁한 길복을 누리기를 바람.
5. 특기사항 : 김주련, 함종읍

□ **1904. 1(제4권 1호)**
1. 분류 : 론설
2. 제목 : 학도의 저술함(pp. 480~486)
3. 필자 : 김유경(송도감리교 학동)
4. 내용요약 : 그리스도께서 우리 죄를 구속하심, 안식일을 성심으로 지키라, 하나님밖에 다른 신을 섬기지 말 것, 사랑이 제일됨, 악한 자의 꾀임에 들지 말 것, 주를 숭봉하는 이는 헛수고를 아니할 것 등 6항목으로 나누어 믿는 이의 본분을 논설함.
5. 특기사항 : 김유경, 송도교회

□ **1904. 1(제4권 1호)**
1. 분류 : 교보
2. 제목 : 열심 연보함(pp. 486~487)
3. 필자 : 손승용
4. 내용요약 : 연안읍교회 변여문 속장의 열심 있는 믿음을 알림.
5. 특기사항 : 손승용, 변여문, 연안읍교회

□ **1904. 1(제4권 1호)**
1. 분류 : 교보
2. 제목 : 성경을 공부함(p. 487)
3. 필자 : 손승용
4. 내용요약 : 연안읍교회의 교우들은 밤마다 모여 성경공부와 전도를 위한 공부를 하고 있음. 매주일 각 교회 임원들이 교회를 서로 바꾸어 오전예배 전도함.
5. 특기사항 : 손승용, 정봉운, 명대섭, 변여문, 연안교회, 연안읍교회, 연안읍, 자달마을

□ **1904. 1(제4권 1호)**
1. 분류 : 교보
2. 제목 : 소병을 곳침(p. 488)
3. 필자 : 손승용
4. 내용요약 : 연안읍교회 속장 정봉운은 자달마을에서 전도중 전염병에 걸린 소를 위하여 기도하여 병을 낫게 함.
5. 특기사항 : 손승용, 정봉운, 최홍렬, 연안교회, 자달마을

☐ **1904. 1(제4권 1호)**
1. 분류 : 교보
2. 제목 : 긔독쳥년회를 설시함(pp. 488~489)
3. 필자 : 유경상
4. 내용요약 : 10월 27일 배재학당 교사와 학생들이 모여 기독청년회를 창립하고 임원을 선출함. 회원은 30명 정도.
5. 특기사항 : 질넷, 윤성렬, 김홍수, 유경상, 한광필, 배재학당, 한성기독청년회 기독청년회 창립

☐ **1904. 1(제4권 1호)**
1. 분류 : 교보
2. 제목 : 목사들이 평양북지방에 순행하심(p. 489)
3. 필자 :
4. 내용요약 : 노블·모리스·베커 목사가 평안북도의 모든 교회를 순찰함.
5. 특기사항 : 노블, 모리스, 베커, 평양, 희천, 영원, 안주, 영변, 운산, 양덕, 맹산, 순천, 성천

☐ **1904. 1(제4권 1호)**
1. 분류 : 교보
2. 제목 : 엡웟청년회-우리난 영생지도를 아니 젼할 수 업심(pp. 489~493)
3. 필자 : 이은덕
4. 내용요약 : 예수를 믿음으로 영생을 얻은 신도들은, 하나님 앞에 한 백성이요 나라의 같은 국민되는 이들에게 주의 도를 힘써 전해야 할 일. 특히 청년들은 씨뿌릴 때를 놓치지 말고 대한이라는 밭에서 힘써 농사할 일.
5. 특기사항 : 이은덕, 엡웟청년회, 상동엡웟청년회

☐ **1904. 1(제4권 1호)**
1. 분류 : 광고(p. 494)
2. 제목 :
3. 필자 :
4. 내용요약 : 성서공회에서 출판한 책을 빈돈의사 집에서 판매함-성경문답, 훈ᄋ진언, 산술신편, 환란면하는근본 백장가, 천로력정, 성서강목, 파혹진신론, 주일직희는론, 복음요사, 참복엇는길 백장가, 아모권면, 성교촬리, 장원량우상론, 인가귀도, 구세진주, 어린아해문답, 성경략론 백장가, 래취예수, 병인사주, 유몽천자 1·2·3권, 마귀를물니치는큰방책 백장가
5. 특기사항 :

☐ **1904. 1(제4권 1호)**
1. 분류 : 만국주일공과

2. 제목 : 제4부 제5과 짜윗이 사유함을 밧은고로 깃버함(시편 22:1-11)(1월 3일) / 제6과 짜윗과 압살놈(삼후 15:1-12)(1월 10일) / 제7과 짜윗이 아달 압살놈의 죽음을 슬퍼함(삼후 18:24-33)(1월 17일) / 제8과 짜윗의 하나님을 밋음(시편 23편)(1월 24일) / 제9과 술의 환란(잠언 20:1, 23:20-21, 29-35)(1월 31일)(pp. 495~518)
3. 필자 :
4. 내용요약 :
5. 특기사항 :

□ 1904. 2(제4권 2호)
1. 분류 : 사설
2. 제목 : 가속긔도(pp. 521~524)
3. 필자 :
4. 내용요약 : 가속기도의 유익함은 온 집안 식구에게 전도하여 서로간에 원수지고 불화하는 것을 막아 모두 구원받고 화평을 누리게 하는 것임. 기도에는 공(公)도, 사(私)도, 묵(默)도, 심(心)도, 대신기도 등이 있는데 참정성과 참믿음으로 기도하되 더욱 가속기도에 힘쓸 일.
5. 특기사항 :

□ 1904. 2(제4권 2호)
1. 분류 : 사설
2. 제목 : 남의게 도를 전하여 줌(pp. 524~526)
3. 필자 :
4. 내용요약 : 남에게 복음을 전하되 입으로만 할 것이 아니라, 항상 조심하여 착한 행실을 행함으로써 전도할 일.
5. 특기사항 :

□ 1904. 2(제4권 2호)
1. 분류 : 론설
2. 제목 : 크리스도끠서 세상에 속하시지 아닌 고로 우리 교인은 이 세상의 백성이 아니됨(pp. 526~528)
3. 필자 : 이익채(정동교우)
4. 내용요약 : 믿는 이의 본분은 이 세상에서 믿지 않은 영혼들이 구원을 얻도록 하는 일이니, 시편 37편의 말씀을 깊이 상고하고 실천하여 하나님 나라의 백성 된 실적을 지킬 것.
5. 특기사항 : 이익채, 정동교회

□ 1904. 2(제4권 2호)
1. 분류 : 론설

2. 제목 : 직인회 일긔(p. 528)
3. 필자 :
4. 내용요약 : 직인회에서 전도인의 직무에 대해서 김창식과 문경호가 론설함. 속장의 직무는 김군집이 기록하여 낭독하고, 끝으로 최병헌과 강인걸이 유사의 직무에 대해서 강론함.
5. 특기사항 : 서원보, 케이블, 노블, 최병헌, 김창식, 직인회

□ 1904. 2(제4권 2호)
1. 분류 : 론설
2. 제목 : 전도인의 재덕(pp. 528~533)
3. 필자 : 김창식
4. 내용요약 : 전도인의 재덕을 연달(鍊達), 자학(資學), 이안(怡顏), 위겸(撝謙), 귀중(貴重), 지식(智識), 공정(公正), 자유, 근로(勤勞), 열장(熱腸), 인애(仁愛), 동고동락(同苦同樂), 기도, 희락, 화평, 대도(大度), 부합(符合), 구령(救靈), 명례(明禮) 등 19가지로 나누어 강론함.
5. 특기사항 : 김창식

□ 1904. 2(제4권 2호)
1. 분류 : 론설
2. 제목 : 부설(pp. 533~535)
3. 필자 : 문경호
4. 내용요약 : 김창식의 논설에 더하여 전도인의 재주와 학문, 덕행, 하나님의 뜻을 분별하는 밝은 양심, 겸손 등의 덕목에 대해 논설함.
5. 특기사항 : 문경호, 백사겸, 이은승, 이경직, 권신일, 김군집, 교동교회, 이천교회

□ 1904. 2(제4권 2호)
1. 분류 : 론설
2. 제목 : 속장의 할 본분(pp. 535~537)
3. 필자 :
4. 내용요약 : 열두 사람으로 한 속을 만들어 속장을 세우되, 속장은 속회원들을 권면하여 주일을 지키게 할 것이며, 회원들의 신앙과 성정을 따라 보살필 것이며, 품행을 항상 단정히 하고, 교회 안팎에 일이 있으면 돌아보고 도울 것.
5. 특기사항 : 이경직, 이원하, 손승용, 최병헌, 문경호, 김창식, 서목사, 이용주, 강인걸

□ 1904. 2(제4권 2호)
1. 분류 : 론설
2. 제목 : 유사의 직무(pp. 537~540)
3. 필자 : 최병헌

4. 내용요약 : 유사의 직무는 교회재정을 발달시키는 것이니 유사는 구재(鳩財)하고, 빈궁한 이의 형편을 살피고, 병든 자를 문안하며, 수전한 돈을 잘 간수하고, 불의한 자를 살피며, 재정을 잘 계획할 것임.
   5. 특기사항 : 최병헌

□ **1904. 2(제4권 2호)**
   1. 분류 : 론설
   2. 제목 : 유사가 엇더케 행하여야 교회를 진보케 함(pp. 540~546)
   3. 필자 : 강인걸
   4. 내용요약 : 교회의 흥함과 쇠함이 유사에게 달려 있다 할 만큼 유사의 직분이 중대한 것이니 유사는 연금을 받고 쓰는데 규모가 있어야 하며, 연금을 정직하게 보호해야 함.
   5. 특기사항 : 강인걸

□ **1904. 2(제4권 2호)**
   1. 분류 : 교보
   2. 제목 : 사경회(p. 546)
   3. 필자 :
   4. 내용요약 : 12월 5일부터 15일까지 상동교회에서 열린 사경회에 241명 참석, 세 반으로 과정을 나누어 공부함. 각반의 공부내용 소개.
   5. 특기사항 : 무스, 서원보, 케이블, 하운설, 기람, 김기범, 최병헌, 김홍순, 상동회당, 사경회

□ **1904. 2(제4권 2호)**
   1. 분류 : 교보
   2. 제목 : 직인(職人)회(p. 547)
   3. 필자 :
   4. 내용요약 : 12월 16-17일 열린 직인회에서 목사·전도인·권사·속장·유사 각 임원의 직무를 논설하고 배움.
   5. 특기사항 : 직인회

□ **1904. 2(제4권 2호)**
   1. 분류 : 교보
   2. 제목 : 신학회(p. 547)
   3. 필자 :
   4. 내용요약 : 한국인 목사·전도사·권사들만 택하여 32명에게 선교사 4명이 성경과 신학등을 가르침.
   5. 특기사항 : 노블, 서원보, 케이블, 무스, 신학회

□ 1904. 2(제4권 2호)
1. 분류 : 교보
2. 제목 : 룡인 아리실회당에 연보함(pp. 547~548)
3. 필자 :
4. 내용요약 : 작년 11월 시작된 아리실교회 건축을 위해 연보한 이 명단.
5. 특기사항 : 김익희, 서광석, 오인선, 엄석현, 김근배, 강원심, 이군실, 오준경, 김홍일, 김준희, 윤영순, 이종심, 이승렵, 조정순, 이춘원, 박효승, 이유복, 오치성, 김창주, 정태식, 세라부인, 서홍운고모, 김삼성, 용인, 아리실회당, 아리실교회

□ 1904. 2(제4권 2호)
1. 분류 : 교보
2. 제목 : 엡윗청년회-예수의 구속하심을 사람이 본밧을 것(pp. 548~552)
3. 필자 : 공홍렬
4. 내용요약 : 예수의 행적을 본받아야 할 것인데 믿음과 행함을 함께 지켜야 할 일. 동양의 도는 오늘의 곤경을 가져온 것이니 기독교를 통하여 이 민족의 태평안락을 꾀할 것임.
5. 특기사항 : 공홍렬, 상동만엘루청년회, 엡윗청년회, 만엘루청년회

□ 1904. 2(제4권 2호)
1. 분류 : 광고(p. 553)
2. 제목 :
3. 필자 :
4. 내용요약 : 성서공회에서 출판한 책을 빈돈의사 집에서 판매함-성경문답, 훈ᄋ진언, 산술신편, 환란면하는근본 백장가, 천로력정, 성서강목, 파혹진신론, 주일직희는론, 복음요사, 참복엇는길 백장가, 아모권면, 성교촬리, 장원량우상론, 인가귀도, 구세진주, 어린아해문답, 성경략론 백장가, 래취예수, 병인사주, 유몽천자 1·2·3권, 마귀를물니치는큰방책 백장가
5. 특기사항 :

□ 1904. 2(제4권 2호)
1. 분류 : 만국주일공과
2. 제목 : 제4부 제10과 짜윗이 솔노몬의게 훈계함(역대상 18:1-10)(2월 7일) / 제11과 솔노몬이 지혜를 틱함(열왕기상 3:4-15)(2월 14일) / 제12과 서바의 녀왕이 솔노몬의게 심방함(열왕기상 10:1-10)(2월 21일) / 제13과 도강(2월 28일)(pp. 554~575)
3. 필자 :
4. 내용요약 :
5. 특기사항 :

제4권

□ **1904. 3(제4권 3호)**
1. 분류 : 사설
2. 제목 : 두 가지 원수(pp. 3~6)
3. 필자 :
4. 내용요약 : 우리를 죽이려고 하는 원수에는 두 가지가 있는데, 즉 육신의 정욕과 세상의 마귀다. 정욕은 우리를 항상 죄에 빠지게 하는 것이며 마귀는 사람의 마음을 유혹하게 한다. 만일 이 두 가지 원수를 이기지 못하면 죄악에 빠져 그 죄의 대가로 죽음을 맞이하게 된다. 따라서 외국의 난리와 자국의 도적들에 대해 걱정하지 말고 이 두 가지 원수만 조심하고 막아내자.
5. 특기사항 :

□ **1904. 3(제4권 3호)**
1. 분류 : 논설
2. 제목 : 북국에 유람한 일(pp. 6~7)
3. 필자 :
4. 내용요약 : 영국인 킬번 목사 부인이 금년 여름 신병조리차 구라파 북쪽 여러 나라를 유람하면서 본 기록을 한국인에게 보낸 것으로 항상 그리스도의 교훈에 따르자는 내용
5. 특기사항 : 킬번 부인

□ **1904. 3(제4권 3호)**
1. 분류 : 논설
2. 제목 : 직인(職人)회 일긔(pp. 8~9)
3. 필자 :
4. 내용요약 : 유사의 직무로는 첫째 돈을 잘 거둔 대로 잘 지키는 것, 둘째 규모있게 사용하는 것, 셋째는 돈 사용에 대해 철저하게 기록해야 할 것, 넷째는 가난한 사람을 찾아보는 것, 다섯째 병든 사람을 목사에게 알리는 것, 여섯째 불의한 사람을 목사에게 알리는 것, 일곱째는 계삭회와 직인회에 참여하는 것, 여덟째는 목사가 요구하면 그대로 따를 것, 아홉째는 교우들이 연보를 잘하도록 권면하는 것 등이다
5. 특기사항 : 김창식, 문경호, 손승용, 홍승문, 이원하, 강인걸, 김기범, 계삭회, 직인회

□ **1904. 3(제4권 3호)**
1. 분류 : 논설
2. 제목 : 론단정(論端正)(pp. 9~13)
3. 필자 : 손승용

4. 내용요약 : 직인회 일기의 내용. 단정은 사람으로서 잠시라도 버리지 못하는 것이며 사람이 되고 안 되고는 단정 두 자에 달려 있다는 내용
5. 특기사항 : 황해도, 연안교회(황해도), 손승용, 이은승, 이경, 전덕기, 김창식, 한태정, 문경호, 서원보, 전덕기, 이경직

□ **1904. 3(제4권 3호)**
1. 분류 : 논설
2. 제목 : 전도인의 맛당한 일(pp. 13~19)
3. 필자 : 이은승
4. 내용요약 : 직인회 일기의 내용. 전도인이 마땅히 해야 할 일은 1) 예비함(자기의 마땅한 모든 일, 전도할 것, 주일 전도를 예비하는 것) 2) 지혜로 교우를 인도함(전도인은 양을 치는 일을 하는데, 이 일을 위해서는 반드시 지혜가 있어야 한다. 그 지혜는 성경의 영원 구원하는 지혜와 연단을 통해 사용하는 지혜라) 3) 급히 결국을 하라 하지 말 것(지금 하고 있는 일이 언제 결실을 맺을지 모르기 때문에 마음을 서두르지 말고 하나님의 뜻을 기다리며 낙심하지 말고 항심으로 일을 하라)
5. 특기사항 : 이은승, 한태정, 이경직, 하춘택, 최병헌, 케블, 문경호, 전덕기, 김우권, 이춘경, 이원하, 이용주, 박세창, 백사겸, 오해두, 김여홍, 복정채, 김홍순

□ **1904. 3(제4권 3호)**
1. 분류 : 논설
2. 제목 : 권사직칙문답(pp. 19~21)
3. 필자 : 김홍순
4. 내용요약 : 직인회 일기의 내용. 1. 목사의 지휘를 잘 받드는 것, 2. 목사의 분부대로 기도함과 권면함을 위하여 모이며, 직분의 소임을 다하는 것, 3. 교우에게 아름다운 행실을 주장하는 것, 4. 3의 행실 내용은 ① 사랑함과 겸손함, ② 기도, ③ 영원 구원하는 도리에 밝은 것, ④ 성심이 견고한 것, ⑤ 성경 공부, ⑥ 곤란받고 병들고 시험받는 교우와 항상 함께 하는 것, ⑦ 모든 불의를 삼가는 것, ⑧ 직분만 생각하지 말고 자신의 영원 구원에 대해 많이 생각할 것 등이다. 5. 하나님 나라 흥왕하기를 원하는 것 등이 권사 직책이다.
5. 특기사항 : 김홍순, 강조원, 나봉식, 김우권

□ **1904. 3(제4권 3호)**
1. 분류 : 논설
2. 제목 : 매서인의 직분(pp. 21~24)
3. 필자 : 구춘경
4. 내용요약 : 직인회 일기의 내용. 매서인이 지켜야 할 직분 10가지에 대해 상세하게 기록.

5. 특기사항 : 구춘경

□ 1904. 3(제4권 3호)
1. 분류 : 논설
2. 제목 : 칙 파난 사람의 직분(pp. 24~27)
3. 필자 : 김영달
4. 내용요약 : 직인회 일기의 내용. 1) 학문 2) 견고하게 믿는 마음 3) 기도 4) 지혜 5) 기쁨 6) 열심 등이 책 파는 사람이 지켜야 할 직분이다
5. 특기사항 : 권신일, 김영달, 권감일, 구춘경, 김창식, 검단니교회(충주), 충주, 김성일, 전덕기, 최병헌, 서목사, 사경회

□ 1904. 3(제4권 3호)
1. 분류 : 교보(p. 27)
2. 제목 :
3. 필자 : 에다강
4. 내용요약 : 백리항에 나신 구주…태평왕을 공경하세
5. 특기사항 : 강에다

□ 1904. 3(제4권 3호)
1. 분류 : 교보
2. 제목 : 강화지방 무어청년회 조직함(p. 28)
3. 필자 : 김우제
4. 내용요약 : 1903년 12월 강화지방 무어청년회의 임원으로 회장 김경일, 전도국장 신학일, 인제국장 김애일, 학문국장 김부일, 다정국장 최계원, 통신국장은 김우제, 회계국장 주선일 등으로 결정함
5. 특기사항 : 강화, 무어청년회(강화), 김우제, 김경일, 신학일, 김애일, 김부일, 최계원, 주선일

□ 1904. 3(제4권 3호)
1. 분류 : 교보
2. 제목 : 병든 부인의 밋음(pp. 28~29)
3. 필자 : 윤늬쓰김
4. 내용요약 : 고씨부인이 병이 들자 시댁에서 판수를 불러다 고치려 하였으나 실패, 교회 다니면서 병이 나았다는 이야기
5. 특기사항 : 해주읍, 윤늬쓰김, 고씨부인

□ 1904. 3(제4권 3호)
1. 분류 : 교보
2. 제목 : 년환회를 간략케 함(pp. 29~30)

3. 필자 :
4. 내용요약 : 사목사댁에 모여 연환회를 개최함
5. 특기사항 : 연환회

□ 1904. 3(제4권 3호)
1. 분류 : 교보
2. 제목 : 락원(樂園)이 여긔 잇소(pp. 30~33)
3. 필자 : 박승규
4. 내용요약 : 낙원은 곧 자신의 마음 가운데 만들 수 있다는 것
5. 특기사항 : 박승규

□ 1904. 3(제4권 3호)
1. 분류 : 광고(p. 34)
2. 제목 :
3. 필자 :
4. 내용요약 : 성서공회에서 발행, 빈돈의사 집에서 판매-성경문답, 훈ᄋ진언, 산술신편, 환란면하는 근본, 천로력정, 성서강목, 파혹진신론, 주일직히는론, 복음요사, 참복엇는길, 아모권면, 성교촬리, 장원량우상론, 인가귀도, 구세진주, 어린아해문답, 성경략론, 래취예수, 병인사주, 유몽천자, 마귀를물니치는큰방책
5. 특기사항 : 성서공회, 빈돈

□ 1904. 3(제4권 3호)
1. 분류 : 만국주일공과
2. 제목 : 제1부 제1과 예수의 어리실 때(누가 2:40-52)(3월 6일) / 제2과 셰례주는 요한의 젼도하심(마태 3:1-12)(3월 13일) / 제3과 예수끠서 셰례와 시험을 밧으심(마태 3:13-4:11)(3월 20일) / 제4과 예수끠서 나사렛 사람의게 바림을 밧으심(누가 4:16-30)(3월 27일)(pp. 35~55)
3. 필자 :
4. 내용요약 :
5. 특기사항 :

□ 1904. 4(제4권 4호)
1. 분류 : 사설
2. 제목 : 성경(pp. 59~61)
3. 필자 :
4. 내용요약 : 성경을 가진 나라의 백성들이 가장 복을 받기 때문에 우리들도 성경을 전국적으로 전파해야 한다는 내용
5. 특기사항 :

〈신학월보〉 제4권 내용 색인   145

□ 1904. 4(제4권 4호)
1. 분류 : 논설
2. 제목 : 구세교를 견파함이 신자도 직분에 맛당홈(pp. 61~70)
3. 필자 : 라봉식
4. 내용요약 : 신도 본분은 도에 의를 밝혀 사람이 듣게 하는 것
5. 특기사항 : 라봉식

□ 1904. 4(제4권 4호)
1. 분류 : 논설
2. 제목 : 담배를 거졀할 것(p. 70)
3. 필자 : 이덕수(고랑포 속장)
4. 내용요약 : 우리 형제 자매는 모두 하나님의 성전이므로 술과 담배를 해서는 안된다
5. 특기사항 : 이덕수, 고랑포

□ 1904. 4(제4권 4호)
1. 분류 : 교보
2. 제목 : 자달마을에 회당을 설립함(pp. 70~71)
3. 필자 :
4. 내용요약 : 황해도 자달마을에 새교회를 설립함. 연보한 자 기록
5. 특기사항 : 구원복, 연안읍내교회, 연안읍, 변여문, 배정규, 자달교회, 정봉운, 최취암, 최치암, 명대섭, 김희경, 이군선, 최일용, 인천, 용동교회(인천), 최봉현, 강해원, 김경선, 박대홍, 명태순, 명대순모친, 평산대평

□ 1904. 4(제4권 4호)
1. 분류 : 교보
2. 제목 : 개성 북부 사은(謝恩)청년회 흥왕함(pp. 71~73)
3. 필자 : 백남섭
4. 내용요약 : 1903년 12월 9일 오후 세시에 개성 북부 둘눌나학당에서 기목사의 지휘로 남부 북부 청년회원이 참석한 가운데 육국 임원을 선정함
5. 특기사항 : 개성, 둘눌나학당(개성), 김원손, 김유경, 백남석, 윤용복, 왕종한, 김수일, 강조원, 백남섭, 사은청년회(개성북부), 청년회, 장용섭

□ 1904. 4(제4권 4호)
1. 분류 : 교보
2. 제목 : 상녕을 불노혼 일(p. 73)
3. 필자 : 장충명(여주 권사)
4. 내용요약 : 여주 웅골에 사는 김종국이라는 사람은 예수를 믿고 나서 부친 상청을

불사르고 동생이 세상을 떠나도 조금도 낙심하지 않으며 원주 갈매촌과
거론이란 동네를 돌아다니며 전도한다는 이야기
5. 특기사항 : 장충명, 여주 웅골, 원주 갈매촌, 김종국

□ 1904. 4(제4권 4호)
1. 분류 : 교보
2. 제목 : 개나리교회의 흥왕함(p. 74)
3. 필자 : 구춘명
4. 내용요약 : 양지 개나리 교우가 날로 흥왕해서 기쁘다는 내용
5. 특기사항 : 황두화, 김명화, 이춘선, 구춘명, 양지, 개나리교회(양지)

□ 1904. 4(제4권 4호)
1. 분류 : 엡윗청년회
2. 제목 : 하나님끠 원하는 것을 다 밧앗소(pp. 74~76)
3. 필자 : 윤성근
4. 내용요약 : 예전에 믿음이 없을 때는 바라는 마음뿐이었으나 예수를 믿고 나서는
부족한 것 없이 전부 받고 있다는 내용
5. 특기사항 : 김화새술막, 윤성근, 엡윗청년회, 청년회

□ 1904. 4(제4권 4호)
1. 분류 : 광고(p. 77)
2. 제목 :
3. 필자 :
4. 내용요약 : 성서공회에서 발행, 빈돈의사 집에서 판매-성경문답, 훈ᄋ진언, 산술신
편, 환란면하는 근본, 천로력정, 성서강목, 파혹진신론, 주일직히는론, 복
음요사, 참복엇는길, 아모권면, 성교촬리, 장원량우상론, 인가귀도, 구세진
주, 어린아해문답, 성경략론, 래취예수, 병인사주, 유몽천자, 마귀를물니치
는큰방책
5. 특기사항 : 성서공회, 빈돈

□ 1904. 4(제4권 4호)
1. 분류 : 만국주일공과
2. 제목 : 제1부 제5과 예수끠서 부활하심(요한 20:11-18)(4월 3일) / 제6과 예수끠서
제자 네명을 부르심(누가 5:1-11)(4월 10일) / 제7과 사밧날에 예수끠서 가베
나움에 계심(마가 1:21-34)(4월 17일) / 제8과 예수끠서 죄를 사유하심(마가
2:1-12)(4월 24일)(pp. 78~95)
3. 필자 :
4. 내용요약 :
5. 특기사항 :

□ 1904. 5(제4권 5호)
1. 분류 : 사설
2. 제목 : 거짓교를 삼가할 일(p. 99)
3. 필자 :
4. 내용요약 : 공주 등지에서 전도하고 있는 맥길 목사가 참 세상을 유혹하는 교에 대한 편지를 신학월보사로 보내온 내용
5. 특기사항 : 맥길, 공주

□ 1904. 5(제4권 5호)
1. 분류 : 사설
2. 제목 : 내한 미혹교라(迷惑敎)(pp. 99~101)
3. 필자 :
4. 내용요약 : 공주에서 한 십오리쯤 가면 남자 한 십 명, 여자 몇 명 등이 모여 이상한 종교를 믿고 있다는 내용
5. 특기사항 : 공주

□ 1904. 5(제4권 5호)
1. 분류 : 논설
2. 제목 : 예수부활 뜻을 생각함(pp. 101~103)
3. 필자 :
4. 내용요약 : 주와 함께 영원히 동락하기 위해서는 그리스도께서 가신 길로 가야한다는 것
5. 특기사항 :

□ 1904. 5(제4권 5호)
1. 분류 : 논설
2. 제목 : 분원부인의 밋음(pp. 104~105)
3. 필자 : 구춘경
4. 내용요약 : 양근 분원원에 사는 두 부인은 5년 동안 주야로 불경만 외우다 서울에서 온 전도부인의 예수 말씀을 듣고 거듭나게 되었다는 이야기
5. 특기사항 : 김순필, 구춘경, 양근 분원원, 전도부인

□ 1904. 5(제4권 5호)
1. 분류 : 논설
2. 제목 : 쥬의 권능은 양날 가진 칼과 갓함(pp. 105~106)
3. 필자 :
4. 내용요약 : 예수의 권능은 마음을 열어주고 그 말씀은 양날 가진 칼이다. 그러므로 예수를 믿어 새 사람이 되자는 내용

5. 특기사항 : 개천부암, 이권성

□ 1904. 5(제4권 5호)
1. 분류 : 논설
2. 제목 : 술을 검하는 찬미(p. 107)
3. 필자 : 노블 부인
4. 내용요약 : 술은 영혼을 죽게 하므로 잔을 만져서는 안된다는 내용의 찬미
5. 특기사항 : 찬미가, 노블 부인

□ 1904. 5(제4권 5호)
1. 분류 : 논설
2. 제목 : 교논 정치의 근본(pp. 108~112)
3. 필자 : 박용만(만엘루청년회)
4. 내용요약 : 영국, 미국, 덕국 등 삼국은 대부분 그리스도교를 신봉함으로 인민이 전부 평등권리와 자유로 날마다 새로운 기상으로 나아가고 있다. 그래서 문명부강 네 글자를 얻고자 하는 자는 반드시 나라와 백성과 정치의 근본되는 그리스도교를 믿어야 한다
5. 특기사항 : 박용만, 영국, 덕국, 미국, 프랑스, 이탈리아, 만엘루청년회, 파사, 안남, 청년회

□ 1904. 5(제4권 5호)
1. 분류 : 광고(p. 113)
2. 제목 :
3. 필자 :
4. 내용요약 : 성서공회에서 발행, 빈돈의사 집에서 판매-성경문답, 훈ᄋ진언, 산술신편, 환란면하는 근본, 천로력정, 성서강목, 파혹진신론, 주일직히는론, 복음요사, 참복엇는길, 아모권면, 성교촬리, 장원량우상론, 인가귀도, 구세진주, 어린아해문답, 성경략론, 래취예수, 병인사주, 유몽천자, 마귀를물니치는큰방책
5. 특기사항 : 성서공회, 빈돈

□ 1904. 5(제4권 5호)
1. 분류 : 만국주일공과
2. 제목 : 제1부 제9과 예수와 사밧날(마태 12:1-13)(5월 1일) / 제10과 말삼을 듯기만 하난 자와 힝하기까지 하난 자(마태 7:21-29)(5월 8일) / 제11과 예수끠서 풍랑을 안정케 하심(마가 4:35-41)(5월 15일) / 제12과 세례주는 요한의 죽으심(마태 14:1-12)(5월 22일) / 제13과 도강(5월 29일)(pp. 114~136)
3. 필자 :
4. 내용요약 :

5. 특기사항 :

□ **1904. 6(제4권 6호)**
1. 분류 : 사설
2. 제목 : 부흥회(pp. 139~140)
3. 필자 :
4. 내용요약 : 몇 달전에 원산에 있는 하목사가 부흥회를 시작하였는데 이 모임에서 많은 사람들이 거듭난 사람이 되었고 그 이후에도 하목사는 크람목사와 같이 송도에서 이 부흥회를 열었는데 모두 거듭난 사람이 되었다는 내용
5. 특기사항 : 크람, 미국, 송도, 자골회당(서울), 서울, 원산, 하목사

□ **1904. 6(제4권 6호)**
1. 분류 : 논설
2. 제목 : 우상을 폐할 것(pp. 141~143)
3. 필자 : 전역호
4. 내용요약 : 하나님은 헛것과 우상을 미워하는데 사람이 사람되지 못하면 우상됨을 면치 못한다
5. 특기사항 : 안주, 전역호

□ **1904. 6(제4권 6호)**
1. 분류 : 교보
2. 제목 : 평양교회 소식(pp. 143~145)
3. 필자 :
4. 내용요약 : 금번 러일전쟁 중에 주의 도움으로 평양이 무사하였는데, 성내에 있는 사람은 백 명이 되지 못했고 피난을 떠난 사람들은 외촌회당에서 예수 이름을 간증하여 믿는 자가 갈수록 많아지고 있다는 내용
5. 특기사항 : 평양교회, 일아전쟁(러일전쟁), 외촌회당

□ **1904. 6(제4권 6호)**
1. 분류 : 교보
2. 제목 : 평양청년회원의 흥심(pp. 145~146)
3. 필자 : 이은승
4. 내용요약 : 파왈 목사가 한 주일에 두 번씩 청년회원을 자기집에 모아 찬미공부를 시키고 있다는 이야기
5. 특기사항 : 평양청년회, 이은승, 안석훈, 김귀혁, 김득수, 오기선, 김찬홍, 파왈, 평양, 청년회

□ **1904. 6(제4권 6호)**
1. 분류 : 교보

2. 제목 : 리천매화지교회 흥왕함(pp. 146~147)
3. 필자 : 구츈경
4. 내용요약 : 이천 매화지교회의 형제 집 수효는 처음 시작할 때 3호에서 현재 17호 이며, 형제 자매수는 육십오 명이고 예배시에 모이는 인원수는 오십 명 등 계속 발전하고 있음
5. 특기사항 : 매화지교회(이천), 구츈경, 이천, 김미리암, 신영보, 임쳐란

□ 1904. 6(제4권 6호)
1. 분류 : 교보
2. 제목 : 양지개나리부인의 긔도와 열심(pp. 147~148)
3. 필자 : 구츈경
4. 내용요약 : 양지 취계문 씨 부인의 열심히 교우가 흥왕하고, 또 믿지 않던 아들이 아팠으나 기도로 병이 낳았음. 또한 문씨 부인의 믿음으로 아들 정태익 씨가 회개하였다는 이야기.
5. 특기사항 : 정태익, 구츈경, 양지, 취계문 부인

□ 1904. 6(제4권 6호)
1. 분류 : 교보
2. 제목 : 젼익호 씨의 회개함(pp. 148~150)
3. 필자 : 장낙도
4. 내용요약 : 부유하게 살던 전익호 씨는 문둥병에 걸린 후 우리 교회에 들어와 주를 믿기로 작정하였음
5. 특기사항 : 전익호, 장낙도, 안주

□ 1904. 6(제4권 6호)
1. 분류 : 교보
2. 제목 : 아편셜라 씨 긔렴비로 연보함(p. 150)
3. 필자 :
4. 내용요약 : 춘천부에 사는 감리교인의 아나라하는 조부인이 죽은 아편젤러 목사 기 넘비를 세우는데 팔십 전을 연보
5. 특기사항 : 아펜젤러, 춘천, 조부인

□ 1904. 6(제4권 6호)
1. 분류 : 교보
2. 제목 : 감회사 노블 씨가 고국에 도라가심(pp. 151~152)
3. 필자 :
4. 내용요약 : 평양남북도에서 전도하던 장로사 노블이 기한이 지나 고국으로 돌아감
5. 특기사항 : 노블, 평양

□ **1904. 6(제4권 6호)**
1. 분류 : 교보
2. 제목 : 평양녀인 가을 사경과졍(p. 153)
3. 필자 : 에스틔부인
4. 내용요약 : 예수의 비유하심, 예수의 이적하심, 성수총론, 위생학, 디도, 시편
5. 특기사항 : 에스티 부인, 평양, 사경과정, 여인가을사경회

□ **1904. 6(제4권 6호)**
1. 분류 : 교보
2. 제목 : 십자군의격서 만엘루청년회(pp. 154~158)
3. 필자 : 박용만
4. 내용요약 : 오늘날 우리나라의 불행을 이기기 위해서는 하나님의 명령에 따라 살아야 한다는 것을 주장
5. 특기사항 : 만엘루청년회, 박용만, 청년회, 십자군

□ **1904. 6(제4권 6호)**
1. 분류 : 광고(p. 159)
2. 제목 :
3. 필자 :
4. 내용요약 : 성서공회에서 발행, 빈돈의사 집에서 판매-성경문답, 훈ᄋ진언, 산술신편, 환란면하는 근본, 천로력정, 성서강목, 파혹진신론, 주일직히는론, 복음요사, 참복엇는길, 아모권면, 성교찰리, 장원량우상론, 인가귀도, 구세진주, 어린아해문답, 성경략론, 래취예수, 병인사주, 유몽천자, 마귀를물니치는큰방책
5. 특기사항 : 성서공회, 빈돈

□ **1904. 6(제4권 6호)**
1. 분류 : 만국주일공과
2. 제목 : 제2부 제1과 예수끠셔 두로와 시돈 지경에 드러가심(마가 7:24-37))(6월 5일) / 제2과 베드로가 예수 크리스도신줄을 안다 함(마가 8:37-38)(6월 12일) / 제3과 예수끠셔 변명하심(마가 9:2-13)(6월 19일) / 제4과 칠십인들이 전도하러 단김(누가 10:1-16)(6월 26일)(pp. 160~179)
3. 필자 :
4. 내용요약 :
5. 특기사항 :

□ **1904. 7(제4권 7호)**
1. 분류 : 사설
2. 제목 : 녀아희롤 맛당히 몬져 갈아칠일(pp. 183~184)

3. 필자 :
4. 내용요약 : 한 나라의 학문이 발달되고 안되고 하는 책임은 가정에서 자식을 낳아 기르는 여성에게 있으므로 어서 빨리 여아를 전부 학교에 보내어 공부를 가르쳐야 한다는 것을 주장
5. 특기사항 :

□ 1904. 7(제4권 7호)
1. 분류 : 논설
2. 제목 : 나라를 근심하랴면 먼져 예수씨를 밋어야 함(pp. 185~187)
3. 필자 :
4. 내용요약 : 나라를 근심할 때는 먼저 하나님을 공경하고 집을 사랑할 때는 예수를 믿으며 사람을 대접할 때에는 인자해야 한다는 내용
5. 특기사항 :

□ 1904. 7(제4권 7호)
1. 분류 : 교보
2. 제목 : 평양교회 통신(pp. 187~188)
3. 필자 :
4. 내용요약 : 북방 장로사 노블은 오월십구일 미국으로 갔으며 북방장로사 모리스 씨는 에스티 부인과 함께 오월사일 평안도 삼연오읍의 계삭회를 위해 출발했다는 내용
5. 특기사항 : 평양교회, 노블, 모리스, 평안도, 삼화읍회당, 남포회당, 미국, 강서회당, 증산, 계삭회, 에스티부인

□ 1904. 7(제4권 7호)
1. 분류 : 교보
2. 제목 : 부인사경회(pp. 188~189)
3. 필자 :
4. 내용요약 : 북지방 전도부인 에쓰틱씨와 모리쓰 부인은 이오월에 한주일 동안 삼화읍회당에서 부인 봄 사경회를 열었음
5. 특기사항 : 에스티, 모리스부인, 삼화읍회당, 부인사경회, 사경회

□ 1904. 7(제4권 7호)
1. 분류 : 교보
2. 제목 : 평양성회당 성만찬회(p. 189)
3. 필자 :
4. 내용요약 : 금월 이십이일 평양회당의 성만찬 소식
5. 특기사항 : 평양회당, 모리스, 파월목사

〈신학월보〉제4권 내용 색인   153

☐ **1904. 7(제4권 7호)**
1. 분류 : 교보
2. 제목 : 새 례배당을 셜립함(p. 189)
3. 필자 :
4. 내용요약 : 삼화원골, 평양유동, 함종꽂뫼 증산덕마루, 부암리에 새 예배당을 설립
5. 특기사항 : 평양유동, 증산덕마루, 부암리, 평양절골, 함종꽂뫼

☐ **1904. 7(제4권 7호)**
1. 분류 : 교보
2. 제목 : 시목사편지(pp. 189~190)
3. 필자 :
4. 내용요약 : 시목사가 김목사에게 보낸 편지 내용
5. 특기사항 : 일본, 러시아, 시목사, 김목사

☐ **1904. 7(제4권 7호)**
1. 분류 : 교보
2. 제목 : 란중공부(p. 190)
3. 필자 :
4. 내용요약 : 칠산교회 여교우들이 난리중에도 교회에 모여 성경공부를 했다는 이야기
5. 특기사항 : 칠산교회, 러일전쟁

☐ **1904. 7(제4권 7호)**
1. 분류 : 교보
2. 제목 : 소학교 신설(p. 190)
3. 필자 :
4. 내용요약 : 강셔읍, 증산오수리, 심화읍, 금당리, 일출리 등에 문목사와 대한 교우가 합동하여 소학교를 설립
5. 특기사항 : 강서읍, 증산오수리, 심화읍, 금당리, 일출리, 문목사

☐ **1904. 7(제4권 7호)**
1. 분류 : 교보
2. 제목 : 셩뎐 소즁(p. 190)
3. 필자 :
4. 내용요약 : 금월초 러시아 병사 칠백 명이 회천읍에 들어왔는데 예배당을 소중히 여기지 아니했다는 내용
5. 특기사항 : 회천읍, 러일전쟁

☐ **1904. 7(제4권 7호)**

1. 분류 : 교보
2. 제목 : 디방회 졸업싱(p. 191)
3. 필자 : 이은승
4. 내용요약 : 평양지방회의 졸업생으로는 오석형, 강인걸, 안석훈, 이익모 등
5. 특기사항 : 오석형, 강인걸, 안석훈, 이익모, 이은승, 평양지방회, 지방회

□ 1904. 7(제4권 7호)
1. 분류 : 교보
2. 제목 : 송도 부흥회(pp. 191~196)
3. 필자 : 김순일
4. 내용요약 : 1904년 2월 26일에 송도남부회당에서 10일 동안 부흥회 개최
5. 특기사항 : 남부회당(송도), 남북부교회, 김순일, 송도, 부흥회

□ 1904. 7(제4권 7호)
1. 분류 : 교보
2. 제목 : 남양전도인 홍승문 씨 별셰함(pp. 196~198)
3. 필자 : 김광식
4. 내용요약 : 전도 직분에 충실하던 홍승문 씨가 세상을 떠남
5. 특기사항 : 김광식, 홍승문, 남양

□ 1904. 7(제4권 7호)
1. 분류 : 엡웟청년회
2. 제목 : 소곰의 필요(pp. 198~200)
3. 필자 :
4. 내용요약 : 우리나라 형편을 볼 때 현재 교인은 마땅히 나라를 돕고 백성을 구하는 것이 지당
5. 특기사항 : 엡웟청년회, 청년회

□ 1904. 7(제4권 7호)
1. 분류 : 엡웟청년회
2. 제목 : 개성 사은청년회 임원체임(pp. 200~201)
3. 필자 : 백남석(서기)
4. 내용요약 : 양 오월 초이일 하오 세시에 개성 사은청년회 임원을 새로 선정, 1904년 양 5월3일 월은청년회 정동 배재학당에서 개회, 임원선출
5. 특기사항 : 안흥국, 김유경, 김수명, 김순일, 최태경, 백남석, 장용섭, 월은청년회, 정동, 배재학당, 윤창렬, 민찬호, 김창호, 윤성렬, 김관희, 이중진, 사은청년회(개성), 엡웟청년회, 청년회, 개성

〈신학월보〉 제4권 내용 색인

□ **1904. 7(제4권 7호)**
1. 분류 : 광고(p. 202)
2. 제목 :
3. 필자 :
4. 내용요약 : 성서공회에서 발행, 빈돈의사 집에서 판매-성경문답, 훈ㅇ진언, 산술신편, 환란면하는 근본, 천로력정, 성서강목, 파혹진신론, 주일직히는론, 복음요사, 참복엇는길, 아모권면, 성교촬리, 장원량우상론, 인가귀도, 구세진주, 어린아해문답, 성경략론, 래취예수, 병인사주, 유몽천자, 마귀를물니치는큰방책
5. 특기사항 : 성서공회, 빈돈

□ **1904. 7(제4권 7호)**
1. 분류 : 만국주일공과
2. 제목 : 제2부 제5과 긔도함과 언약하심(누가 11:1-13)(7월 3일) / 제6과 삼가 조심함(누가 12:35-48)(7월 10일) / 제7과 방탕한 아들(누가 15:11-24)(7월 17일) / 제8과 예수끠서 겸손함을 가라치심(마가 10:35-45)(7월 24일) / 제9과 유월절(마태 26:17-30)(7월 31일)(pp. 203~226)
3. 필자 :
4. 내용요약 :
5. 특기사항 :

□ **1904. 8(제4권 8호)**
1. 분류 : 사설
2. 제목 : 사랑함(pp. 229~230)
3. 필자 :
4. 내용요약 : 우리 믿는 형제자매들은 마음, 성품, 힘 등을 다하여 하나님을 사랑하고 이웃을 사랑하여 하나님 앞에 온전한 사람이 되자는 이야기.
5. 특기사항 :

□ **1904. 8(제4권 8호)**
1. 분류 : 논설
2. 제목 : 대한 교우들의 힘쓸 일(pp. 231~238)
3. 필자 : 이승만
4. 내용요약 : 러일전쟁중에 대한교우들이 해야 될 일을 설교. 동학, 백백교에 대해 비난, 믿어야 할 분은 예수님
5. 특기사항 : 이승만, 동학, 백백교, 일본, 미국

□ **1904. 8(제4권 8호)**
1. 분류 : 교보

2. 제목 : 인내로 이김(pp. 238~239)
3. 필자 : 박세창
4. 내용요약 : 남양 덕방리교회 유사 김윤권 씨와 김덕신 씨는 주위의 핍박에도 불구하고 독실하게 예수를 믿고 실천함
5. 특기사항 : 덕방리교회(남양), 김윤권, 김덕신, 박세창, 남양

□ **1904. 8(제4권 8호)**
1. 분류 : 교보
2. 제목 : 열심으로 연보함(p. 240)
3. 필자 : 박세창
4. 내용요약 : 남양 경다리교회 양철후 씨의 부인 김씨는 반신불수병에도 불구하고 집안식구를 회개시키고 열심히 찬양하며 기도하고 주일마다 열심히 연보함
5. 특기사항 : 양철후, 박세창, 경다리교회(남양), 남양

□ **1904. 8(제4권 8호)**
1. 분류 : 교보
2. 제목 : 함종교회 형편(pp. 240~241)
3. 필자 :
4. 내용요약 : 꽂메라는 촌의 교우들은 열심히 연보하여 회당을 마련하고 금년 이월에 교우들이 더 늘어나자 회당을 더 늘리기로 결정
5. 특기사항 : 함종교회

□ **1904. 8(제4권 8호)**
1. 분류 : 교보
2. 제목 : 본밧을 만한 일(p. 241)
3. 필자 : 장병일(함종읍 속장)
4. 내용요약 : 읍에서 이십 리되는 셜돌이란 촌에 사는 이애도 부인은 나이 칠십으로 자식이 없어 조카아들을 의지하였는데 그 조카가 예수 믿는 것을 방해함에도 불구하고 열심히 기도하고 예배하고 있다는 내용
5. 특기사항 : 함종읍, 장병일, 이애도, 설돌

□ **1904. 8(제4권 8호)**
1. 분류 : 교보
2. 제목 : 셔흥 두무골교회 형편(pp. 241~242)
3. 필자 :
4. 내용요약 : 서흥 두무골교회는 평양성에서 동남쪽으로 일백삼십 리되는 곳인데 이곳은 원씨의 세거지로서 교회가 설립된 지는 사년이 지났으며 그곳 목사는 김창식 씨. 김전식·최규덕 혼례를 교회예식대로 행함
5. 특기사항 : 김전식, 최규덕, 이은숭, 황정모, 배리일, 김창조, 두무골교회(서흥), 서흥,

평양셩, 김창식, 황주

□ **1904. 8(제4권 8호)**
1. 분류 : 교보
2. 제목 : 슈원 비미장교회 형편(p. 242)
3. 필자 :
4. 내용요약 : 수원 배미장교회는 평양성에서 동쪽으로 일백이십 리되는 곳으로 전도한 지는 수년이 지났고 작년 십월에 평양에서 여학교를 설립해주고 머웃우씨를 파송하여 여아 교육에 힘씀
5. 특기사항 : 머웃우, 오태주, 배미장교회(수원), 수원, 여학교, 평양

□ **1904. 8(제4권 8호)**
1. 분류 : 교보
2. 제목 : 삼등토교회 형편(p. 243)
3. 필자 :
4. 내용요약 : 삼등토교회는 평양성에서 동쪽으로 칠십 리되는 곳인데 처음으로 교회에서 혼인하는 모습을 보여줌
5. 특기사항 : 홍영달, 이요한나, 헬린, 삼등토교회, 평양성, 강동, 이성준

□ **1904. 8(제4권 8호)**
1. 분류 : 교보
2. 제목 : 룡강 구룡동교회 형편(pp. 243~244)
3. 필자 :
4. 내용요약 : 용강 구룡동교회는 평안도 삼연오읍중에 있으며 이곳은 의성 김씨의 세거지다. 이곳은 전도된 지 삼사년이 지나도록 아무런 진전이 되지 않았으나 최근 그 싹이 보이고 있다는 내용. 김인형·범준 형제의 열심
5. 특기사항 : 김인형, 김범준, 백경준, 구룡동교회(용강), 용강, 평안도, 삼화읍

□ **1904. 8(제4권 8호)**
1. 분류 : 교보
2. 제목 : 은쓰쩌거 의원부인 고국에 도라가심(pp. 244~246)
3. 필자 :
4. 내용요약 : 서울 동대문안의 은쓰쩌거 의원부인이 고국으로 돌아가게 되었다는 내용. 남녀교우, 여학도, 남학도 모여 잔치함
5. 특기사항 : 은쓰버거 부인, 서울, 미국, 동대문안

□ **1904. 8(제4권 8호)**
1. 분류 : 교보
2. 제목 : 여쥬 범솟교회에 셩당을 설치함(p. 246)

3. 필자 : 장춘명(여주교회 권사)
4. 내용요약 : 여주 범솟에 각 교인들이 삼백이십여 원을 연보하여 성당을 설치함
5. 특기사항 : 범솟교회(여주), 장춘명, 여주

□ **1904. 8(제4권 8호)**
1. 분류 : 엡윗청년회
2. 제목 : 진리를 아지 못하면 교화가 흥왕치 못함(pp. 247~250)
3. 필자 : 이현석(경성 상동 만엘루청년회)
4. 내용요약 : 어느 나라든 그 기초의 장원하고 장원하지 못함은 그 나라 교화의 참되고 참되지 못함에 달려 있다. 그러므로 기독교회의 청년형제는 진리를 믿고 교회를 흥왕하게 하여야 될 책임이 있다.
5. 특기사항 : 경성상동 만엘루청년회, 이현석, 엡윗청년회, 청년회

□ **1904. 8(제4권 8호)**
1. 분류 : 광고(p. 251)
2. 제목 :
3. 필자 :
4. 내용요약 : 성서공회에서 발행, 빈돈의사 집에서 판매-성경문답, 훈ㅇ진언, 산술신편, 환란면하는 근본, 천로력정, 성서강목, 파혹진신론, 주일직히는론, 복음요사, 참복엇는길, 아모권면, 성교촬리, 장원량우상론, 인가귀도, 구세진주, 어린아해문답, 성경략론, 래취예수, 병인사주, 유몽천자, 마귀를물니치는큰방책
5. 특기사항 : 성서공회, 빈돈

□ **1904. 8(제4권 8호)**
1. 분류 : 만국주일공과
2. 제목 : 제2부 제10과 빌나도 압헤 예수-지판ᄒ심(마가 15:1-15)(8월 7일) / 제11과 예수끠셔 십자가에 못박히심(마가 15:22-39)(8월 15일) / 제12과 예수끠서 부활하심(마태 18:1-15)(8월 21일) / 제13과 도강(8월 28일)(pp. 252~276)
3. 필자 :
4. 내용요약 :
5. 특기사항 :

□ **1904. 9(제4권 9호)**
1. 분류 : 사설
2. 제목 : 집안을 정결케 홀 것(pp. 279~282)
3. 필자 :
4. 내용요약 : 거룩하시고 전능하신 하나님께서는 마귀의 집에 함께 계시지 아니함으로 항상 우리 주를 믿는 무리들은 영혼과 육신이 모두 정결한 사람이 되

어야 하나님께서 함께 하신다. 그래서 우리의 몸이 거처하는 방안과 마당을 정결케 하여야 한다는 내용
5. 특기사항 :

□ **1904. 9(제4권 9호)**
1. 분류 : 논설
2. 제목 : 一. 마음에 완악하거살 바릴 것, 二. 무식한 것살 바릴 것, 三. 몽매한 거살 싱각홀 일, 四. 우상을 셤기지 말 것, 五. 량심의 병을 곳칠 것, 六. 간사와 방탕하지 말 것, 七. 더러온 일을 바릴 것(pp. 282~290)
3. 필자 : 우병길
4. 내용요약 : 一. 마음에 완악한 거살 바릴 것(완악한 자는 항상 죄만 짓는다. 그래서 완악한 마음을 버리고 예수께로 나아가면 하나님 나라의 유익한 그릇이 된다), 二. 무식한 것살 바릴 것(무식함을 버리고 참 진리를 배우면 박학하게 되고 후생을 가르치는 인도자가 될 수 있다. 그리고 진리를 공부하는 것은 평안한 기쁨을 얻는 것이다), 三. 몽매한 거살 싱각홀 일(사람이 몽매하면 선악을 분별하지 못해 영혼의 복락과 영원한 세대를 알 수 없다), 四. 우상을 셤기지 말 것(우상을 섬기는 것은 큰 역적이며 불효한 자다), 五. 량심의 병을 곳칠 것(양심은 사람마다 천부께서 주신 것이다. 예수 구주를 믿으면 영혼과 육신의 병을 다 고쳐 완전한 사람이 될 수 있다), 六. 간사와 방탕하지 말 것(사람의 눈은 죄로 인도하는 문이다. 그러므로 자신을 정결히 해야 하나님을 만날 수 있다), 七. 더러온 일을 바릴 것(더러운 일이란 다만 우리 행실에 있다. 새사람이 되려면 모든 바를 예비하고 날마다 힘써 예수 이름으로 승전해야 한다)
5. 특기사항 : 우병길

□ **1904. 9(제4권 9호)**
1. 분류 : 교보
2. 제목 : 교동교우의 됴흔 열매(pp. 291~292)
3. 필자 : 권신일
4. 내용요약 : 교동 송가교회 속장 신응권 씨는 나이 60세로 열심히 전도, 부인 조마리아도 열심히 전도
5. 특기사항 : 권신일, 송가교회(교동), 교동, 신응권, 조마리아

□ **1904. 9(제4권 9호)**
1. 분류 : 교보
2. 제목 : 츙쳥남도 교우의 열심(pp. 292~293)
3. 필자 : 윤성렬(만국청년회 부회장)
4. 내용요약 : 충청남도 여러 교회의 교우들의 열심을 소개함. 연기 토옥골 최속장, 오해두의 열심. 배오개 사는 오형도는 팔 개월 동안 신약성경 이백 권을

팔고 교우 사백오십여 명을 전도
5. 특기사항 : 만국청년회, 윤성렬, 오형도, 충청남도, 토옥골회당(연기), 연기, 사목사, 최속장, 오해두

□ **1904. 9(제4권 9호)**
1. 분류 : 교보
2. 제목 : 고마은 말(pp. 293~294)
3. 필자 : 박용만(경성 상동청년회 서기)
4. 내용요약 : 생활이 변변하지 못한 강천명 씨는 주의 일에 열심
5. 특기사항 : 상동청년회, 박용만, 강천명, 청년회

□ **1904. 9(제4권 9호)**
1. 분류 : 엡윗청년회
2. 제목 : 큰소래로 부르오(大聲呼)(pp. 294~297)
3. 필자 : 박성규
4. 내용요약 : 한국인민은 과거에는 현철한 사람이 많았는데 지금은 없다. 그러므로 청년들이 분발하여 다시 떨치고 일어나야 한다
5. 특기사항 : 박성규, 엡윗청년회, 청년회

□ **1904. 9(제4권 9호)**
1. 분류 : 광고(p. 298)
2. 제목 :
3. 필자 :
4. 내용요약 : 성서공회에서 발행, 빈돈의사 집에서 판매-성경문답, 훈ᄋ진언, 산술신편, 환란면하는 근본, 천로력정, 성서강목, 파혹진신론, 주일직히는론, 복음요사, 참복엇는길, 아모권면, 성교촬리, 장원량우상론, 인가귀도, 구세진주, 어린아해문답, 성경략론, 래취예수, 병인사주, 유몽천자, 마귀를물니치는큰방책
5. 특기사항 : 성서공회, 빈돈

□ **1904. 9(제4권 9호)**
1. 분류 : 만국주일공과
2. 제목 : 제3부 제1과 나라를 난홈(열왕기상 12:12-20)(9월 4일) / 제2과 여로보암의 우샹을 셤김(열왕기상 12:25-33)(9월 11일) / 제3과 아르사의 착한 님군노릇 (역대하 14:1-12)(9월 18일) / 제4과 여호사밧의 개화함(역대하 19:1-11)(9월 25일)(pp. 299~317)
3. 필자 :
4. 내용요약 :
5. 특기사항 :

□ 1904. 9(제4권 9호)
1. 분류 : 논설
2. 제목 : 성교셔회 주일(pp. 318~319)
3. 필자 : 무야곱
4. 내용요약 : 9월 25일 성교서회주일로 지키기를 알림.
5. 특기사항 : 무야곱, 성교서회주일, 서목사

□ 1904.10(제4권 10호)
1. 분류 : 사설
2. 제목 : 전도샤가 부라심을 밧음(pp. 323~324)
3. 필자 :
4. 내용요약 : 이 세상 사람들의 모든 사업중에 제일 귀한 것이 전도사업이다. 예수께서 전도사를 성경말씀과 성신감화로 부르신다
5. 특기사항 :

□ 1904.10(제4권 10호)
1. 분류 : 논설
2. 제목 : 공부를 부지러니 홀 때(pp. 325~329)
3. 필자 : 최병헌
4. 내용요약 : 지금 세상에서는 신구학문을 모두 배워야 살아 갈 수 있는데, 이외에 영혼상에도 유익한 성서도 함께 공부해야 한다는 내용
5. 특기사항 : 최병헌, 유태국, 토이기, 영국

□ 1904.10(제4권 10호)
1. 분류 : 논설
2. 제목 : 전도함이 우리의 직분(pp. 329~331)
3. 필자 : 구홍국
4. 내용요약 : 우리 대한에서 우리 형제들은 모두 열심히 전도해서 사람 농사를 많이 지어야 한다는 내용
5. 특기사항 : 구홍국

□ 1904.10(제4권 10호)
1. 분류 : 교보
2. 제목 : 평산 김슌일 씨의 착흔 실과(pp. 331~334)
3. 필자 : 유석홍
4. 내용요약 : 평산 보산에 사는 김순일 씨 형제는 예전에 남의 빚을 많이 졌는데 지금은 하나님 앞에 약속하여 빚을 거의 청산했다는 이야기
5. 특기사항 : 유석홍, 김순일, 평산 보산, 송도학교

□ 1904.10(제4권 10호)
1. 분류 : 교보
2. 제목 : 쳥쥬 박씨부인의 밋음(pp. 334~336)
3. 필자 : 한창섭
4. 내용요약 : 청주읍의 박씨부인은 밤낮으로 청주부내의 악한 무리들을 회개시켜달라고 밤낮으로 기도했는데 그 소원이 이루어져 형제 이십여 인을 얻고 회당도 설치되었다는 이야기
5. 특기사항 : 한창섭, 청주읍, 박씨부인

□ 1904.10(제4권 10호)
1. 분류 : 교보
2. 제목 : 인천항 청년회 조직(p. 336)
3. 필자 : 백경태
4. 내용요약 : 인천항 용동 엡윗청년회의 임원을 체임
5. 특기사항 : 최봉현, 박대여, 안창호, 박족신, 신형진, 백경태, 홍기제. 백경태, 용동엡윗청년회, 인천, 청년회, 엡윗청년회

□ 1904.10(제4권 10호)
1. 분류 : 교보
2. 제목 : 경성 동문안 교우의 열심(pp. 336~337)
3. 필자 : 구홍국
4. 내용요약 : 교중 형제 서영수는 원래 불교를 공부하였는데 양진국의 말을 듣고 기독교로 개종함
5. 특기사항 : 구홍국, 서영수, 양진국, 동문안, 경성

□ 1904.10(제4권 10호)
1. 분류 : 교보
2. 제목 : 평양직인사경회(p. 338)
3. 필자 :
4. 내용요약 : 금년 7월 20일부터 평양지방회에서 전도인과 권사들이 모여 사경회를 개최
5. 특기사항 : 평양지방회, 모리쓰, 파월, 에스티, 성경약론, 사민필지, 성경대지, 교회사기, 평양, 지방회, 직인사경회, 사경회, 백목사, 문목사

□ 1904.10(제4권 10호)
1. 분류 : 교보
2. 제목 : 교동 방씨부인의 별셰함(pp. 338~340)
3. 필자 : 권신일

4. 내용요약 : 22세의 방마리아는 그의 가족에게 후일 천당에서 만나자는 약속을 하고
세상을 떠남
5. 특기사항 : 권신일, 방마리아, 교동

□ **1904.10(제4권 10호)**
1. 분류 : 엡윗청년회
2. 제목 : 맛당히 씨울 일(pp. 340~342)
3. 필자 : 전덕기(상동청년회원)
4. 내용요약 : 세상의 힘과 이 세상 이치는 육신의 잠을 깨울 수는 있어도 영혼의 잠
은 깨울 수 없다. 반드시 성신의 감화를 받아야 영혼의 잠을 깰 수 있다
5. 특기사항 : 전덕기, 상동청년, 엡윗청년회, 청년회

□ **1904.10(제4권 10호)**
1. 분류 : 광고(p. 343)
2. 제목 :
3. 필자 :
4. 내용요약 : 성서공회에서 발행, 빈돈의사 집에서 판매-성경문답, 훈ㅇ진언, 산술신
편, 환란면하는 근본, 천로력정, 성서강목, 파혹진신론, 주일직히는론, 복
음요사, 참복엇는길, 아모권면, 성교촬리, 장원량우상론, 인가귀도, 구세진
주, 어린아해문답, 성경략론, 래취예수, 병인사주, 유몽천자, 마귀를물니치
는큰방책
5. 특기사항 : 성서공회, 빈돈

□ **1904. 10(제4권 10호)**
1. 분류 : 만국주일공과
2. 제목 : 제3부 제5과 옴으리와 아합이라(열왕기상 16:22-33)(10월 2일) / 제6과 하나
님끠셔 엘니야를 보호하심(열왕기상 17:1-16)(10월 9일) / 제7과 옵아듸야와
엘니야라(열왕기상 18:1-16)(10월 16일) / 제8과 엘니야가 가멜산에 계심(열왕
기상 18:30-46)(10월 23일) / 제9과 엘니야가 락심함(열왕기상 19:1-8)(10월
30일)(pp. 344~365)
3. 필자 :
4. 내용요약 :
5. 특기사항 :

□ **1904.11(제4권 11호)**
1. 분류 : 사설
2. 제목 : 밋지 안는 자와 혼인하지 말일(pp. 369~370)
3. 필자 :
4. 내용요약 : 혼인을 할 때는 상대 집안의 부가 아니라 ① 상대 집안과 신랑의 믿음,

② 상대 집안의 인애, ③ 신랑될 자의 부지런함 등을 보고 해야 한다
5. 특기사항 :

□ **1904.11(제4권 11호)**
1. 분류 : 사설
2. 제목 : 감리교회에 전도샤를 퇵뎡함(p. 371)
3. 필자 :
4. 내용요약 : 1904년 9월 14일 감리교 연회에서 송도에 사는 김홍순 씨를 본토 전도
   사로 임명함
5. 특기사항 : 김홍순, 송도, 감리교연회

□ **1904.11(제4권 11호)**
1. 분류 : 사설
2. 제목 : 정동회당에셔 부흥회로 모힘(p. 371)
3. 필자 :
4. 내용요약 : 정동회당에서 15일 동안 부흥회를 개최
5. 특기사항 : 정동회당, 정동, 부흥회

□ **1904.11(제4권 11호)**
1. 분류 : 논설
2. 제목 : 사람이 귀흔 근본을 알고 의를 힝할 일(pp. 372~376)
3. 필자 : 양주국
4. 내용요약 : 우리 주를 믿는 형제자매는 천주의 말씀을 절대 잊지 말고 나라에 충성
   하고 부모에게 효도하며 형제간의 우애, 부부간의 사랑, 이웃사랑, 자식교
   육 등을 철저히 하여야 한다
5. 특기사항 : 금천, 양주국

□ **1904.11(제4권 11호)**
1. 분류 : 교보
2. 제목 : 제물포 교우 장경화 씨 별세홈(pp. 376~379)
3. 필자 : 김기법
4. 내용요약 : 제물포 교우 장경화 씨는 살아 생전 몸을 아끼지 않고 주의 일에 성심
   성의를 다하였는데 세상을 떠난 후 천당에서도 반드시 영광의 상급을 받
   을 것이라는 내용
5. 특기사항 : 김기법, 장경화, 제물포, 개성, 평산군 수월봉, 예수교학당

□ **1904.11(제4권 11호)**
1. 분류 : 교보
2. 제목 : 남양교우 김슌집 씨의 별세홈(pp. 379~380)

3. 필자 : 박세참
4. 내용요약 : 남양 덕박리에 살던 김순집 씨는 주위의 핍박에도 불구하고 열심히 주의 말씀을 실천하였는데 금년 9월 7일에 세상을 떠남
5. 특기사항 : 박세참, 김순집, 남양, 덕박리(남양)

☐ **1904.11(제4권 11호)**
1. 분류 : 교보
2. 제목 : 히주읍 교우 조운선 씨의 밋음(p. 380)
3. 필자 :
4. 내용요약 : 삼년전부터 예수를 믿기 시작한 조운선 씨가 어느 날 길에서 금장도를 주웠는데, 즉시 광고를 해서 주인을 찾아주었다는 내용
5. 특기사항 : 해주읍교회, 해주, 조운선

☐ **1904.11(제4권 11호)**
1. 분류 : 교보
2. 제목 : 북방 칠산교회 샤긔(pp. 381~382)
3. 필자 :
4. 내용요약 : 평양 본회에서 십리나 떨어져 있는 북방 칠산교회는 교우들의 열심으로 날로 발전해감
5. 특기사항 : 봉용동회당, 칠산교회, 김태영

☐ **1904.11(제4권 11호)**
1. 분류 : 교보
2. 제목 : 함종 츼호교에 교회를 설립홈(p. 382)
3. 필자 : 장병일
4. 내용요약 : 이곳의 별호는 강촌이며 강씨의 세거지다. 1904년 8월에 강기용 씨가 자기 집에 처음 회당을 세움
5. 특기사항 : 강기용, 장병일, 최호교교회(함종), 함종

☐ **1904.11(제4권 11호)**
1. 분류 : 교보
2. 제목 : 송도교우의 밋음(p. 383)
3 필자 : 권민신
4. 내용요약 : 송도교회의 교인들인 김호군 부인, 정춘수 등은 모두 열심히 헌금하고 있으며, 이 헌금은 곧 마음의 열심과 같은 의미라고 할 수 있다는 내용
5. 특기사항 : 김호군, 권민신, 정춘수, 송도교회, 송도

☐ **1904.11(제4권 11호)**
1. 분류 : 엡윗청년회

2. 제목 : 샹동쳥년회의 학교를 셜시흠(pp. 384~389)
3. 필자 :
4. 내용요약 : 교회 일이 잘되고 못되고는 청년회에 달려 있다. 외국에는 청년회가 많이 있음. 이 청년회가 잘되는 것은 ① 노는 처소를 차려놓았고, ② 생계의 길을 가르치고, ③ 도덕의 길을 열어놓았기 때문이다. 금월 15일 상동 청년회의 학교 개교예식을 거행했음.
5. 특기사항 : 엡윗청년회, 상동청년회, 전덕기, 게일, 헐버트, 스크랜튼, 박승규, 유희겸, 목원, 영국, 미국, 청년회, 주상호

□ 1904.11(제4권 11호)
1. 분류 : 엡윗청년회
2. 제목 : 합력함은 실노 뜻ᄒ지 못ᄒ바-라(pp. 389~394)
3. 필자 : 이승만
4. 내용요약 : 상동교회 엡윗청년회에서 주관하는 청년학교는 내외국인들의 합심으로 운영하게 되었음
5. 특기사항 : 시목사, 헐버트, 전덕기, 평산운산, 이승만, 상동엡윗청년회, 청년학원, 엡윗청년회, 청년회, 상동회당, 하와이

□ 1904.11(제4권 11호)
1. 분류 : 엡윗청년회
2. 제목 : 학교의 보죠ᄒ 인원이 여좌ᄒ더라(pp. 394~396)
3. 필자 :
4. 내용요약 : 청년학교 연조록
5. 특기사항 : 강천명, 전덕기, 공홍열, 박용만, 심상철, 김응수, 손봉순, 김상배, 이석택, 유철상, 구홍국, 정인호, 홍경희, 손창준, 백낙선, 백낙준, 최봉운, 노익형, 류만혁, 최명순, 권종률, 이이식, 임순돌, 정상교, 윤영규, 주홍균, 조응칠, 홍영전, 조신성, 정완복, 강윤주, 박관호, 홍기섭, 최재학, 이희간, 윤태훈, 임상재, 염준한, 김계근, 김기홍, 박영식, 박종선, 정순만, 김태현, 한세현, 고시영, 우용정, 박홍성, 이종국, 한수복, 김무성, 김석진, 박영익, 이승만, 양성덕, 고윤상, 서승환, 이민시, 오형학, 장춘명, 이종청, 이동년, 한상우, 김진극, 김군집, 박봉래, 박세창, 구연영, 김동만, 한상우, 이현석, 해주, 수원, 순천, 남양, 이천

□ 1904.11(제4권 11호)
1. 분류 : 광고(p. 397)
2. 제목 :
3. 필자 :
4. 내용요약 : 성서공회에서 발행, 빈돈의사 집에서 판매-성경문답, 훈ᄋ진언, 산술신편, 환란면하는 근본, 천로력정, 성서강목, 파혹진신론, 주일직히는론, 복

음요사, 참복엇는길, 아모권면, 성교촬리, 장원량우상론, 인가귀도, 구세진주, 어린아해문답, 성경략론, 래취예수, 병인사주, 유몽천자, 마귀를물니치는큰방책
5. 특기사항 : 성서공회, 빈돈

□ 1904. 11(제4권 11호)
1. 분류 : 만국주일공과
2. 제목 : 제3부 제10과 엘니야가 마음을 권장함(열왕긔상 19:9-18)(11월 6일) / 제11과 엘니야가 텬당에 올나가심(열왕긔하2:1-11)(11월 13일) / 제12과 이스바엘 빅셩들이 쑤지지심을 밧음(아모스 5:4-15)(11월 20일) / 제13과 도강(11월 27일)(pp. 398~418)
3. 필자 :
4. 내용요약 :
5. 특기사항 :

□ 1904.12(제4권 12호)
1. 분류 : 사설
2. 제목 : 셩신으로 셰례를 밧음(pp. 421~422)
3. 필자 :
4. 내용요약 : 우리 믿는 형제자매들이 성신을 받아 마귀와 죄를 이길 수 있는 권능 얻기를 바란다는 내용
5. 특기사항 :

□ 1904.12(제4권 12호)
1. 분류 : 사설
2. 제목 : 신학월보를 맛초고 그리스도인회보를 설시홈(pp. 422~423)
3. 필자 :
4. 내용요약 : 미이미 교회 목사와 감리교회 목사들이 모여 신학월보 대신 그리스도인회보를 만들겠다고 결정하였다. 그 이유는 다양한 볼거리를 게재할 수 있기 때문이라는 내용
5. 특기사항 : 신학월보, 그리스도인회보, 미이미교회

□ 1904.12(제4권 12호)
1. 분류 : 논설
2. 제목 : 하느님을 부르고 밋을 것(pp. 423~428)
3. 필자 : 정인호(엡웟청년회원)
4. 내용요약 : 정동 시병원에서 시란돈·홀 의원에게 가서 병을 고치고 나서 생각한 내용. 동양과 서양을 비교했을 때 서양이 우등한데 그 이유는 그리스도를 믿기 때문이다. 그래서 우리나라도 서양의 그리스도교를 종교로 삼고

그들의 정치, 법률을 실행하면 반드시 세계 각국과 등등국이 될 것이라는 것
5. 특기사항 : 시병원(정동), 시란돈, 홀, 영국, 미국, 덕국, 프랑스, 엡윗청년회, 정인호

□ 1904.12(제4권 12호)
1. 분류 : 교보
2. 제목 : 송도사은청년회(p. 429)
3. 필자 : 김순일
4. 내용요약 : 하나님 은혜에 감사하다는 것으로 대한 사람들도 전부 예수를 믿고 감사하는 사람이 되자는 내용
5. 특기사항 : 사은청년회(송도), 김순일, 송도, 청년회

□ 1904.12(제4권 12호)
1. 분류 : 교보
2. 제목 : 나난 포도나모요 너희난 가지라(p. 430)
3. 필자 : 백남석
4. 내용요약 : 포도나무가지가 포도나무에 잘 붙어 있어야 잘 자라는 것처럼 우리 청년회원들도 예수님 안에 있어야 기꺼움, 충만함을 느낄 것이며 좋은 행실을 할 수 있다는 것
5. 특기사항 : 백남석

□ 1904.12(제4권 12호)
1. 분류 : 교보
2. 제목 : 밋음과 힝홈에 열미(pp. 430~432)
3. 필자 : 이회춘(송도북부 매서인)
4. 내용요약 : 송도남부교인 최덕근 씨는 열심히 주를 믿는데, 그의 어머니의 핍박이 너무 심했다. 그러나 밤낮으로 기도한 결과 그의 어머니가 전도인을 만난 후 달라지기 시작하여 신자가 되었다.
5. 특기사항 : 최덕근, 남부교회(송도), 북부예배당(송도), 이회춘, 송도

□ 1904.12(제4권 12호)
1. 분류 : 교보
2. 제목 : 려쥬 신은동교우 김상현 씨에 밋음(pp. 432~433)
3. 필자 : 공홍렬
4. 내용요약 : 김상현 씨는 말내 속장 김상태 씨를 만난 이후 과거를 청산하고 주를 믿기 시작하였으며 이천 오천동의 속장 이화실 씨도 열심으로 주를 믿고 있음
5. 특기사항 : 김상태, 김상현, 오천동(이천), 이화실, 공홍렬, 여주, 말내

□ 1904.12(제4권 12호)
1. 분류 : 교보
2. 제목 : 보호녀회의 돌날(p. 433)
3. 필자 : 보호녀회 서기
4. 내용요약 : 음력 구월 이십일은 정동여교 보호여회의 돌날인데, 이날 정동회당에서 기념식을 개최함
5. 특기사항 : 황메레, 이화학당, 정동회당, 보호여회, 정동

□ 1904.12(제4권 12호)
1. 분류 : 교보
2. 제목 : 십ᄌ군의 격셔를 디답홈(pp. 433~434)
3. 필자 :
4. 내용요약 : 우리들은 모두 하나님의 십자군 군병이다. 성신의 갑주와 믿음의 방패로 마진을 소멸하자
5. 특기사항 : 만엘루청년회

□ 1904.12(제4권 12호)
1. 분류 : 교보
2. 제목 : 빈지학당 긔독청년회 임원 체임(p. 435)
3. 필자 : 김학순
4. 내용요약 : 1904년 10월 19일 배재학당 기독청년회 임원을 체임함
5. 특기사항 : 김학순, 민찬호, 유경상, 김창호, 지수돌, 장석희, 배재학당, 기독청년회

□ 1904.12(제4권 12호)
1. 분류 : 광고(p. 436)
2. 제목 :
3. 필자 :
4. 내용요약 : 성서공회에서 발행, 빈돈의사 집에서 판매-성경문답, 훈ᄋ진언, 산술신편, 환란면하는 근본, 천로력정, 성서강목, 파혹진신론, 주일직히는론, 복음요사, 참복엇는길, 아모권면, 성교촬리, 장원량우상론, 인가귀도, 구세진주, 어린아해문답, 성경략론, 래취예수, 병인사주, 유몽천자, 마귀를물니치는큰방책
5. 특기사항 : 성서공회, 빈돈

□ 1904. 12(제4권 12호)
1. 분류 : 만국주일공과
2. 제목 : 제4부 제1과 엘니사가 엘니야를 니어서 션지됨(열왕기하 2:12-22)(12월 4일) / 제2과 과부의 기람이 느러남(열왕기하4:1-7)(12월 11일) / 제3과 엘니사와 수니의 ᄌ손(열왕기하 4:25-37)(12월 18일) / 제4과 평안함의 님군(이사야

　　　　　9:1-7)(12월 25일)(pp. 437~454)
3. 필자 :
4. 내용요약 :
5. 특기사항 :

□ 1907(제5권 1호)
1. 분류 : 사설
2. 제목 : 신학월보 복셜(p. 457)
3. 필자 :
4. 내용요약 : 신학월보 간행을 잠시 중지했다가 근래에 다시 간행하기 시작
5. 특기사항 : 신학월보 재간행

□ 1907(제5권 1호)
1. 분류 : 사설
2. 제목 : 신학월보의 츄셔(p. 457~458)
3. 필자 :
4. 내용요약 : 신학월보는 신학의 문제와 적당한 글을 다루는데, 1) 사설 2) 조직신학 3) 해명신학 4) 사기신학 5) 전도신학 6) 신명 7) 잡서의 순으로 한다.
5. 특기사항 :

□ 1907(제5권 1호)
1. 분류 : 사설
2. 제목 : 새목소를 션퇵(pp. 458~459)
3. 필자 :
4. 내용요약 : 감리교회의 목사가 되기 위해서는 먼저 전도사가 연론회에 가입해야 하는데, 연론회는 학습반과 입회반 등으로 구분되어 있다. 그러나 학습반 목사는 그렇게 많지 않은데 이번에 많이 학습반 목사가 되었으면 한다는 내용
5. 특기사항 : 김창식, 이은승, 한성제일교회, 최병헌, 달성교회, 전덕기, 동대문안교회, 복정채, 인천교회, 홍승하, 손승용, 김경일, 권신일, 김우권, 신장교회, 강인걸, 증남포교회, 이익모, 영변교회, 장낙도, 평양, 증남포, 인천, 영변, 강화, 교동, 남양

□ 1907(제5권 1호)
1. 분류 : 사설
2. 제목 : 감독 맥게비 씨 별셰호심(p. 459)
3. 필자 :
4. 내용요약 : 12월 19일 감리교회 감독 맥게비 씨가 별세함
5. 특기사항 : 맥게비

□ 1907(제5권 1호)
1. 분류 : 사설
2. 제목 : 신학회(pp. 459~460)
3. 필자 :
4. 내용요약 : 신학교 교장 조원시 박사가 한국으로 돌아온 후 신학회를 조직하여 신학공부를 가르치기 시작했다는 내용
5. 특기사항 : 조원시, 평양, 신학회(평양), 서울

□ 1907(제5권 1호)
1. 분류 : 사설
2. 제목 : 사경회(p. 460)
3. 필자 :
4. 내용요약 : 평양, 증남포 등에서 사경회를 열었는데 많은 사람들이 참석하였다는 소식과 사경회의 중요성을 주장
5. 특기사항 : 노블, 증남포, 평양, 서울, 사경회, 조원시, 문목사, 충청도

□ 1907(제5권 1호)
1. 분류 : 사설
2. 제목 : 쳥국에 빅년샤례경츅(pp. 461~463)
3. 필자 :
4. 내용요약 : 영국 선교사 모리슨이 청나라에 입국하여 선교를 시작한지 100년이 지나 경축행사를 한다는 소식과 청국에서 활동하는 예수교 선교사들의 인원수를 통계 / ○ 의약정황-청나라의 기독교계통 의료계 상황에 대한 글 / ○ 교육정황-청나라의 기독교 관련 교육 상황에 대한 글
5. 특기사항 : 영국, 모리슨, 조원시, 노블, 배액제

□ 1907(제5권 1호)
1. 분류 : 사설
2. 제목 : 녀인의 교육(p. 464)
3. 필자 :
4. 내용요약 : 대개 남녀간은 유별함으로 여성을 교육하는 것은 여성들이 담당해야 한다는 주장. 서울에서 여사경회 개최함.
5. 특기사항 : 조원시 부인, 시란돈 대부인, 민휴씨 부인, 밀러부인, 서울, 여사경회, 성서공회

□ 1907(제5권 1호)
1. 분류 : 신학
2. 제목 : 뎨1권 조직신학총론(pp. 465~472)

3. 필자 : 조원시
4. 내용요약 : 신학의 긴요, 신학의 취지, 신학의 각종, 신학 칠부, 신학의 재료 등에 대해 자세하게 설명하고 있다
5. 특기사항 : 조원시, 조직신학

□ 1907(제5권 1호)
1. 분류 : 교회사기
2. 제목 : 예수교회 시작홈(pp. 473~476)
3. 필자 : 모리시
4. 내용요약 : 성신이 하는 일 두 가지, 성신의 결과 일곱 가지, 예수 교회 시작할 때의 여러 가지 내용 등에 대해 서술
5. 특기사항 : 모리시, 교회사기

□ 1907(제5권 1호)
1. 분류 :전도법
2. 제목 : 기도론(pp. 477~482)
3. 필자 : 조원시
4. 내용요약 : 참 교인, 하나님의 뜻 나타내심, 기도의 자격, 우리가 마땅히 하나님께 구함, 하나님께 기도 아니하는 교인의 형편, 기도의 방법, 기도는 교인에게 힘이 됨 등을 작은 제목으로 구분하여 자세하게 설명
5. 특기사항 : 조원시

□ 1907(제5권 1호)
1. 분류 : 신명
2. 제목 : 령힝강목(靈行綱目)(pp. 483~485)
3. 필자 : 조원시
4. 내용요약 : 영행(靈行)이라는 것은 영혼의 행실을 가르치는 것이며 하나님 나라로 가는 바른 길이라고 설명
5. 특기사항 : 조원시

□ 1907(제5권 1호)
1. 분류 : 잡서
2. 제목 : 셩산 유람긔(p. 486~491)
3. 필자 :
4. 내용요약 : 목사 최병헌이 셩산유람기라는 책을 신학월보에 보낸 것을 소개
5. 특기사항 : 최병헌, 셩산유람기

□ 1907(제5권 1호)
1. 분류 : 잡서

2. 제목 : 간호원례모식(pp. 492~494)
3. 필자 :
4. 내용요약 : 보구여관내에 간호원 양성학교를 설치한 후 금년 1월 30일 밤에 예모식 거행 사실을 소개하고, 조원시 씨의 연설문을 게재. 간호원 등분-1. 학습원 2. 후진간호원 3. 선진간호원 4. 위임간호원 5. 간호원장
5. 특기사항 : 에드먼스부인, 조원시, 보구여관, 간호원양성학교

□ 1907(제5권 1호)
1. 분류 : 잡서
2. 제목 : 하와이 교회의 이쥬이인(pp. 495~496)
3. 필자 :
4. 내용요약 : 하와이 교민이 창간한 시사신보에 친목회가 조직되었다는 소식이 게재되었다는 것을 소개
5. 특기사항 : 시사신보, 윤병구, 친목회, 김이제, 민찬호, 김유순, 김해석, 이휘, 현순, 김중한, 홍치범, 최진태, 황인환, 김성권, 하와이교회, 하와이, 미국, 포와국, 엡윗청년회, 고할나

□ 1907(제5권 2호)
1. 분류 : 사설
2. 제목 : 평양교회의 부흥(p. 499)
3. 필자 :
4. 내용요약 : 평양성내 교회의 부흥을 소개하고 이외에도 경성교회, 인천 용동교회에도 하나님께서 임하셨다는 내용
5. 특기사항 : 평양교회, 이은승, 경성교회, 용동교회(인천), 평양, 경성, 인천

□ 1907(제5권 2호)
1. 분류 : 사설
2. 제목 : 교회 수효(p. 499)
3. 필자 :
4. 내용요약 : 미국에 있는 감리교 전반에 대한 통계
5. 특기사항 :

□ 1907(제5권 2호)
1. 분류 : 사설
2. 제목 : 셰샹에 뎨일 놉흔 집(p. 499)
3. 필자 :
4. 내용요약 : 미국에서 짓고 있는 가장 높은 건물을 소개
5. 특기사항 :

□ 1907(제5권 2호)
1. 분류 : 사설
2. 제목 : 스랑의 츄슈(p. 500)
3. 필자 :
4. 내용요약 : 사랑하는 말씀을 이웃에게 많이 하라는 내용
5. 특기사항 :

□ 1907(제5권 2호)
1. 분류 : 사설
2. 제목 : 스랑의 긴요(p. 500~501)
3. 필자 :
4. 내용요약 : 이 세상에서 가장 긴요한 것은 재능이 아니라 사랑이다
5. 특기사항 :

□ 1907(제5권 2호)
1. 분류 : 사설
2. 제목 : 직분을 힘써 힝홈(p. 501~502)
3. 필자 :
4. 내용요약 : 교회제도의 직분에 대해 소개하고 직분을 담당할 때 반드시 알아야 될 사실 세 가지를 설명
5. 특기사항 :

□ 1907(제5권 2호)
1. 분류 : 사설
2. 제목 : 유명흔 박스(p. 503)
3. 필자 :
4. 내용요약 : 일본에서 강설한 바 있는 박사 래드씨를 우리나라에 초청, 그 강연을 듣게 되었다는 소식
5. 특기사항 : 래드, 예일대학, 하버드대학

□ 1907(제5권 2호)
1. 분류 : 신학
2. 제목 : 데2권 그리스도 종교 증거론(pp. 504~511)
3. 필자 : 조원시
4. 내용요약 : 증거론이란 종교의 기초를 살피고 그 성서의 진위를 판단하는 법인데, 그것을 알 수 있는 것이 성경이라 주장하며 성경에 대해 자세하게 설명
5. 특기사항 :

□ 1907(제5권 2호)
1. 분류 : 교회사기
2. 제목 : 평양오슌졀 략스(pp. 512~520)
3. 필자 : 이은승, 김창식
4. 내용요약 : ① 성신께서 기도하기를 미리 분부하심, ② 성신께서 강림하심, ③ 성신이 교회를 거듭나게 하심, ④ 성신께서 이적을 행하심, ⑤ 성신께서 신학회를 미리 예비하여 두심, ⑥ 상례는 마땅한 것만 행할 일.
5. 특기사항 : 김창식, 이은승, 평양, 노블, 조원시, 문요한, 모리시, 안남도, 황해도, 오순절, 평안남도, 남산현교회, 신학회

□ 1907(제5권 2호)
1. 분류 : 해의 신학
2. 제목 : 고린도젼셔 분희(pp. 521~534)
3. 필자 : 모리스
4. 내용요약 : 고린도전서를 소개하고 분석
5. 특기사항 : 모리스

□ 1907(제5권 2호)
1. 분류 : 젼도신학(pp. 535~536)
2. 제목 :
3. 필자 : 권의일(교동읍 찬화학교)
4. 내용요약 : 지금 나라의 형편이 갈수록 어려워지고 있는데, 이 때 가장 의지할 만 것은 예수뿐이다. 예수를 의지해야만 앞으로 하나님이 대한민국을 보살피게 된다는 내용
5. 특기사항 : 교동읍, 권의일, 찬화학교(교동)

□ 1907(제5권 2호)
1. 분류 : 잡서
2. 제목 : 강화사경회 정형(pp. 536~540)
3. 필자 : 노병선
4. 내용요약 : 노병선이 시란돈, 조원시, 데밍과 함께 강화도로 가서 사경회를 열었는데, 그 사경회 정황을 자세하게 설명
5. 특기사항 : 노병선, 시란돈, 조원시, 데밍, 강화, 손승용, 권신일, 김경일, 조상정, 사경회, 연무당, 이민철, 홍의교당, 잠두교회, 계삭회

□ 1907(제5권 2호)
1. 분류 : 잡서(p. 540)
2. 제목 :
3. 필자 :

4. 내용요약 : 복정채 목사가 5월 5일 인천항 용동병원에서 세상을 떠남
5. 특기사항 : 복정채, 인천, 용동병원(인천)

□ 1907(제5권 2호)
1. 분류 : 잡서
2. 제목 : 셩산유람긔(속)(pp. 541~546)
3. 필자 : 최병헌
4. 내용요약 : 최병헌의 성산유람기
5. 특기사항 : 최병헌, 성산유람기

□ 1907(제5권 2호)
1. 분류 : 교보
2. 제목 : 유명훈 미년회(pp. 547~564)
3. 필자 :
4. 내용요약 : 금년 6월 18일부터 미년회를 상동회당에서 개최하였는데, 그 개최 일정을 자세하게 설명
5. 특기사항 : 상동회당, 크란스돈, 해리스, 혼다, 윌슨, 고이쳐, 렘베스, 리오나드, 데밍, 배액, 파웰, 조원시, 아펜젤러, 시란돈, 오쿠마백작, 노블, 손승용, 최병헌, 전덕기, 김우곤, 장낙도, 이익모, 권신일, 홍승하, 김창규, 강인걸, 혼다, 기하라, 무어, 밀러, 숍, 하디, 벙커, 백커, 하운셀, 윤치호, 져다인, 크림, 무어, 램베스, 서원보, 김창식, 기이부, 김기범, 이창희, 김경일, 방족신, 장춘명, 임용석, 김재안, 이문현, 이선여, 한창섭, 오홍서, 전기주, 신홍석, 서양윤, 송대용, 오해두, 양치옥, 김광식, 홍승하, 채상빈, 신상균, 문한산, 윌리암, 김상배, 텔너, 황중모, 김재찬, 오태주, 박원백, 함베드로, 김응수, 이동식, 상동 미드메모리알 회당, 김우권, 박영찬, 송희범, 이진형, 전옥호, 송상유, 크리쳇, 푸라이부인, 막커부인, 커들너부인, 언스벅, 페인부인, 스네벨늬부인, 으로빈부인, 헤인스부인, 헐의원부인, 에스티부인, 숍목사부인, 꺼다펠, 힐만부인, 밀너부인, 미국 뉴욕, 일본, 제물포, 웨슬레회당, 남양읍, 교동, 공주, 광주, 이천, 여주, 음죽, 죽산, 충주, 음성, 정주, 진천, 목천, 보은, 상주, 경상도, 문의, 연기, 회인, 공주읍, 론뫼, 익산, 연산, 충남, 홍주, 평양, 정산, 함종, 삼화, 진남포, 선돌, 강서, 솔모로, 소재산, 신계, 배미장, 두무골, 양덕골, 해주, 강녕, 꼿뫼, 연안, 철산, 경성, 동대문교회, 수원, 제일교회, 영변, 운산, 회천, 개천, 태천, 신창, 차배, 양덕, 제물포, 평양, 경성제일교회, 이화학당, 보구여관, 동대문 볼원병원, 부인전도사양성학당, 평양학당, 평양읍여병원, 인도, 매년회, 평양중학교, 정동제일교회, 활판소, 아펜젤러기념회당, 조원시, 버딕, 계삭회, 신학학교, 모리스, 시란돈대부인, 에드먼스부인, 박의원, 이은승, 고이쳐, 최병헌, 구춘경, 김군집, 박봉래

□ 1907(제5권 2호)
1. 분류 : 신학
2. 제목 : 하느님이 텬디 만물을 창조호셧다 호는 텬디 개벽론(pp. 565~571)
3. 필자 :
4. 내용요약 : 창세기 1, 2, 3장에 하나님이 천지를 창조했다는 내용이 있음을 소개하고 그 내용을 자세하게 설명
5. 특기사항 :

□ 1907(제5권 2호)
1. 분류 : 잡서
2. 제목 : 대한형뎨 출발(p. 572)
3. 필자 :
4. 내용요약 : 7월 1일 주학상 씨와 그의 가족, 박창규 씨와 그의 가족 등이 함께 미국 하와이로 떠난 것을 전함
5. 특기사항 : 주학상, 주영윤, 주영운, 주영기, 박창규, 하와이, 박오녜, 김웅구

□ 1907(제5권 2호)
1. 분류 : 잡서
2. 제목 : 하와이 한인교회(pp. 572~574)
3. 필자 : 현순
4. 내용요약 : 10여 일 전에 한국으로 돌아온 현순이 하와이에 있는 한인교회의 사정을 소개
5. 특기사항 : 하와이한인교회, 현순, 태평양선교회, 호놀룰루, 한인선교회(하와이), 해밀톤, 하와이감리교회, 와드맨

□ 1907(제5권 2호)
1. 분류 : 잡서
2. 제목 : 샹동교당닉 학교 정황(p. 574~575)
3. 필자 : 김태현
4. 내용요약 : 상동교회내의 학교인 청년학원, 여자중학교, 공옥소학교, 여자소학교 등을 자세하게 소개
5. 특기사항 : 상동교당, 김태현, 청년학원, 유일선, 김명수, 김병현, 전덕기, 유진태, 노병선, 주시경, 이중화, 안일영, 유각겸, 이필주, 시란돈대부인, 배동현, 공옥소학교, 노익형, 송언용, 조익원, 하부인, 이부인, 박부인, 조부인

□ 1907(제5권 2호)
1. 분류 : 잡서
2. 제목 : 미년회에 강화 전도스 손승용 씨 보단홈(pp. 575~576)
3. 필자 : 손승용

4. 내용요약 : 1년 동안 강화에서 전도하고 있는 손승용이 강화의 사정을 소개
5. 특기사항 : 손승용, 매년회, 강화, 지방회, 계삭회

□ 1907(제5권 2호)
1. 분류 : 잡서
2. 제목 : 충청남도 공쥬 하리동 교회 부흥훈 결실(pp. 577~584)
3. 필자 : 임동순
4. 내용요약 : 1907년 4월 8일 윌리암과 안창호가 이곳으로 내려와 부흥회를 개최하였는데 그 결실이 대단하였다는 내용
5. 특기사항 : 임동순, 공주 하리동교회, 윌리암, 안창호, 김상배, 윤성렬, 강신화, 서장로사, 신학회, 인천, 조정철, 임명운, 부흥회

□ 1907(제5권 2호)
1. 분류 : 잡서
2. 제목 : 셩산유람긔 쇽(pp. 584~590)
3. 필자 : 최병헌
4. 내용요약 : 최병헌의 성산유람기 연재
5. 특기사항 : 최병헌, 성산유람기

□ 1907(제5권 4·5호)
1. 분류 : 사설
2. 제목 : 본샤고빅(p. 593)
3. 필자 :
4. 내용요약 : 이번에 신학월보를 4·5호로 발간했다는 것을 소개하고 잘 이용하기를 바란다는 내용
5. 특기사항 :

□ 1907(제5권 4·5호)
1. 분류 : 사설
2. 제목 : 귀즁훈 찬미(pp. 594~595)
3. 필자 : 조원시
4. 내용요약 : 신학월보 사장 조원시 자신이 교인된 사정을 소개. 찬미 새로 번역 소개
5. 특기사항 :

□ 1907(제5권 4·5호)
1. 분류 : 사설
2. 제목 : 전도스 복정치 씨의 리력(pp. 595~597)
3. 필자 :
4. 내용요약 : 감리교회 교인 복정채는 지난 봄에 세상을 떠났는데, 그에 대한 이력을

소개
5. 특기사항 : 복정채, 금산, 인천 담방리, 산미, 고찬, 부평, 강화, 연안, 해주, 황성, 공주, 청주, 연기, 은진, 영종

□ **1907(제5권 4·5호)**
1. 분류 : 사설
2. 제목 : 무족지언(p. 597~598)
3. 필자 :
4. 내용요약 : 어떤 사람이 여행중 무족지언이 원비천리라 하는 말을 시험하기 위해 거짓말로 미륵을 보았다고 말했는데 집으로 돌아와 보니 그의 아내도 그 이야기를 하더라는 것. 이제 자기 눈으로 본외의 말은 믿을 수 없다고 함.
5. 특기사항 :

□ **1907(제5권 4·5호)**
1. 분류 : 신학
2. 제목 : 증거론(pp. 599~631)
3. 필자 :
4. 내용요약 : 일월성숙(日月星宿)으로 증거함, 생물로 증거함, 사람의 몸으로 증거함, 영혼으로 증거함
5. 특기사항 :

□ **1907(제5권 4·5호)**
1. 분류 : 신학
2. 제목 : 교회스긔(pp. 632~636)
3. 필자 : 모리시
4. 내용요약 : 하나님께서 교회를 위하여 예비하심, 교회핍박, 훼도자(毁道者), 명증자(明證者), 학교, 로마왕 콘스탄틴 등의 제목으로 차례 차례 설명
5. 특기사항 : 모리시

□ **1907(제5권 4·5호)**
1. 분류 : 신학
2. 제목 : 교회규측문답(pp. 637~657)
3. 필자 : 노블
4. 내용요약 : 전도업과 관련된 문답, 책임맡은 전도사의 직분 32가지를 설명, 그 중 세부적으로 주일학당과 기독교교육, 입교인의 형편, 목사의 노역, 자선한 일을 위하여 이계삭 동안에 수전한 일, 교회 잡지를 위하여 연보한 사람 등에 대한 설명, 전도사의 행위를 위하여 예비한 규칙, 신령에 합당한 자격, 어느 곳에 전도하며 어떻게 전도하는가 등에 대해 자세하게 소개하

　　　　　고 있음
5. 특기사항 : 노블, 교회규칙문답

□ 1907(제5권 4·5호)
1. 분류 : 신학
2. 제목 : 견도법(pp. 658~688)
3. 필자 : 무어
4. 내용요약 : 강도하는 법 4가지, 전도함의 사기, 예수의 전도함, 사도의 전도함, 예수
　　　　　는 성경의 중주(中柱)이오, 베드로의 전도함 등의 제목으로 세분하여 설
　　　　　명
5. 특기사항 : 무어

□ 1907(제5권 4·5호)
1. 분류 :
2. 제목 : 셩산유람긔(pp. 689~697)
3. 필자 : 최병헌
4. 내용요약 : 최병헌의 셩산유람기를 소개
5. 특기사항 : 최병헌

제5권

□ 1908(제6권 1호)
1. 분류 : 론설
2. 제목 : 미년회(p. 3)
3. 필자 :
4. 내용요약 : 3월 11일 서울 정동제일교회에서 해리스 감독과 여러 장로사, 선교사, 목사 전도사가 참석한 가운데 연회가 개최됨
5. 특기사항 : 경성, 정동제일회당, 매년회, 해리스

□ 1908(제6권 1호)
1. 분류 : 론설
2. 제목 : 보비로온 편지(pp. 3~6)
3. 필자 : 풀노타 쎄 하리쓰
4. 내용요약 : 병중에 있는 해리스 감독 부인이 한국에 나오지 못하고 편지로 대신하여 한국 교인들이 평안하기를 바라는 안부 인사
5. 특기사항 : 미국, 일본, 조선, 아시아, 해리스

□ 1908(제6권 1호)
1. 분류 : 론설
2. 제목 : 교회 형편 됴샤위원의 보고(pp. 6~7)
3. 필자 :
4. 내용요약 : 작년 한 해 동안 교회를 보호해 주신 하나님께 감사하면서 각 교회에서 지킬 것을 제시. 가족 기도와 성경공부에 힘쓸 것, 안식일 지킬 것, 하나님 존경, 조혼 금지, 적십자기를 회당에 꽂지 말 것, 학교 설립과 청년 교육에 힘쓸 것, 목사 공급 방법 준비할 것, 정치 문제 간섭하지 말 것 등.
5. 특기사항 : 적십자기, 장정

□ 1908(제6권 1호)
1. 분류 : 신학
2. 제목 : 증거론(pp. 8~20)
3. 필자 : 조원시
4. 내용요약 : '만물이 다 쥬지의 덕을 나타냄을 의론함', '인류는 반드시 교가 잇슴을 의론함'을 여러 가지로 인증하고 옛 풍속을 고침으로 평안한 마음과 복을 받을 것을 증거한 논문.
5. 특기사항 : 존스, 함경도 경성, 전라도 제주, 중국, 인도, 서장, 석씨, 유가, 도가, 유대

□ 1908(제6권 1호)
1. 분류 : 번역
2. 제목 : 우리의 종교 이십오됴건(pp. 21~29)
3. 필자 :
4. 내용요약 : 교회의 조례를 번역 중인데 그 중에서 요한 웨슬리가 설립한 감리교의
종교 강령 25조를 번역하여 먼저 게재
5. 특기사항 : 감리교회 조례, 교회 조례, 계삭회, 요한 웨슬리, 로마교회

□ 1908(제6권 1호)
1. 분류 : 번역
2. 제목 : 계삭회(pp. 29~34)
3. 필자 :
4. 내용요약 : 번역 중인 교회 조례 중에서 감리교의 계삭회에 관한 규칙을 게재. 위
원, 임원, 사무 등에 관한 규칙
5. 특기사항 : 계삭회, 주일학교, 엡윗청년회, 엡윗유몽회, 보구녀회, 엡윗회, 청년회, 엡
윗청년후진회, 교회 조례, 타방선교부, 국내선교부

□ 1908(제6권 1호)
1. 분류 : 신학
2. 제목 : 령혼론(pp. 35~42)
3. 필자 : 노블
4. 내용요약 : 영혼론을 29개의 문답 형태로 설명함
5. 특기사항 : 노블

□ 1908(제6권 1호)
1. 분류 : 전도신학
2. 제목 : 전도ᄒᆞ는 지능을 발달키 위홈(pp. 43~46)
3. 필자 :
4. 내용요약 : 설교자에게 도움이 되도록 설교의 모형을 제시. 제목은 '시험', 성경구절
은 야고보서 1장 1-16절.
5. 특기사항 :

□ 1908(제6권 1호)
1. 분류 : 전도신학
2. 제목 : 구속정의(pp. 46~53)
3. 필자 : 긔이부
4. 내용요약 : 사람의 죄는 뿌리가 깊으니 성경을 통해 하나님 구속의 기쁨을 알아야
함을 '죄얼지실'. '죄지보박 죄가 널니져짐', '죄의 뿔희가 깁흠'. '죄의 유
전'이란 소제목으로 나누어 설명

5. 특기사항 : 케이블, 유대

□ 1908(제6권 2호)
1. 분류 : 론셜
2. 제목 : 하리쓰 감독이 총회에 보고흔 바의 대강(pp. 57~59)
3. 필자 : 하리쓰
4. 내용요약 : 1907년 1월에 시작된 부흥운동으로 한국에 많은 결실이 나타남(감리교인 4만 5천 명). 1883년부터 시작된 한국 선교의 과정을 간략히 회고. 1909년에 25년회가 열릴 계획이나 재정이 문제가 됨.
5. 특기사항 : 해리스, 존스, 노블, 석가, 공자, 서울, 대한날

□ 1908(제6권 2호)
1. 분류 : 신학
2. 제목 : 령혼론(pp. 60~65)
3. 필자 : 노블
4. 내용요약 : 영혼론의 계속. 원소지리, 동양, 념량, 총명에 관한 문답식 설명(30문-56문)
5. 특기사항 :

□ 1908(제6권 2호)
1. 분류 : 번역
2. 제목 : 다락방(pp. 66~73)
3. 필자 : 왓슨(노블 부인 역)
4. 내용요약 : 누가복음 22장 10-11절에 기록된 것처럼 다락방을 마련해 준 집주인이 예수를 돕고 대접하여 그의 다락방에서 교회가 시작되는 복을 받음을 설명함.
5. 특기사항 : 왓슨, 노블 부인

□ 1908(제6권 2호)
1. 분류 : 번역
2. 제목 : 령혼의샤 처방(pp. 74~80)
3. 필자 :
4. 내용요약 : 영혼의 문을 열어 예수가 들어오도록 영접하고, 주인되시는 예수를 잘 대접할 것을 권면.
5. 특기사항 :

□ 1908(제6권 2호)
1. 분류 : 론셜
2. 제목 : 미이미 감리 계삭회 규측(pp. 81~83)

3. 필자 : 노블
4. 내용요약 : 각 처 교인들이 계삭회의 규칙을 알지 못하여 이를 위반하는 일이 많으므로 계삭회의 회원 구성과 권리, 곧 계삭회에서 행할 일과 하지 못할 일을 설명.
5. 특기사항 : 노블, 계삭회, 주일학교, 직인회, 장유회

□ **1908(제6권 2호)**
1. 분류 : 론설
2. 제목 : 긔도의 요지를 론의홈(pp. 84~87)
3. 필자 : 케불
4. 내용요약 : 욥기 16장 21절에 하나님과 사람의 변론이 기록된 것처럼 기도할 때에 마땅히 아버지께서 속히 성령을 주심으로 죄인의 마음을 감동하여 회개하고 구원 얻기를 구할 것.
5. 특기사항 : 케이블

□ **1908(제6권 2호)**
1. 분류 : 번역
2. 제목 : 미이미 외포도총서긔원 연설사(pp. 88~95)
3. 필자 : 케불 번역
4. 내용요약 : 성신의 능력과 힘으로 사람을 감화하고 지극히 거룩한 기름을 얻어 어그러짐이 없으면 죄인이 반드시 감화를 받을 것이요, 예수의 거룩한 교회가 반드시 서서 널리 세상에 행하게 됨. 이 때 성신의 충만함을 얻어 우리의 뜻과 행동의 인도를 받아야 함.
5. 특기사항 : 케이블

□ **1908(제6권 3호)**
1. 분류 : 론셜
2. 제목 : 뎨삼쟝 십이 뎨주(pp. 99~107)
3. 필자 :
4. 내용요약 : 마지막 만찬이 이루어진 다락방을 중심으로 12제자 각 자의 행태 및 예수와의 관계를 설명.
5. 특기사항 :

□ **1908(제6권 3호)**
1. 분류 : 론셜
2. 제목 : 십주가의 그늘(pp. 108~113)
3. 필자 :
4. 내용요약 : 예수의 죽음은 갑작스런 것이 아니고 미리 준비된 것이므로 십자가가 죽음의 골이 아니라 생명의 문임을 권면함. 어려움 당할 때에 찾아갈 곳

은 피난처가 되고 평안을 주는 십자가 그늘뿐임.
5. 특기사항 :

□ **1908(제6권 3호)**
1. 분류 : 번역
2. 제목 : 긔도론(pp. 114~129)
3. 필자 : 케불 번역
4. 내용요약 : 기도의 중요성을 논한 것. 제1장 논발능력지요추(論拔能力之要樞)를 '능력지총강유오'(能力之總綱有五), '능력감동천하'(能力感動天下), '대인기도즉시사주'(代人祈禱卽是事主), 이전위유(以電爲喩), 신도심회중지천계여하관광(信徒心懷中之天界如何寬廣)이란 제목으로 설명.
5. 특기사항 : 케이블, 인도, 중국, 부상, 천축국

□ **1908(제6권 3호)**
1. 분류 : 신학
2. 제목 : 삼우엘젼후셔 대강(pp. 130~142)
3. 필자 : 구 목사
4. 내용요약 : 사무엘서 개론. 사무엘, 사울, 다윗의 행적을 설명한 후 내용을 분해. 욥기에 대한 특질, 속뜻, 형편, 분해 등도 함께 기록함.
5. 특기사항 : 구 목사, 로마

□ **1908(제6권 3호)**
1. 분류 : 신학
2. 제목 : 령혼론(pp. 143~152)
3. 필자 : 노블
4. 내용요약 : 영혼론의 계속. 의양, 이치경위, 재단력, 본원지지에 대한 문답식 해설 (57문-89문)
5. 특기사항 : 노블, 영국, 법국, 덕국

□ **1908(제6권 3호)**
1. 분류 : 론설
2. 제목 : 대총의회에서 힝흔바 대통령의 연셜(pp. 153~159)
3. 필자 :
4. 내용요약 : 미국 감리교 총회에서 감리교의 공헌을 찬양하고 앞으로 행할 바를 제시한 대통령의 연설.
5. 특기사항 : 크린스톤, 미국, 워싱톤

□ **1908(제6권 3호)**
1. 분류 : 론설

2. 제목 : 교육관보(pp. 160~161)
3. 필자 : 이익모
4. 내용요약 : 평양의 장감 양 교회에서 설립한 중학교와 격물학교를 자기의 학교로
            알아 확장하는 데 특히 재정을 보조하는 데 힘쓸 것을 당부.
5. 특기사항 : 이익모, 평양, 황해도, 영변, 중학교, 격물학교, 노블, 문 장로사, 김창식,
            윤형필

□ 1908(제6권 4호)
1. 분류 : 론설
2. 제목 : 그리스도 ᄉ도 고셰브터 득승홀 예죠(pp. 165~172)
3. 필자 :
4. 내용요약 : 로마인 셔라소사와 사달류사가 그리스도교를 사람을 속이는 사술이라고
            핍박한 것에 대한 비판적 변증.
5. 특기사항 :

□ 1908(제6권 4호)
1. 분류 : 론설
2. 제목 : 그리스도가 로마에 잇스매 녯 셰샹에도 이긔음을 엇은 예죠(pp. 172~178)
3. 필자 :
4. 내용요약 : "그리스도 ᄉ도 고셰브터 득승홀 예죠"에 계속되는 글로 초대 교회사에
            나타난 싸움을 예로 들면서 그리스도교가 이겼음을 변증.
5. 특기사항 :

□ 1908(제6권 4호)
1. 분류 : 신학
2. 제목 : 교회ᄉ긔(pp. 179~193)
3. 필자 : 모리쓰
4. 내용요약 : 초기 교회사를 ᄉ도째 ᄉ긔 대지, 교회죠직, 쟝로직분을 세우심, 외방사
            롬중에 교회를 세움, 사마리아 사롬ᄉ긔, 이방 교우를 디덕홈, 안듸옥 등
            의 소제목으로 나누어 설명.
5. 특기사항 : 모리스

□ 1908(제6권 4호)
1. 분류 : 론설
2. 제목 : 졔ᄉ 근본을 의론홈(pp. 194~201)
3. 필자 :
4. 내용요약 : 복과 화가 선조를 제사하거나 하지 않음에 있지 않음을 밝히고 효도는
            부모의 생전에 행해야 함을 '탐원자'(探原子)와 '니쇽'의 대화 형식으로
            설명.

5. 특기사항 : 당, 우, 부처

□ **1908 (제6권 4호)**
1. 분류 : 신학
2. 제목 : 령혼론(pp. 202~207)
3. 필자 : 노블
4. 내용요약 : 령혼론의 계속. 정서에 관한 문답(123문-131문).
5. 특기사항 :

□ **1908 (제6권 4호)**
1. 분류 : 론설
2. 제목 : ᄆᆞ즈막 소원(pp. 208~214)
3. 필자 : 노블 부인(번역)
4. 내용요약 : 최후의 만찬을 통해 자신을 기억하라 하신 예수의 말씀을 잊어버리지 말고 성만찬 받을 때에 그의 큰 사랑을 깨달을 것을 권면.
5. 특기사항 : 노블 부인, 평양, 남산현, 요한, 스코티쉬,

□ **1908 (제6권 4호)**
1. 분류 : 신학
2. 제목 : 긔도론(pp. 215~246)
3. 필자 : 케블(번역)
4. 내용요약 : 긔도론(제6권 3호)의 계속(제2-4장). 제2장 승패가 긔도에 관계됨을 의논함-구주께서 온젼히 이기심, 기도의 신령한 힘이라, 기도는 하나님을 위하여 발세울땅을 예비함 / 제3장 지구가 기도의 전장이 됨을 의논함-기도의 법이 세 가지가 있음, 여섯 가지가 기도의 기초가 됨, 싸워 이기는 묘한 법 / 제4장 기도가 하나님을 감동케 함을 의논함-하나님이 어떻게 사람에게 주심, 무엇이 기도의 요긴함이 됨 / 제5장 기도의 막힘을 의논함-기도의 효험없는 연고, 죄얼의 막힘, 사심의 막힘, 용서치 아니하는데 막힘 등의 소제목으로 설명.
5. 특기사항 : 이스라엘, 가남, 서울, 한국, 일본, 인도, 아라사, 여순포대, 영국, 중국, 미국, 청년회

□ **1909 (제6권 5·6호)**
1. 분류 : 샤셜
2. 제목 : 월보 샤쟝이 다시 나옴(p. 249)
3. 필자 :
4. 내용요약 : 월보 사장 존스가 작년 봄 본국에 들어가 각처를 다니면서 한국교회의 형편을 설명한 후 한국에 다시 돌아옴.
5. 특기사항 : 존스

□ 1909(제6권 5.6호)
1. 분류 : 샤셜
2. 제목 : 유익훈 젼도(pp. 249~257)
3. 필자 : 최병헌
4. 내용요약 : 경성의 최병헌 목사가 작성한 전도문제 설교문. 셩신끠셔 우리의 인도쟈
   (로마 8:26), 셩경의 효력(디모데젼 3:16-17), 화목홀 것(요일 1:7), 춤 믿
   음(히브리 10:22)이란 제목의 설교 4편을 소개.
5. 특기사항 : 경성, 천츅교회, 비다경, 회회교회, 코란

□ 1909(제6권 5·6호)
1. 분류 : 신학
2. 제목 : 증거론(pp. 258~280)
3. 필자 :
4. 내용요약 : 도의 힘흠으로써 증거흠, 교화로써 증거흠, 도의 묘흠으로써 증거흠, 그
   리스도교의 유익흠이란 소제목하에 제자들이 예수의 명령을 좇아 세계
   모든 나라와 한국에까지 전파한 복음의 내용을 교회사적인 면과 교리적
   인 면(불교·유교와 대비하여 변증), 성서적인 면으로 나누어 설명함
5. 특기사항 : 예루살렘, 갈릴리, 션교, 불교, 회회교, 인도, 한, 명제, 송, 유대, 로마, 유
   럽, 콜럼버스, 미국, 중국, 한란, 오스트레일리아, 영국, 쳥, 일본, 대한, 아
   프리카, 법국, 아시아, 아라사, 서안, 경교비, 명, 면젼, 부쳐, 나폴레옹,

□ 1909(제6권 5·6호)
1. 분류 : 신학
2. 제목 : 령혼론(pp. 281~295)
3. 필자 : 노블
4. 내용요약 : 령혼론의 계속(132문-171문). 애증(愛憎), 주의(主意), 무의(無意), 수의
   (隨意), 집의(執意)를 설명
5. 특기사항 : 노블

□ 1909(제6권 5·6호)
1. 분류 : 전도법
2. 제목 : 긔도론(pp. 296~331)
3. 필자 : 케불
4. 내용요약 : 긔도론(제6권 4호)의 계속(제6장-제12장). 제6장 허락의 더딘 연고를 의
   론흠, 제7장 외면의 막힘을 의론흠, 제8장 엇더케 긔도홀 거슬 의론흠,
   제9장 귀를 기우려 하느님의 말솜을 드르라, 제10장 하느님의 뜻을 의론
   흠, 제11장 친속을 위호야 긔도흠, 제12장 구쥬끠셔 엇더케 긔도를 련습
   흐심이란 제목으로 설명

5. 특기사항 : 케이블, 미국, 시카고, 영국, 런던, 루터

□ **1909(제7권 1호)**
1. 분류 : 샤셜
2. 제목 : 흐로밤에 엇은 신익(神益)(pp. 335~337)
3. 필자 :
4. 내용요약 : 충청남도 사는 김지성이 낙향한 어느 재상에게 자기 부친의 묘를 압장 당했으나 미천한 백성이라 어찌할 수 없어 죽기를 각오하고 음식을 끊자 그의 친구가 찾아와 이곳에서는 방법이 없으니 서울에 올라가 서너달만 구르면 설원할 것이란 말을 듣고 서울 종로로 올라와 밤낮 없이 길거리에서 구르자 소문을 들은 왕을 만나게 되고 문제를 해결받게 된다는 이야기를 소개하면서 정성으로 구하면 하나님께서 이루어 주신다는 것을 권면
5. 특기사항 : 충청남도, 김지성, 서울, 종로

□ **1909(제7권 1호)**
1. 분류 : 샤셜
2. 제목 : 예비당 규측(pp. 338~340)
3. 필자 :
4. 내용요약 : 정성과 마음을 다하는 아름다운 예배(주일 조석 예배, 삼일기도회)를 위한 규칙을 소개. 예배가 시작된 후에는 자리를 옮기는 등의 운동을 하지 말 것과 예배 시간을 지킬 것을 권면.
5. 특기사항 : 앞으로 매호에 간략히 소개할 것임

□ **1909(제7권 1호)**
1. 분류 : 신학
2. 제목 : 신론(pp. 341~348)
3. 필자 : 조원시
4. 내용요약 : 하나님의 본성과 정치를 밝히는 논설의 제1장 하느님의 나타내심이 필요홈으로 하나님의 신령하심과 유일하심을 양심, 의지하고 믿는 일, 사귀기를 사모하는 회포 등을 예로 들어 증거.
5. 특기사항 :

□ **1909(제7권 1호)**
1. 분류 : 신학
2. 제목 : 메도듸스교회의 스긔(pp. 349~358)
3. 필자 :
4. 내용요약 : 감리교 초기 역사를 번역하여 재수록한 것으로 제1장 웻실네의 력, 제2장 웻실네 어렷실 째, 제3장 웻실네 형뎨가 미국에셔 힝혼 일이라란 소

제목하에 요한 웨슬리의 어린 시절과 미국에서 행한 일을 간단하게 설명.
5. 특기사항 : 미국, 요한 웨슬리, 영국, 수산나 앤슬리 웨슬리, 바돌로매 웨슬리, 사무엘 웨슬리, 요한 벤자민, 런던, 옥스퍼드, 앤슬리, 엡윗회, 아담 칼크, 헬라, 로마, 법국, 찰스 웨슬리, 사무엘, 메헤타벨, 케사야, 마다, 존슨, 엡윗, 엡윗청년회, 엡윗동몽회, 글래드스톤, 제임스 오글돕, 조지아, 화이트필드, 스방은택, 모라비안

□ **1909 (제7권 1호)**
1. 분류 : 신학
2. 제목 : 스도 바울이 신령샹에 발달홈(pp. 359~368)
3. 필자 : 긔이부
4. 내용요약 : 제1장 바울이 도를 찌다라 유익호디 나아가는 리치, 제2장 바울이 처음에 도를 밋기가 어려움이란 소제목으로 사도 바울의 사람됨과 그리스도를 믿음이 점차 성장하였음을 데살로니가전서부터 디모데후서까지 16년 동안에 쓴 바울서신을 통해 논함
5. 특기사항 : 케이블

□ **1909 (제7권 1호)**
1. 분류 : 신학
2. 제목 : 복음합셔 강령(pp. 369~386)
3. 필자 : 에스데 부인
4. 내용요약 : 제1장 당초 소실, 제2장 그리스도의 나신 일과 그의 어렷슬 때와 밋 그의 스스힝격, 제3장 우리 구셰쥬의 직무에 흔 쥰비, 제4장 쥬씌셔 무리 압헤 젼도ㅎ시던 첫히, 제5장 쥬씌셔 무리 압헤셔 젼도ㅎ시던 둘재히, 제6장 쥬씌셔 무리의게 젼도ㅎ시던 셋재힌란 소제목으로 예수의 행하신 일을 4복음서를 종합하여 연대순으로 정리.
5. 특기사항 : 에스데 부인

□ **1909 (제7권 2·3호)**
1. 분류 : 샤셜
2. 제목 : 소망의 즐거워 홀 일(pp. 389~391)
3. 필자 :
4. 내용요약 : 복의 근원되시는 하나님께 소망을 두고 힘써 복음을 전할 것을 권면. 미국에서 활동하는 존스를 위해 기도할 것을 요청. 백만 명 부흥운동을 위해 미국에서 알늑산드래 등이 도착하여 부흥회 인도.
5. 특기사항 : 사장 대리 겸 주필을 노블이 맡음. 존스, 미국, 알늑산드래, 칩면, 오도맨, 학네스, 데이비스, 경성, 부흥회, 평양, 노블, 백만명 부흥운동

□ 1909(제7권 2·3호)
1. 분류 : 샤셜
2. 제목 : 대한예수교회 디경을 논홈(pp. 391~393)
3. 필자 :
4. 내용요약 : 1909년 9월 16일 장로교와 감리교 사이에 선교사 수효대로(감리교 63명, 장로회 116명) 선교 담당 지역을 분할할 것을 결정하고 각 지역을 나누었는데 그 중 미감리회에 속한 지역을 열거.
5. 특기사항 : 노블, 서 목사, 케이불, 모리스, 버딕, 마 목사, 아담스, 웻듸, 클라크, 쓰민, 서울청년회관, 충청남도, 충청북도, 진천, 음성, 충주, 제천, 청풍, 영춘, 단양, 괴산, 연풍, 문의, 영동, 회인, 청산, 보은, 청안, 옥천, 황간, 강원도, 원주, 횡성, 평창, 영월, 정선, 강릉, 삼척, 울진, 평해, 한성, 안산, 남양, 교동, 강화, 부평, 여주, 광주, 이천, 음죽, 인천, 양근, 황해도, 옹진, 강령, 해주, 백천, 신계, 평산, 봉산, 서흥, 수안, 평안남도, 양덕, 함종, 삼화, 성천, 개천, 순천, 강서, 은산, 용강, 평양, 강동, 맹산, 평안북도, 영변, 태천, 운산, 경상남북도

□ 1909(제7권 2·3호)
1. 분류 : 샤셜
2. 제목 : 례비당 규측(pp. 393~394)
3. 필자 :
4. 내용요약 : 례비당 안에셔 헌화ᄒ지 말 일이란 제목으로 예배당에서는 사담, 기침, 하품 등의 훤화를 하지 말고 마음과 정성을 다하여 예배할 것을 권면
5. 특기사항 : 전호의 계속.

□ 1909(제7권 2·3호)
1. 분류 : 신학
2. 제목 : ᄉ도 바울이 신령샹에 발달홈(pp. 395~435)
3. 필자 : 긔이부
4. 내용요약 : 지난 호에 이어 제3장 바울이 육톄에 가시라, 제4장 바울이 아라비아에 우거ᄒ 연고, 제5장 바울이 처음에 복음을 엇덧케 전홈, 제6장 바울이 데이단 어려움, 제7장 바울이 셋재번에 어려움, 제8장 바울이 ᄆᆞ음 가온디 뜻과 싱각이 엇더케 곳치고 변홈이란 소제목으로 바울의 변화됨을 설명
5. 특기사항 : 전호(제7권 1호)의 계속. 케이블

□ 1909(제7권 2·3호)
1. 분류 : 신학
2. 제목 : ᄉ교고략(四敎考略)(pp. 436~465)
3. 필자 :
4. 내용요약 : 제1장 회회교의 근원을 의론홈, 제2장 회회교의 득실을 의론홈이란 제목

으로 마호메트의 생애와 회교의 성립 역사 및 그 내용을 밝힘
5. 특기사항 : 다음 호에 계속. 회회교, 터어키, 아라비아, 유럽, 아메리카, 마호메트, 코란, 중국, 진, 선제, 메카, 가아바, 시리아, 믁극성, 미뎌납성, 이스라엘, 로마, 페르시아, 애굽, 유대, 비주, 이실랍모, 소비, 인도, 의미덕정, 가라리, 살보달아리, 자력명증, 스페인

□ **1909(제7권 2·3호)**
1. 분류 : 신학
2. 제목 : 그리스도의 셩신(pp. 466~476)
3. 필자 : 에스데 부인
4. 내용요약 : 그리스도의 셩신이란 주제를 다룬 공과로 제1일과 새 ᄆᆞᆷ과 셩신(에스겔 36:26-27)과 제2일과 셩신의 셰례(요한 1:33)를 설명, 기도문, 부의로 나누어 소개
5. 특기사항 : 제2일과의 마지막 부분(기도문, 부의)이 남아 있지 않음

□ **1909(제7권 4·5호)**
1. 분류 : 샤셜
2. 제목 : 대한 교회를 위ᄒᆞ야 미국에서 총의회가 됨(pp. 479~481)
3. 필자 :
4. 내용요약 : 미국 감리교의 내년(1910년) 총회는 선교 25주년이 되는 한국교회를 위한 총회가 됨을 알리면서 모금 활동을 하고 있는 존스 목사 등을 위한 기도를 요청함. 주의 일을 위한 특별한 일은 미국 총회로 보내 한국 형편을 전하고자 하니 참여를 부탁함. 한 예로 연안교회 64세 노인의 평양 신학공부 참여를 들고 있음
5. 특기사항 : 인도, 아프리카, 미국, 존스, 경성, 한국, 해리스, 베커, 모목사, 구목사, 평양, 연안교회, 연안

□ **1909(제7권 4·5호)**
1. 분류 : 샤셜
2. 제목 : 신학학교를 대한에 셜립홈(pp. 482~483)
3. 필자 :
4. 내용요약 : 미감리교와 남감리교회가 협력하여 신학학교를 설립하기로 하여 미감리교회에서는 2만 원의 재산을 모았으며 학교 부지는 경성이나 개성 중에서 선택하기로 하고 준비중임. 학생들은 미성년의 신자로 하기로 함.
5. 특기사항 : 신학교, 경성, 개성

□ **1909(제7권 4·5호)**
1. 분류 : 샤셜
2. 제목 : 대한 국니션교회 법측(pp. 483~485)

3. 필자 :
4. 내용요약 : 대한감리교회 국내선교회에 대한 법칙. 명칭과 목적, 이사부, 이사부 모임에 관한 4가지 규칙과 임원의 직분과 선정, 총서기의 본분, 이사부 권한, 재정서기의 직분, 이사부 모임, 각 지방위원의 직분, 문부 사실하는 위원 선정에 관한 9가지 부칙
5. 특기사항 : 대한국내선교회

□ 1909(제7권 4·5호)
1. 분류 : 샤셜
2. 제목 : 례비당 규측(pp. 485~487)
3. 필자 :
4. 내용요약 : 례비당 안에셔 더욱 엄슉히 홀 일이란 제목으로 예배당에 올 때는 육신과 영혼을 정결케 하고 조심하는 마음으로 들어와 먼저 엎드려 기도할 것. 기도하는 소리가 나면 문밖에서 기다렸다가 들어올 것. 처음 오는 사람에게는 예배 절차를 자세히 가르쳐 줄 것. 성전 안이나 뜰에 모여 무익한 말로 서로 이야기하지 말 것 등의 규칙을 소개.
5. 특기사항 : 전호의 계속

□ 1909(제7권 4·5호)
1. 분류 : 신학
2. 제목 : 쥬일은 우리의 안식일(pp. 487~510)
3. 필자 :
4. 내용요약 : 안식일의 개념, 유대인의 안식일, 유대인의 안식일 지키는 법을 설명하고 예수께서 유대인의 안식일을 폐지하였음 논함
5. 특기사항 : 조지 엘리어트, 에덴, 인도, 덕국, 앗시리아, 벤손, 영국, 조셉스토클리프, 옥스퍼드, 요한 왈라스, 아프리카, 희망봉, 법국, 파리, 미국, 시카고, 피츠버그, 로마, 교화황, 안식일교, 캔우라이트

□ 1909(제7권 4·5호)
1. 분류 : 신학
2. 제목 : 그리스도론(pp. 511~525)
3. 필자 : 노블
4. 내용요약 : 그리스도는 도덕상 표준이 되시며 스승도 되시고 묵시하는 자도 되시므로 그를 의뢰할 것을 제1장 그리스도교중에 그리스도의 디위, 제2장 그리스도끠셔는 스승도 되시고 믁시ᄒᆞᆫ 쟈도 되심이란 소제목으로 권면.
5. 특기사항 : 노블, 공자

□ 1909(제7권 4·5호)
1. 분류 : 신학

2. 제목 : 예수씨의 유업과 약됴호심(pp. 525~539)
3. 필자 : 노블 부인(번역)
4. 내용요약 : 예수씨의 유업호심(요한 14:27)이란 소제목에서는 예수로부터 얻게 되는 평안함을 설명하고 쥬픠셔 약됴호심(요한 14:2-3)에서는 우리를 위해 아버지 집을 예비하고 있다는 약속을 설명
5. 특기사항 : 노블 부인

□ 1909(제7권 4·5호)
1. 분류 : 신학
2. 제목 : 그리스도의 셩신(pp. 540~551)
3. 필자 :
4. 내용요약 : 그리스도의 셩신이란 주제를 다룬 공과로 제3일과 신령과 진리로 아버지픠 예비함과 제4일과 셩신과 셩경를 소개
5. 특기사항 : 전호의 연속. 기도문과 부의 포함

□ 1909(제7권 4·5호)
1. 분류 : 신학
2. 제목 : 亽교고략(四敎考略)(pp. 551~571)
3. 필자 :
4. 내용요약 : 지난 호의 회교에 대한 소개에 이어 제3장 유교(儒敎)의 근원을 의론홈, 제4장 유교의 득실을 의론홈이란 제목으로 공자의 행적과 교훈 및 유교의 장단점을 설명
5. 특기사항 : 전호의 계속. 유교, 공자(孔子), 지나, 노자(老子), 인도, 석가모니, 희랍, 이사기로, 유대, 아시아, 황하, 중국, 로마, 유럽, 청, 팽광예, 미국, 마호메트, 노, 숙량흘, 곡부, 춘추(春秋), 영국, 뢰격사, 자공, 제, 위, 진, 송, 애공, 진시황, 한, 불교, 도교, 문제, 명제, 당, 태종, 천축국

□ 1909(제7권 6호)
1. 분류 : 샤셜
2. 제목 : 하느님의 풍셩호신 은혜(pp. 575~579)
3. 필자 :
4. 내용요약 : 1909년 5월 11일에 열린 미감리회 매년회의 소식. 국내선교회를 내외국선교회로 그 이름을 바꾸고 손정도 전도사를 만주 지방으로 파송. 감리회·장로회의 지역 분할로 교회가 더욱 진흥함. 신학학교를 위해 미국 총회에서 5만 환을 보내와 건축 위원 선정함. 금년내로 백만 명 신자를 위해 힘쓸 것. 김창식 감리사 선정과 집사·장로 성품, 신랑·신부의 결혼 연령 결정 등
5. 특기사항 : 경성, 정동제일예배당, 해리스, 국내선교회, 내외국선교회, 손정도, 청, 만주, 신학회, 신학학교, 미국, 신학교, 개성, 경성, 영국, 장락도, 제물포, 김

기범, 진남포, 김찬흥, 영변, 손승용, 수원, 김창식, 로태인, 쥬 교사, 박영찬, 김재찬, 황정모, 우리암, 대목사, 매년회

□ **1909(제7권 6호)**
1. 분류 : 신학
2. 제목 : 성경강론과 신약공부(pp. 579~591)
3. 필자 :
4. 내용요약 : 성경(6문제)과 신약(45문제)에 대한 개론을 문답식으로 설명
5. 특기사항 :

□ **1909(제7권 6호)**
1. 분류 : 신학
2. 제목 : 그리스도의 셩신(pp. 592~605)
3. 필자 :
4. 내용요약 : 그리스도의 셩신이란 주제를 다룬 공과로 제5일과 영광을 얻으신 예수의 셩신(요한 7:37-39), 제6일과 ᄆᆞ옴 안에 잇는 셩신(요한 14:16-17)을 소개
5. 특기사항 : 전호의 계속. 기도문과 부의 포함

□ **1909(제7권 6호)**
1. 분류 : 신학
2. 제목 : ᄉᆞ교고략(四敎考略)(pp. 605~622)
3. 필자 :
4. 내용요약 : 회교, 유교에 대한 소개에 이어 제5장 인도교(印度敎)의 원인을 의론홈이란 제목으로 인도에서 시작된 복타교(伏陀敎), 파란교(波蘭敎), 인도교(印度敎)를 설명
5. 특기사항 : 인도교(印度敎), 인도, 지나, 가사득(加士得), 회회교, 아시아, 복타교(伏陀敎), 파란교(波蘭敎), 아라비아, 유럽, 희랍, 로마, 영국, 복타경(伏陀經), 달마경(達摩經), 석가모니, 백각적경(白各的經), 부란나경(富蘭那經), 신변경(神變經)

〈신학월보〉

ㄱ

가나한 3-146・147,
가나한 부인 3-143・144・159
가남 5-217
가라리 5-452
가로울 부인 2-440
가루개 3-058
가루개 조씨 3-058
가목동(이천) 2-147・552
가브온 5-136
가사득(加士得) 5-605・613・617
간성 3-114
간증회 2-549・550
간호원양성학교 4-492
감리교연회 4-371
감리교회 2-395
감리교회 규칙문답 2-395・413・448・544・588
감리교회 사기 2-392・413・441・496・540
감리교회 연환회 2-438・462
감리교회 조례 5-021
감리남교회 연환회 2-395
감목회 2-449
감바위(황해도 평산) 1-317
감불 부인 2-440
갑오난 2-119・121
갑오년 2-487
강기용 4-382
강녕 5-392・560
강덕표 1-061
강동 4-243, 5-392
강릉 5-392
강메불 3-390
강면응 3-154
강민 2-355

강상기 1-457
강서 3-056・057・198・253・344・350, 5-392・560
강서읍 4-190
강서읍예배당 3-254, 4-190
강서읍회당 3-201・338
강서회당 1-197, 4-188
강신화 2-581, 5-580
강에다 4-027
강원도 5-392
강원석 1-316・406, 2-602, 3-392
강원심 3-548
강윤주 4-395
강인걸 1-061・236・267・269, 2-233・578, 3-118・152・258・537・546, 4-191, 5-459・549
강재희 2-553
강조원 1-359・402・403, 2-087・355・552, 4-020・072
강조원 자당 1-359
강창혁 3-057
강창후 3-057・199
강천명 4-293・395
강해원 1-360, 2-553, 4-071
강화 1-122, 2-170・368・536, 3-067・152, 4-028・575, 5-392・459・536・595
강화 제물포 1-055
강화교회 1-061, 2-553, 3-114・344
강화도 4-28
강화부 2-036, 3-350
강화사경회 1-493
강화서사교황동교회 2-172
강화서사교회 1-281
강화읍 2-087・553, 3-203

강화읍교회 3-052
강화읍사경회 2-088
강화읍여학교 3-349
강화읍회당 2-088
강화홍해교회 1-166
개나리교회(양지) 4-074
개나리아(이천) 2-147
개벽론(開闢論) 2-031
개성 4-071·200·377, 5-482·577
개성 북부 둘눌나학당 4-071
개성남부 2-555
개성남부회당 2-278·279
개신교 2-392·393
개천 5-392·561
개천부암 4-106
검단니교회(충주) 4-026
게일→기일
격몽요결 2-241
격물학교 5-161
격물학학당 3-148·160
견모 3-150·152
경교비 5-262
경다리(남양) 2-147
경다리교회(남양) 4-240
경상남북도 5-393
경상농감리회당 2-031
경상농교회 2-029
경성 2-273, 3-063, 4-336, 5-003·249·
       390·480·482·499·560·57
       5·577
경성 동문안 4-336
경성(함경도) 5-008
경성교회 5-499
경성상동 만엘루청년회 4-250
경성상동 청년회 4-294
경성제일교회 5-561
경신홍 3-058
경인철도 1-056
경인철도운수회사 1-360
경전(평양) 3-198
경전회당 1-198, 3-253·254

경정 3-201
계삭예배 2-551
계삭회 1-029·350·460, 2-146~148·
       273·398·413·452~454·45
       6·538·544·545·547·551·5
       86·595, 3-262, 4-009·188·
       540·560·576, 5-021·029·
       030·031·034·081·082
계자서 2-240
계주회 2-285·347
고란쓰돈 1-009
고랑포 4-070
고목사 1-121·460, 2-032·251·555·
       556, 3-051·067·111·148·
       163
고시영 1-061, 2-194·596·597, 3-14
       4·154·155, 4-396
고시형 1-236·267·269
고씨부인 4-028
고양 2-536
고양읍회당 1-496
고영백 2-438·440
고영복(Collyer, Charles T.) 1-098,
       3-260
고윤상 4-396
고이쳐 4-555, 5-547
고찬 5-595
고치일 1-061·268·269, 2-146·540,
       3-154
고할나 4-496
고회신 2-506
고희격 3-057
곡부 5-555
곡산 2-536
공소 2-346
공옥소학교 5-574
공자(孔子) 5-524·551·553~563
공작학교 2-440
공주 1-029·055, 2-089·273·536,
       3-099, 4-099, 5-558·561·595
공주관찰부 2-536

공주읍 5-559
공홍렬 2-506, 3-305·306·548, 4-395
       ·433
과천 2-536
과천교회 1-061
과천덕고개 1-353
곽목사 2-230
곽영두 3-057
광명모친이씨 3-058
광명조모변씨 3-058
광주 2-303~305·457·458·536·595,
      3-345, 5-392·558
광주궁뜰교회 2-457
광주노곡교회 2-458
광주노로목 2-305
광주퇴촌 2-458
괴산 5-392
교동 1-062·501, 2-368, 3-347, 4-291·
      338·459, 5-392·535·558
교동교회(강화) 1-166, 2-553, 3-535
교동군 인현리 3-347
교동읍교회 1-284
교우덕행규칙 3-268
교회 조례 5-021·030
교회규칙문답 4-637
교회사기 2-030, 3-265·266·353,
        4-338·473
교회설립 2-032·305·536·538
교회조직 2-221
구례 5-189
구룡동교회(용강) 4-243
구마천환 2-269
구목사 5-130·480
구브로 5-186·189
구성 2-536
구성거리회당 3-254
구세교인 2-406
구세론 2-306·372·415·464·507·55
        7·604, 3-022·069·120·164
구세진전 2-306·372·415·464·507·
          557·604, 3-022·069·120·
          164
구세진주 2-306·372·415·464·507·
          557·604, 3-022·069·120·
          164·205·269·353·356·397
          ·454·494·553, 4-034·077·
          113·159·202·251·298·343
          ·397·436
구엘니사벳 2-280
구연영 1-160·161, 4-396
구원복(Critchett, Carl) 4-071
구주탄일 2-485·502
구주탄일경축 2-033·581·599·601
구춘경 2-032·195·304·305·597,
        3-144·154, 4-018·024·026·
        105·147·148·558
구춘명 4-074
구홍국 2-195·596, 3-144, 4-331·337
        ·395
국내선교부 5-033
국내선교회 5-575
국윤장 2-505
군돌(이천) 2-147·553
굴재 1-079
굿셸엡윗청년회 1-030
굿셸지파청년회(평양 남산현) 2-069·
        580
궁뜰교회(광주) 2-457
궁틀(이천) 2-148
권감일 3-144·154, 4-026
권금손 2-505
권민신 1-284, 4-383
권선학교 2-398·399·400
권설 4-072
권신일 1-062·237·268·269·488, 3-
        144·152·535·155, 4-026·
        290·340, 5-459·538·549
권의일 5-535
권종률 4-395
권중가 1-314
권학가 2-241
권학문 2-241

귀엄회당 3-253·254
그람 목사 2-440
그레네 5-180
그리스도신문 1-317, 2-234·285
그리스도인애휼회 2-029
그리스도인회보 4-422
그리스도학 2-030
글래드소톤 2-446, 5-353
금당리 4-190
금당리회당 1-198, 3-252
금당사경회 2-072
금산 5-595
금주회 2-285
금천 2-555, 4-376
기독청년회 3-448
기람 3-546
기외 3-253
기이부(Cable, Elmer M) 1-460·487,
       2-089, 3-151·159, 5-556
기일(Gale, James Scarth) 1-016·121·
       148·151·236, 2-141·462, 4-
       388
기포 부인 1-457
기하라 5-550
길보아 5-135
김각일 2-087
김경선 1-080, 4-071
김경영 3-448
김경일 1-061·268, 4-028, 5-459·538
       ·558
김계근 4-395
김계랙 3-119
김관희 4-201
김광선 2-505
김광식 4-198, 5-559
김광오 2-180
김군집 3-535, 4-396·558
김귀혁 2-580, 4-145
김근배 3-548
김금산 2-505

김기범 1-030·058·061·077·234·236
       ·239·265·267·268·362·
       460·486·488, 2-146·234·
       538·555, 3-143·145·151·
       152·158·546, 4-009·379,
       5-558·577
김기수 3-057
김기현 2-505
김기홍 4-395
김대비대 2-280
김더현 3-348
김덕신 4-239
김덕우 2-179
김도라 1-198
김동만 4-396
김동혁 2-233
김동현 1-061·236·268·269·353·354
       ·357·457, 2-194~196·537,
       3-152
김득수 1-031, 2-069·581, 3-117, 4-145
김또라 3-116·390
김매리연 3-343
김명선 3-099
김명수 5-574
김명준 2-087·462
김명화 4-074
김목사 3-142~145·159, 4-189
김무성 4-396
김미리암 4-146
김방락 2-505
김범준 4-243
김병현 5-574
김부일 4-028
김삼성 3-548
김상림 1-061·234·268·269·281·488
       ·489·494·495, 2-170·369
김상배 1-061, 2-194, 3-100·144·154
       ·155, 4-395, 5-559·578
김상태 3-100, 4-432
김상현 4-432

김석진   4-396
김선곤   3-057
김선규   1-267・269, 2-578, 3-144・148
         ・155・253
김성권   5-496
김성덕   3-056・058
김성일   4-026
김성호   1-031, 2-070・233・578, 3-145
         ・154
김소택   3-053
김수명   4-200
김수일   4-072
김순명   3-200
김순일   1-500, 2-584, 3-261, 4-196・200
         ・331・429
김순집   4-379
김순필   4-104
김승지   3-056
김승호   3-154
김씨부인 3-203・348・350・453
김애마   2-461
김애일   4-028
김에다   3-058
김여찰   2-145
김여홍   4-018
김연근   1-352
김영달   4-026
김영선   3-091
김영순   2-602
김영애   3-349
김완수   1-202
김요랙   3-057
김우곤   5-549
김우권   4-018・020, 5-459・560
김우제   1-061, 3-144・152・155・204・
         350, 4-028
김원백   1-161
김원손   4-072
김유경   3-480, 4-072・200
김유순   5-496

김윤권   4-238
김응구   4-572
김응수   2-539, 4-395, 5-560
김의식   2-194
김이제   1-316, 5-495
김익성   2-279
김익수   3-057
김익희   1-237・268・269, 2-194, 3-154
         ・548
김인형   4-243
김재선   1-031・267・269, 2-070・411・
         413, 3-154
김재안   5-559
김재찬   3-057, 5-560・578
김전식   4-241
김정길   2-578
김제안   2-032・033・305・596, 3-144
김종국   4-073
김주련   3-058・064・476
김주부   3-352
김준희   3-548
김중한   5-496
김중헌   3-114
김중현   3-448
김지성   5-335
김진극   4-396
김찬홍   4-145, 5-577
김창규   5-549・560
김창식   1-031・061・167・197・198・233
         ・234・236・239・265・267・
         268・459・491・498, 2-234・
         578・579・582・583, 3-143・
         145・150~152・255・528・53
         3・537, 4-008・012・026・241,
         5-161・459・517・555・578
김창조   4-242
김창주   3-548
김창호   4-201・435
김태영   3-451
김태현   4-396, 5-574

김포 2-536
김학순 4-435
김해석 5-496
김현도 3-154
김호군 4-383
김홍순 4-371
김홍식 2-505
김홍일 3-548
김화 3-114
김화새술막 4-076
김흥수 1-062·067, 3-489
김흥순 3-434·546, 4-018·020
김희경 4-071
김힐년 2-178
꼿뫼 5-560
꾸레스문부인 1-348

ㄴ

나무골교회 1-166
나의원 3-113
나인 5-374
나인드지파청년회 1-405
나인듸 1-165
나주 2-536
난희 2-071
남문안 2-534
남방장로사 2-269
남방지방회 2-194·364
남부교회(송도) 4-430
남부회당(송도) 4-191
남북부교회 4-191
남산재청년회(평양) 3-390
남산재회당 2-229
남산현 2-580
남산현 엡웟청년회 3-453
남산현(평양) 3-115·452
남산현교회(평양) 3-338, 4-512
남산현남학교 3-117
남산현소학교(평양) 3-199

남산현여학교 3-116
남산현예배당(평양) 3-198
남산현회당(평양) 2-554·578·580·581, 3-116
남송현감리교회 2-462
남신당교회 1-166, 2-506
남양 1-077·500, 2-368·598, 3-067, 4-195·238·240·380·396·459, 5-260·264·392
남양계삭회 2-147
남양교회 1-458, 2-147·553·586·588·598, 3-066
남양군 1-066
남양덕박리 4-379
남양송동 3-348
남양읍 1-458, 2-147·586, 5-558
남장로회 1-305
남포 3-197
남포회당 3-253·254, 4-187
내봉골(이천) 2-552
내외국선교회 5-575
노 5-555·560
노곡교회(광주) 2-458
노다부인 3-201
노로목(광주) 2-305
노로목(이천) 2-147
노로목교회(광주) 1-159
노로올(수원) 2-147
노미드아사리타 5-176
노병선 1-061·233·234·267·268·352, 2-194~196·277·280·281·355·364·433·488·552, 3-152·262, 5-536·574
노블 부인(노보을 부인) 1-190, 2-230·440·554·580·583, 3-110·111·115·453, 4-107, 5-066·208·525·554·580·583
노블(노불, 노보을, Noble, W. Arthur) 1-055·061·062·121·166·167·191·197·198·233·235·238~241·283·284·318,

2-030·033·118·144·229·291·491·554·578·579·597·602, 3-008·100·110·111·115·117·118·142~146·148·149·151~153·155~157·161·197·198·200·337·344·489·528·547, 4-151·187, 5-035·057·081·143·161·281·391·460·463·511·549·637
노울 부인 2-440
노의씨 의원 2-440
노익형 4-395, 5-574
노자(老子) 5-551·562·564
노지순 3-350
노형달 2-553
노화방(성천) 3-117
느주지교회 1-166
니남소치 5-168

ㄷ

다정국 3-263·306·392
단디미(황해도) 2-538
단발 2-487
단양 5-392
달마경(達摩經) 5-616
달성교회(경성) 1-078·122·341, 5-459
달성회당 1-055·061·081·121·165·202·279·306·353·497, 2-196
담방리 1-078·353, 2-036
담방리교회(인천) 1-079·110·284, 2-032
당 5-194·564
대구 2-536
대동강 2-227·228·232·233·413
대령메(뫼)회당 1-198, 3-252·254
대목사 5-578
대부도(남양지방) 2-147
대영성서공회 2-142
대총의회 2-397·398·449·450·452·453·548
대한공사관 2-271
대한국내선교회 5-483
대한날 5-059
대한미이미감리교회연회 1-165
대한부인전도사 1-283
대한북방지방회 2-578
대한성서공회 2-276
대한제국 5-479
대한크리스도인회보 2-274
대한회보 2-275
덕고개 1-457, 2-413·414
덕골회당 3-253
덕국 4-110·428, 5-149·302·493
덕동 1-167
덕동회당 3-254
덕들(이천) 2-147·304
덕들교회(이천) 1-164
덕뫼(수원) 2-147
덕방리(남양) 2-147
덕방리교회(남양) 4-238
덕평예배당(이천) 1-069
데밍 5-536·547
데이비스 5-390
데아알머스 1-057
도가 5-017
도교 5-564·565
도리을(이천) 2-147
도명자친오씨 3-058
도복 목사 2-191
도신성 4-395
도옥골회당(연기) 3-261
도원씨부인김씨 1-501
독립문 1-456
독머리(연안) 3-351
독바위교회 1-278
돈리울교회(여주) 2-457
돈이동(이천) 2-032
돌곳리 관촌(부평) 1-054
돌곳리(부평) 1-041

돌다리회당 3-253·254
돌메회당 3-253
동국공자 2-241
동대문 2-488
동대문 볼윈병원 5-561
동대문교회 1-122, 5-560
동대문안 1-286, 2-277, 4-244
동대문안교회 1-341, 2-179·194·197·
　　　　302·553, 5-459
동대문안병원 1-285
동대문안학당 2-172
동대문안회당 1-234
동면 1-079
동문안 1-316
동문안학당 1-203
동문안회당 1-279
동심리교회(광주) 1-163
동촌과목골 2-306·372·415·464·507
　　　　·557·604
동학 4-232
동현교회 2-506
두무골 5-560
두무골교회(서흥) 4-241
둘눌나학당(개성) 4-071

ㄹ

라벤스부인 3-115
라봉식 3-448, 4-020·070
래드 5-503
래취예수 2-306·372·415·464·507·
　　　　557·604, 3-022·069·120·
　　　　164·205·269·356·397·454
　　　　·494·553, 4-034·077·113·
　　　　159·202·251·298·343·397
　　　　·436
램베스 5-554
량교변정 3-264·353
러일전쟁 4-143·190
런던 2-359·441, 5-310·350
런던경성소학교 2-359

런던찰으터하우스학교 2-496
렘베스 5-547
력골 3-100
로마교 2-394
로마교황 2-392
로마교회 2-224·392·393, 5-025
로브을 5-512
로사와셔목사 1-353
로태인 5-578
로화방 3-118
론뫼 5-559
뢰격사 5-556
루루밀러부인 3-143
루이스 3-161
루이쓰부인 1-347, 3-143
루즈벨트 2-138
루터 5-312
류동→유동

ㅁ

마고라 2-280
마귀를물니치는큰방책 3-205·269·356
　　　　·397·454·494·553, 4-034·
　　　　077·113·159·202·251·298
　　　　·343·397·436
마다 2-444, 5-352
마목사 5-391
마복파 2-240
마쉘대학교 2-271
마장리(부평) 1-078·079
마타 2-457
마터김씨부인 1-348
마포(Moffett, S. A.) 목사 1-437
마호메트 5-436·437·439~448·450·
　　　　451·453·455·457·458·462
　　　　·464·554·555
막커부인 5-562
만경대 2-413
만국기도회 2-597
만국복음협의회 1-075

만국청년회 4-293
만엘루청년회 3-548, 4-108·154·434
만주 5-575
말내 4-432
말네(이천) 2-552
말네교회(이천) 3-100
말아래(이천) 2-148
매년회 2-398·448·449·451·453·454, 4-547·575, 5-003
매서인 2-142, 3-310
매음도교회(강화) 2-553
매일학교 2-439
매화동 1-458
매화지(이천) 1-070, 2-147·552
매화지교회(이천) 4-146
맥게비 5-459
맥길 부인 2-230
맥길(McGill, W. B.) 1-233·235·237·239·277·502, 2-145·230·395·413·448·544·580·588, 3-117·118·119·143·145·149·152, 4-099
맥리도 5-175, 176
맥킨리 1-433·434
맹골(이천) 2-147·553
맹산 3-489, 5-392
맹석원 2-553
머웃우 4-242
메레쉬어파 부인 2-463
메레황→황메레
메리 왈터쓰 1-916
메소디스트 2-497
메소디즘 2-442·498·499
메소디즘교회 2-441
메소디즘회 2-541
메카 5-438
메헤타벨 2-444, 5-352
면뎐 5-265
명 5-264
명대섭 3-350·487, 4-071

명대순모친 4-071
명월산교회 3-341
명제 5-259, 564
명태순 4-071
모감독 1-165
모라비안 5-357
모라비엥 2-543
모리 1-166·167·237
모리스(Morris, James Henry, 모리시, 모리쓰) 1-014·055·197·198·233·234·238·353, 2-230·579, 3-143·145·148·149·150·152·155·159·489, 4-187·189·339·561, 5-193·391·467·517·521·632
모리스부인 3-453, 4-188
모리슨 5-461
모모라비엥 2-543
모목사 5-480
모법 2-190
모삼률 3-447
모적 5-310, 311
목원 4-388
목증천환 2-269
목천 2-368·536, 3-099, 5-559
목포 2-269
묘인 5-265
묘축문답 2-229, 3-268
무릉길 2-275
무림길 3-266
무목사 1-121, 2-032·143, 3-199·200
무스(Moose, J. R., 무야곱) 2-281, 3-139·149·152·155·546·547, 4-319
무어 5-550·553·658
무어청년회(강화) 4-028
무의씨 2-440
무주치 1-498
무주치회당 1-498
문 장로사 5-161

문감목(문대벽) 1-009·010·025·026·
191·233·240·242·277·318
·353, 2-111·228, 3-057·09
5·139·142~145·148·149·
151·155·156·197·198·200
문경호 1-061·068·233·235·268·
269, 2-087·193·194·196·
303·355·406·433·459·462
·552·555·600, 3-017·098,
4-008·012·018·143·144·
149·150~152·154·158·161
~163·187·239·262·263·
345·396·449·533·535·537
문경호 부인 3-262
문명진 3-057
문목사 4-190·338·460
문산포 3-200
문수골(평양) 3-390·453
문요한 5-517
문의 3-099, 5-392·559
문정목 3-057
문정목댁 어씨 3-058
문제 5-564
문중자 2-354
문지신 2-071
문한산 5-559
뭇지내 2-414
뭇지내교회 1-353
믁극성 5-441, 442, 443
미감리교회 총의회 1-009
미감리교회문답 1-113
미감리교회장정규칙 1-120·146
미국 2-363·392·395·438·462·541·
542·544, 4-110·139·188·
245·385·428, 5-003·153·
159·232·260·261·265·310
·349·355·356·357·390·
479·480·495·500·554·572
·576
미국 뉴욕 5-547
미국남장로회 2-600

미국성서공회 2-197
미국수사제독 2-358
미드 메모리알 회당(상동) 5-560
미드모랠부인 3-475
미이미감리교보호녀회 1-348
미이미감리교회 1-077
미이미감리회 2-231
미이미교강례 2-548
미이미교회 4-422
미이미교회 문답 2-229, 3-268
미이미교회 설립 2-362
미이미반열 2-362·363
민대식 1-163
민찬호 1-267·269, 2-087·194·196·
355·552, 3-144·151·154·
262·263·450, 4-201·435, 5-
496
민휴 부인 5-464
밀나 부인 1-502, 2-230, 5-563
밀러 3-150·152·160, 5-550
밀러 부인 3-148·156, 5-464

ㅂ

바돌로매 웨슬리 5-349
바클레 2-394
박관호 4-395
박근하 2-505, 3-020
박능일 1-061·236·268·269·487·488
·494, 2-088, 3-052·152, 5-
464
박대려 3-392
박대여 2-278·280, 3-114, 4-336
박대유 3-182
박대홍 4-071
박동원 3-341·352
박문관 1-317
박봉래 4-396·558
박부인 4-575
박사준 3-351

박선일 2-505
박성규 4-294
박성필 1-267·269, 3-154
박세참 4-380
박세창 2-598, 4-018·239·240·396
박소사 1-014
박승규 3-306, 4-033·388
박승필 3-118
박씨부인 3-054·340, 4-334
박에스더 2-500, 3-196·3-453
박여선 1-014
박영순 3-057
박영식 4-395
박영익 4-396
박영찬 5-561·578
박오녜 4-572
박용만 3-306, 4-108·154·294·395
박운경 2-279
박원배 3-154, 5-560
박응용 2-553
박의원 4-563
박인식 2-505
박제니 3-349
박족신 1-494, 4-336
박종선 4-396
박지화 3-057
박진영 3-091
박창규 5-572
박창준 2-356·505
박춘식 3-114
박춘엽 3-448
박태석 3-053
박태석 모친 김씨 3-053
박하원 3-352
박학신 1-061·237·268·269, 2-194, 3-144·154
박해숙 1-069·164, 2-195, 3-154
박형재(제?) 3-349
박홍성 4-396

박화원 3-341
박환규 3-262
박효성 2-505
박효승 3-548
발월 부인→폴웰 부인
발월→폴웰
방마리아 4-338
방씨부인 3-347
방족신 3-350, 5-558
배고지회당 1-197, 3-201
배동헌 3-450
배동현 2-029, 5-574
배리일 3-118, 4-242
배목사 2-579
배미장 5-560
배미장교회(수원) 4-242
배곳리(평양) 3-198
배곳리회당 3-252·254
배액 5-547
배액제 5-463
배의일 3-154
배재학당 1-203·234·279·282·358, 2-030·269·271·272·275·280·355·356·371·439·440·601, 3-154·160·263·343·488, 4-201·435
배재학당기독청년회 4-435
배정규 4-071
배천(황해도) 2-538·555
백각적경(白各的經) 5-619
백경준 4-243
백경태 4-336
백낙선 4-395
백낙준 4-395
백남석 4-072·201·430
백남섭 4-073
백락천 2-241
백만명 부흥운동 5-390
백목사 1-233·237·286, 2-194·195,

　　　　　3-142·143·144·145·149·
　　　　　152·153·155·158, 4-338
백목사 부인　3-143
백백교　4-232
백사겸　1-200, 3-534, 4-018
백천　2-536, 5-392
백커　5-552
버딕　4-560, 5-391
버스티의원　1-238
벅월(Burkwall, H. O. T.)　2-142
번역위원　2-272
번적리(부평)　1-078·079
범로공　2-240
범숏교회(여주)　4-246
범홍교회　2-506
법국　5-149·168·261·275·350·500
법홍리(황해도)　2-538
벙커(Bunker, D. A.)　1-233·234·237·
　　　　　278, 2-194·195·230·439, 3-
　　　　　065·066·092·143·144·14
　　　　　9·150~153·155~159·163,
　　　　　5-552
벙커 부인　3-143
베커　3-489, 5-480
벤손　5-495
변상용　3-154
변여문　3-486·487, 4-071
별수전　1-280
병인사주　2-306·372·415·464·507·
　　　　　557·604, 3-022·069·120·
　　　　　164·205·269·356·397·454
　　　　　·494·553, 4-034·077·113·
　　　　　159·202·251·298·343·397
　　　　　·436
보구녀회　5-029·030·031
보구여관　5-492·561
보구여원　1-303
보구원　1-095
보산예배당　2-585
보스턴　2-500
보월→폴웰

보월리　2-143·144
보은(충남)　2-278, 5-392·559
보통과　2-069
보호녀회　1-280·345, 2-488·489, 3-
　　　　　449, 4-433
복골　3-253
복기선　2-280, 3-392
복룡동　3-452
복룡동교회　3-452
복룡동예배당　3-253
복룡동회당　3-252, 4-381
복복남　2-414·461
복섬이　3-203
복음서원　2-363
복음요사　2-306·372·415·464·507·
　　　　　557·604, 3-022·069·120·
　　　　　164·205·269·353·356·397
　　　　　·454·494·553, 4-034·077·
　　　　　113·159·202·251·298·343
　　　　　·397·436
복음협회　1-075
복정채　1-061·066·077·079·110·236
　　　　　·268·269·354·487·488·
　　　　　501, 2-032·146·555·602, 3-
　　　　　152, 4-018, 5-459·540·595
복타경(伏陀經)　5-610·611·614·619·
　　　　　620
복타교(伏陀敎)　5-607·613·615
봉산　5-392
봉황재　3-058
봉황재김씨　3-058
부란나경(富蘭那經)　5-619
부산　2-273·536
부상　5-124
부암리　4-189
부인사경회　4-188
부인전도사양성학당　5-562
부인친목회　1-196
부처　2-408, 5-199·270
부평　1-077, 5-392, 5-595
부평교회　3-067
부평등지교회　1-165

부평읍 1-079
부평읍교회 1-122
부활도리 2-003~006・009
부활주일 1-191, 2-003
부활주일 연합예배 1-202
부흥회 4-191・371・577
북미주자원선교학생회 2-167
북방교회 2-577
북방사경회 2-579
북방칠산교회 4-381
북부예배당(송도) 4-432
북장로회 1-304
분홍회 5-390
불교 2-190, 5-259・564・565
비두니 5-300
비석거리 3-201
비석거리회당 3-254
비주 5-444
빈돈(Vinton, C. C) 1-238, 2-306・372・
    415・464・507・557・604, 4-
    034・077・113・159・202・251
    ・298・343・397・436
빈민구제 2-599
빈적리(부평) 1-031
빈톤→빈돈
빌닷(비륵달) 5-140
빽목사 2-229・281・598
빽월 2-281
뺏을너부인 2-500
쁜니페이스 2-030

ㅅ

사경과정 4-153
사경회 1-055・077・078・121・166・167
    ・190・460・493, 2-029・031・
    032・072・075・088・089・143
    ・145・554・555, 3-003・057・
    059・063・067・109・113・115
    ・546, 4-027・188・338・460・
    596
사기책 2-369
사달류사 5-171
사리타 5-176
사마온공 2-241
사명당 2-303
사목사 3-142・143・144・145・149・157
    ・158・262, 4-292
사무엘 2-444
사무엘 웨슬리 2-441, 5-349・351・354
사민필지 4-338
사서삼경 2-241
사서오경 2-241
사순 5-302
사역회 1-493
사은청년회(개성) 4-071・200
사은청년회(송도) 4-429
산미 5-595
산술신편 3-164・205・269・356・397・
    454・494・553, 4-034・077・
    113・159・202・251・298・343
    ・397・436
살보달아리 5-452
삼등토교회 4-243
삼막골 2-414
삼산빈 1-116・117
삼척 5-392
삼화 1-167・498, 2-036・145・368, 3-
    344, 5-392・559
삼화덕동 1-197
삼화사경회 1-167
삼화서리회당 3-342
삼화읍 1-031, 3-198, 4-243
삼화읍교회 3-341, 343
삼화읍서리교회 3-341
삼화읍서리회당 3-338
삼화읍회당 1-167, 3-201・252・254, 4-
    187・188
삼화증남포 2-036
삼화진남포사경회 2-145
삼화회당 1-197

삽택영일 1-056
상동 1-316, 2-277・370・462・463・488
・600, 5-560
상동 미드메모리알 회당 5-560
상동교당 5-574
상동교회 1-061, 2-194, 3-447
상동만엘루청년회 3-548
상동미드메모럴예배당 3-067
상동미드모랠청년회 3-157
상동사경회 2-031
상동새회당 1-233
상동엡윗청년회 3-305・392・489, 4-391
・393
상동여학당 1-203
상동청년회 2-233, 4-340・384
상동학당 1-203
상동회당 2-194, 3-157・190・447・475
・546, 4-393, 5-547
상주 5-559
상해 1-009
상환모친김씨 3-058
새다리목 1-401
새문안장로교회 3-349
새터 3-100
생기선생 1-314
서광석 3-548
서돈 의원 2-440
서돌(평양) 3-198
서두버리(황해도) 2-538
서목사 1-121・233, 2-304・596・597, 3
-144~146・149・151・152・156
・159・537, 4-026・319, 5-391
서사교항동 3-115
서승환 4-396
서안 5-262
서양윤 5-559
서영수 4-336
서울 1-277, 2-228・230・232・276・303
・368・395・414・438・440・
536・597・598, 3-113・140・
142・158・199・200・337・395
・448, 4-140・244, 5-059・219
・335・460
서울가른라나학교 2-440
서울교회 1-361・362, 2-598
서울동막 2-414
서울사경회 2-029
서울서양교회 2-197
서울정동교회 1-358
서울정동청년회 1-358, 2-233
서울청년회관 5-392
서원보(Swearer, W. C.) 1-029・068・
234・238・357・401・457・503,
2-015・030・032・089・146・
147・229・277・281・369, 3-
139・143・152・155・159・262
・395・450・528・546・547, 4-
012, 5-554
서인도 2-405
서장 5-016
서장로사 3-139, 4-579
서제산회당 3-253
서책회 2-276
서첨지 1-359
서태후 3-006・007
서홍 2-368, 4-241, 5-392,
서홍 두무골교회 4-241
서홍군(황해도) 2-540
서홍두무골 3-253
서홍운고모 3-548
석가모니 5-551・554・555・617
석달화 3-119
석씨 5-017
석필납도 5-176
선감도(남양지방) 2-147
선곤모친 김씨 3-058
선교 5-259
선교감목 2-450
선도 3-201
선돌 5-560
선돌회당 3-253・254
선제 5-437

선천 2-536
설돌 4-241
섬감섬 1-458
성경대지 4-338
성경도설 3-267
성경략론 2-306·372·415·464·507·
　　　　557·604, 3-022·069·120·
　　　　164·205·269·356·397·454
　　　　·494·553, 4-034·077·113
　　　　·159·202·251·298·338·
　　　　343·397·436
성경문답 2-306·372·415·464·507·
　　　　557·604, 3-022·069·120·
　　　　164·205·269·356·397·454
　　　　·494·553, 4-034·077·113·
　　　　159·202·251·298·343·397
　　　　·436
성경번역 2-136·350·462, 3-068
성경지리 2-032·075
성경지지 2-075, 3-264
성경출판 2-197
성경회 2-272
성공회 2-016, 4-113·159
성교서회주일 4-318
성교촬리 2-306·372·415·464·507·
　　　　557·604, 3-022·069·120·
　　　　164·205·269·356·397·454
　　　　·494·553, 4-034·077·113·
　　　　159·202·251·298·343·397
　　　　·436
성사총론 2-032
성산유람기 4-486·541·584·689
성서강목 3-164·205·269·356·397·
　　　　454·494·553, 4-034·077·
　　　　113·159·202·251·298·343
　　　　·397·436
성서공회 2-136~142·197·230·276·
　　　　281·306·372·415·464·507
　　　　·557·604, 3-034·094·150·
　　　　152·158·261, 4-076·202·
　　　　251·298·343·397·436·464
성서공회주일 2-112·136·197

성천 3-117·119·489, 5-392
성탄 2-582
성협회 2-496·498·499
성화읍 1-031
세계만국통일기도회 1-075
세다펠 5-563
세라밀러부인 3-143
세라부인 3-548
세례문답 2-229
셔원보→서원보
셰계만국통일긔도회 1-075
소고지(이천군) 2-032·552
소고지교회(이천) 2-458
소남기독회 2-230
소목사 2-194·195·196
소발(쇄법) 5-140·141
소비 5-451, 452
소재산 5-560
소학서 2-241
속고지(이천) 2-147
손봉순 4-395
손승용 1-268·269·406, 2-602, 3-144
　　　　·152·155·352·487·488·
　　　　537·352, 4-008·011, 5-459·
　　　　538·549·575·577
손우정 3-202
손정도 5-575
손창준 4-395
송 5-259·560
송가교회(교동) 4-291
송관주 3-198
송기용 1-055·060·061·234·267·
　　　　268, 2-194·196·280·355·
　　　　603, 3-152
송대용 5-559
송도 1-055·062·098·121, 2-032·251
　　　　·395·438·439·440·536·
　　　　555, 3-018·052·019·111·
　　　　140·163·260, 4-140·191·
　　　　371·383·429·430·432
송도감리회 1-460, 2-278

송도교회　1-200, 2-278, 3-480, 4-383
송도남감리교회　3-344
송도남부교당　3-200
송도남부교회　2-278, 4-430
송도남부회당　3-050, 4-191
송도남북부교회　3-067・260
송도남북부예배당　3-260
송도미이미감리교회　3-017
송도병교회당　3-017・018
송도병원　2-440
송도부　3-051
송도북부교회　2-440
송도북부예배당　4-432
송도북부회당　3-052
송도사경회　1-460, 2-555
송도사은청년회　4-429
송도성　3-018
송도지방　2-556
송도학교　4-332
송상유　2-578, 3-154, 5-560
송석린　1-352, 2-603
송석용　2-603
송순진　1-401
송순진 모친　1-401
송언용　5-574
송익주　3-198
송화　2-536
송희범　5-561
송희봉　2-120・121
쇠목사　3-450
숩　5-550
숩목사부인　5-563
수산나　2-444・445
수산나 앤슬리 웨슬리　5-349・350・351
　　　　・352・354
수산나 웨슬리　2-442
수안　2-536, 5-392
수원　1-029・055・277, 2-368・536・555,
　　　3-140, 4-242・243・395, 5-560
　　　・577

수원계삭회　2-146・147
수원교회　2-194
수원부내　2-147
수을랑　3-096
숙골　2-305
숙량홀　5-555
순계(이천)　2-148
순안　2-536
순천　3-489, 4-395, 5-392
순천신창교회　3-118
스네벨늬부인　5-563
스방은택　2-543, 5-357
스웨인의원부인　2-501
스코틀랜드성서공회　2-197
스코티쉬　5-212
스크랜튼→시란돈
스토아파　5-175
스페인　5-453
슬비여노씨　1-196
시란돈 대부인　1-030・339~341, 4-562,
　　　5-464・574
시란돈(Scranton, William B.)　1-025・029
　　　・030・061・062・068・081・
　　　082・113・120・121・146・165
　　　・184・200・202・233・234・23
　　　7・239・240・241・283・316・
　　　318・339~341・358・361, 2-
　　　230, 4-189・388・422, 5-536・
　　　548
시목사→시란돈
시병원(侍病院)　1-340, 4-424
시사신보　5-495
시산　3-253
시장로사대부인　1-347
시천계작　2-505
시카고　5-310・500
시흥　2-368・536
시흥계삭회　2-413
시흥교회　2-194・413
시흥삼막골　1-353
시흥삼막회당　1-357

신계 5-392・560
신계읍회당 3-253・254
신년기도회 3-017
신대천 3-100
신변경(神變經) 5-619・620
신상균 5-559
신선명 2-280
신성덕 1-061
신시내티의학전문대학교 2-301
신영보 4-146
신응권 4-291
신장교회 5-459
신종학 1-061
신창 3-118・119, 5-561
신천 2-368・555, 3-096
신천군 2-540
신태묵 2-194
신학원 2-580
신학월보 2-369, 4-422
신학일 4-028
신학교 4-561, 5-482・576・577
신학회 1-055・061, 3-547, 4-517・579, 5-576
신학회(평양) 5-460
신형진 2-553, 4-336
신홍석 5-559
신홍우 3-092・262・263
실체론(實體論) 2-031
심상철 2-029, 4-395
심성이 3-343
심의석 3-448
심화읍 4-190
십자군 4-154
쉿별젼 2-306・372・415・464・507・557・604, 3-022・069・120・164
쎄라김 2-505
쓰민 5-392
쓸비여노씨부인 1-348

ㅇ

아각 5-277
아담 칼크 5-350
아담갈나크 2-442
아담스 5-391
아덴 5-179
아력산 5-175
아리금 5-165・173
아리실(수원) 2-147
아리실(용인) 1-070
아리실교회(용인) 3-547
아리실회당(용인) 3-547
아모권면 2-306・372・415・464・507・557・604, 3-022・069・120・164・205・269・356・397・454・494・553, 4-034・077・113・159・202・251・298・343・397・436
아시아 5-005・190・261・552・606・607・610
아시아대한지회 2-274
아펜젤러 기념비 2-353・433・505・552・603, 3-065, 4-150
아펜젤러 별세 2-269
아펜젤러(아편셀라, 아편셜라, Appenzeller, Henry G.) 1-165・030・238・278・345・459, 2-030・032・089・141・194・195・229・269・272・273・277~281・348~350・352~357・391・392・433・439・461・462・505・552・603, 3-114・147・151・158・161・263・448, 5-547
아펜젤러기념회당 4-560
아프리카 2-405, 5-261・479・497
악스폿 2-497
악스폿대학교 2-394・441・496
안골교회(이천) 2-458
안기 3-143・148・152

안기형　1-267 · 269, 2-118
안남　4-109
안남도　5-512
안도명　3-056 · 058
안동국　3-057
안동국조모 유씨　3-058
안변　3-114
안산　5-392
안서겸　3-057
안석훈　2-070 · 145 · 580, 3-154, 4-145
　　　　· 191
안선달　1-070
안성　2-536
안성교회　3-114
안성순　1-164
안식일교　5-505
안씨부인　3-341
안악　2-536
안연철　2-120 · 121
안일영　5-574
안정수　1-268 · 269 · 316 · 317 · 405 · 406
　　　　· 487 · 489 · 493, 2-029 · 251,
　　　　3-154
안주　2-036 · 118, 3-119 · 489, 4-149
안주성　2-119
안주회당　3-253 · 255
안창호　4-336, 5-578
안처겸　3-053 · 057
안태국　3-057
안홍국　4-200
알렌　2-281
알이실교회　2-505
애공　5-560
애더리　3-058
애드몬스　3-159
애스뻐리교회(제물포)　1-078
애오개매장지　2-276
애찬회　2-550
애휼회　2-029
앤슬리　5-350

앨몬스부인　3-144
야학교　2-399
양근　2-304 · 305 · 536, 5-392
양근 분원　2-303, 4-104
양근읍　3-448
양덕　3-489, 5-392 · 561
양덕골　5-560
양성덕　4-396
양의종　3-092
양주 독바위교회　1-359, 2-553
양주국　4-376
양지　2-304 · 305 · 595, 3-345, 4-074 ·
　　　147
양진국　4-336
양처리교회(남양)　2-553 · 598
양철리(남양)　1-458, 2-147
양철후　4-240
양치옥　5-559
양홍묵　1-352, 2-194
양화진　2-276
어란쯔버거부인　1-285
어린아해문답　3-164 · 205 · 269 · 356 ·
　　　397 · 454 · 494 · 553, 4-034 ·
　　　077 · 113 · 159 · 202 · 251 · 298
　　　· 343 · 397 · 436
어청도(칠산)　2-269
언문　3-181
언사자전　1-335
언스버거부인　3-143
언스벅　1-196, 5-562
엄석현　3-548
에드먼스부인　3-143, 4-562, 5-492
에스터 박　1-285
에스티　3-056, 4-153 · 188 · 338
에스티 부인　1-076 · 283, 2-582 · 583,
　　　3-115 · 143 · 145 · 156, 4-188,
　　　5-369 · 563
엡번청년회　5-495
엡웟동몽회　2-445, 5-352
엡윗유몽회　5-029 · 030

엡윗청년회 1-030, 2-232・445, 3-305・
    354・392・446・453・489・548,
    4-075・198・200・246・294・
    336・340・384・389・428, 5-
    029・031・352
엡윗청년회(상동) 4-391・393
엡윗청년회(용동) 4-336
엡윗청년후진회 5-031
엡윗회 2-441, 5-029・350
여리교회(황해도) 2-538
여병원 2-230
여병현 2-280・355・552
여보호녀회 1-196
여사경회 4-464
여순포대 5-221・222
여인가을사경회 4-153
여인사경회 2-554
여주 2-304・305・457・459・536・595,
    4-246・432, 5-392・558
여주 범솟 3-100
여주 웅골 4-073
여주교회 4-246
여주돈리울교회 2-457
여주큰골교회 2-459
여학교 4-242
여학당(평양) 2-034
연기 3-099・261, 4-293, 5-559・595
연기새말 2-597
연동 2-141
연무당 4-538
연산 5-559
연안 1-077・122, 2-368・536・538・555,
    3-350, 5-481・560・595
연안(황해도) 2-145・368・536・538・
    555, 3-350
연안교회(황해도) 1-061・202・460, 3-
    067・487・488, 4-011, 5-481
연안군 2-538
연안남당교회 3-351
연안읍 2-036, 3-014・487, 4-071
연안읍교회(황해도) 1-166, 2-506・538,
    3-351・486・487, 4-071
연천 무도리 3-200
연풍 5-392
연환회 1-026・191・265・277・459, 2-
    111・221・227・228・232~234
    ・269・301・303・305・395・
    438・439・462, 3-095・141・
    142・143, 4-029
연환회회록 2-369
염준한 4-395
염치언 1-031, 2-070
영국 2-191・358・359・392・393・395・
    398・401・441・541・544・556,
    4-110・327・385・428・461,
    5-149・232・260・261・265・
    310・349・355・357・358・461
    ・496・497・506・556・577・
    608
영국교회 2-343・392・394・395・499・
    590
영국대예배당 2-403
영국복음서원 2-363
영국성서공회 2-138・197
영국여황 1-114
영동 5-392
영문(수원) 1-070
영문월보 2-275
영변 3-489, 5-160・393・459・561・577
영변교회 5-459
영순조모이씨 3-058
영어학교 2-251
영원 3-489
영월 5-392
영조모한씨 3-058
영종 5-595
영춘 5-392
영혼론 2-181・242・291・364・491, 3-
    091・100
영화학교(제물포) 2-251
영화학당 1-491・493
영흥 3-348

영흥도(남양지방) 2-147
영흥섬 1-458·500
예배일학교 2-368
예배일학당 2-399
예성회당 3-252·254
예일대학 5-503
오건선 3-057
오건선 모친 김씨 3-058
오광명 3-056·058
오기서 3-057
오기선 4-145
오도맨 5-390
오동바위교회(황해도) 2-538
오동암교회 2-506
오리류마 5-175·176·177·178
오석찬 3-150·154
오석형 1-031·167·267·268, 2-070·
         233·578·580·583, 4-191
오수철 3-199
오순절 4-512
오스트레일리아 5-260
오스트레일리아장로회 1-304
오양동 2-147
오양동(광주) 1-068
오양동(이천) 2-147
오양동교회(광주) 1-162
오우선 3-057
오인선 3-548
오준경 3-548
오중렵 2-195
오천(이천) 2-147·553
오천교회(이천) 1-164, 2-458
오치성 3-548
오쿠마백작 5-548
오태주 4-242, 5-560
오하이오웨슬리안대학교 2-301
오해두 1-061, 3-261, 4-018·293, 5-559
오형도 4-293
오형학 4-396
오홍서 5-559

옥스퍼드 5-350·497
옥천 5-392
옷다 5-139
옹진 5-392
와드맨 4-573
와런청년회 1-349·350·351
왈너 부인 1-347
왓슨 5-066
왕종한 4-072
왕통 2-354
외국여인선교회 2-301
외방전도회 2-500·501
외촌회당 4-144
요포 3-253
요포회당 3-254
요한 벤자민 2-444, 5-352
요한 왈라스 5-497
요한 웨슬리 2-358·364·393·394·441
         ·443·446·496~498·541·
         544·548·549·590, 5-021·
         349~358
요한(영국왕) 2-234
욥 5-138·139·140·141·142
욥바 5-186·187
용강 1-498, 3-344, 4-243, 5-392
용강 구룡동교회 4-243
용강선돌회당 3-342
용고동(이천) 2-552
용동 4-336
용동 엡윗청년회 4-336
용동교회(인천) 4-071, 5-499
용동병원(인천) 5-540
용동회당 1-489
용두 1-458
용머리(남양지방) 2-147
용손모친김씨 3-058
용승리교회(은산) 3-118
용인 2-536, 3-345·547
용인아리실 1-070
용인아리실회당 3-547

우　5-194
우각동 애스쎠리회당　1-079
우각동회당(인천)　1-279
우마니　3-100
우병길　1-493, 2-251, 3-446, 4-290
우상돈　4-034・076・113・159・202・251
　　　・298・343・397・436
우용정　4-396
운산　3-150・489, 5-393・561
운산읍회당　3-254
운천교회　2-584
울누씨조부인　1-348
울진　5-392
워싱톤　5-153
원두우(Underwood, Horace G.)　1-075
원목사　3-152
원산　1-277, 2-356・395・440・536, 3-
　　　118・140, 4-140
원산남산동회당　3-113
원산병원　2-440
원산항　1-030・277・502, 2-462
원산항교회　1-078・277
원전(일본제일은행 사장)　2-278
원주　3-099・100, 5-392
원주 갈매촌　4-073
원창　3-119
원창교회　3-119
월닝돈　1-154
월명산　3-253
월명산교회　3-352
월명산회당　3-254
월은청년회　2-087, 3-263・449, 4-201
웨슬레회당　5-558
웨슬리　2-196・358・395・448・541・549
웨일　1-114
웨일씨　1-114
위　5-560
위량교회(강화)　1-122
윌리암모간　2-497
윌슨　5-547

유가　5-017
유각겸　5-574
유경상　3-489, 4-435
유공서　2-505
유교　5-551～561・563・565・566・568・
　　　570
유규환　3-118
유니쓰최　1-494
유동(평양)　3-198・390・452
유동교회(평양)　3-198・452
유둔전　2-241
유럽　5-260・263・436・553・607
유만혁　4-395
유몽천자　2-306・372・415・464・507・
　　　557・604, 3-022・069・120・
　　　164・205・269・356・397・454
　　　・494・553, 4-034・077・113・
　　　159・202・251・298・343・397
　　　・436
유사회　2-546
유상일　1-494
유석홍　4-010・334
유성근　3-113
유승안　3-352
유승안 대부인　1-362
유신론　2-030
유씨　3-352
유옥겸　3-263
유윤장　3-154
유일선　5-574
유쥬지교회　2-506
유진태　5-574
유철상　4-395
유태국　4-325
유태일　3-057
유희겸　4-388
유희경　3-057
육영원　2-344
육정수　2-355・552
윤경화　3-114・448
윤근성　2-143

윤늬쓰김 4-029
윤별나 3-058
윤병구 5-495
윤봉연 1-162
윤석 3-199
윤성근 1-496, 4-076
윤성렬 3-263·489, 4-201·293, 5-579
윤씨부인 1-165
윤영규 4-395
윤영순 3-548
윤용복 4-072
윤창렬 1-267·269·401, 2-194·196·280·355·433·552·600, 3-154·262·263, 4-201
윤치호 1-496, 5-552
윤태훈 4-395
윤형필 2-578, 3-198, 5-161
율곡선생 2-241
으라빈스 3-159
으라빈스 부인 3-143·145·148·156
으랑킨 목사 2-600·601
으로빈 부인 5-563
은산 3-118, 5-392
은쓰버거 부인 4-244
은율 2-536
은진 5-595
을미난 2-119
음성 5-392·559
음죽 2-304·305·536·595, 5-392·559
읍네(이천) 2-553
응암(이천) 2-147·552
의료선교 1-014
의미덕정 5-451·452·453
의술학교 2-403
의주 2-273·536
의화단의난 1-025·115·319
이경 4-012
이경직 1-267·269·352·355, 2-087·180·194~196·278·488, 3-143·148·151·152·450·535·537, 4-012·017·018
이경화 2-195·305
이관근 3-057
이교담 3-053·055·057·064·144·151·154
이교유 3-057·064
이국혁 1-061·236·267·269, 2-370, 3-154
이국형 2-194
이군선 3-310, 4-071
이군실 3-548
이권성 4-106
이능화 3-096
이덕 1-495
이덕수 4-070
이덕여 2-505
이동고 1-403
이동년 4-396
이동식 3-118·154·390·452, 5-560
이동혁 1-061
이동호 2-602, 3-392
이등 후작 4-503
이룡주 3-118, 4-018
이리사벳 1-080
이마태 3-014
이명숙 1-401, 2-194
이목사 1-437, 2-141·462·600, 3-152
이문현 5-559
이민시 4-396
이민철 4-538
이봉순 2-143
이부인 4-574
이사기로 5-551
이상린 2-145
이상환 3-057
이석택 4-395
이선여 2-305·458·596, 3-058·144, 5-559
이성심 3-056·058
이성일 3-058

이성준 4-243
이수 3-201
이수홍 3-119
이순신 2-303
이순여 2-505
이승렵 3-548
이승만 3-089・245・305・389, 4-238・
        394・396
이실랍모 5-448
이씨 2-586
이애더 3-058
이애도 4-041
이양선 3-353
이연손 1-164
이영순 1-079・165
이와 5-255
이요한나 4-243
이용주 3-537
이원하 3-357・537, 4-008・018
이유방 2-032
이유복 3-548
이은덕 3-306・392・489
이은승 1-061・113・157・233・236・282
        ・497, 2-070・072・226・229・
        234・577~580・582・583, 3-
        057・142・143・148・150・151
        ・155・199・252・338・534, 4-
        011・145・191・242・555, 5-
        459・499・512
이응익 3-096
이이 2-241
이이식 4-395
이익모 3-154, 4-191, 5-160・161・459
        ・549・553・560
이익채 3-262・526
이장포교회(장단) 3-017
이재순 1-437
이종국 4-396
이종심 3-548
이종응 3-343

이종청 4-396
이중빈 2-554
이중진 3-091, 4-201
이중화 5-574
이지홍 1-357, 2-194
이진형 5-561
이창학 1-061, 5-558
이천 2-305・368・536・595・597, 3-098
      ・099・100・140・162・345, 4-
      146・396, 5-392 ・558
이천 덕들 2-304
이천 오천동 4-432
이천계삭회 2-147
이천고을교회 2-304
이천교회 2-195・552, 3-344・535
이천읍 2-032・147・148・305
이천읍교회 2-458
이천읍회당 2-595
이천작별이 2-458
이천전도 1-503
이천지방 2-303・304・457・459, 3-158
        ・161・162
이춘선 4-074
이춘원 2-195, 3-548
이치경 3-448
이탈리아 4-110
이태원 3-067
이태황 1-031
이필주 5-574
이하경 2-553
이학구 3-154
이행하 2-597
이현석 4-250・395
이호영 2-074
이홍재 3-057
이화순 3-119
이화실 4-432
이화학당 1-014・203・279・353, 2-178
        ・277・278・370・371・408・
        460・599, 3-066・343, 4-433,
        5-561

이황　2-241
이회춘　4-432
이휘　5-496
이홍식　2-505
이희간　4-395
익산　5-559
인가귀도　2-306·372·415·464·507·
　　　　557·604, 3-022·069·120·
　　　　164·205·268·269·356·397
　　　　·454·494·553, 4-034·077·
　　　　113·159·202·251·298·343
　　　　·397·436
인도　5-016·220·259·260·264·265·
　　　278·451·453·493·497·551
　　　·557·564·605~613·617~
　　　619·621·622
인도교(印度敎)　5-605·607·608·611·
　　　　618·620·622
인도국　2-405·500·501
인제국　3-263·306·392
인천　1-061·077·079·284, 2-032·555,
　　　4-071·336·579, 5-392·459·
　　　499·540·595
인천교회　5-459
인천제물포　3-310
인천항　1-077·079·283, 2-271
인천항엡윗청년회　3-392
일본　2-358·391·395·405·433, 4-190
　　　·237, 5-005·220·221·261·
　　　278·548
일본예수교회　1-342
일본유학　2-371
일본제일은행　2-278
일속회　2-455·549·578
일아전쟁→러일전쟁
일출리　4-190
일출리회당　3-253·254
임경업　2-303
임동순　5-577
임명운　4-584
임사　1-234

임상재　2-506, 3-306, 4-395
임수돌　3-114·448
임순돌　4-395
임신국변　1-066
임여운　2-505
임용석　5-558
임정수　1-031, 2-581, 3-390
임종면　2-087·355·505, 3-263
임처란　4-146
임천차랑　2-553
임통달　3-390
입교인　2-222·225

ㅈ

자골회당(서울)　4-140
자공　5-560
자달교회　4-071
자달마을(연안)　3-487·488
자력명증　5-453
자원선교학생회　2-167·168
자작골　3-058
자작골박씨　3-058
자패장(성천)　3-117
작별리(이천)　2-148·458
작별이교회(이천)　3-099
잔질원　2-345
잠두교회　4-539
잣골회당　3-345
장경화　1-268·269·406·407·488·
　　　　493, 2-598, 3-152, 4-376
장낙도　4-150, 5-459·549·577
장단　2-555, 3-017
장단 고랑포　3-200
장단읍교회　3-017
장득성　3-058
장락도　5-577
장로회　2-231
장문식　3-055·057
장문옥　2-584·585

장문협 3-057
장병일 3-057, 4-241·382
장부인 3-351
장사연 2-194
장석근 1-406·493
장석희 4-435
장순필 3-057
장연 2-536
장연장로교회 2-505
장용섭 4-072·201
장원근 1-061·268·269·316·487, 2-537·555·586·602, 3-144·145·154·203
장원량우상론 2-306·372·415·464·507·557·604, 3-022·069·120·164·205·267·269·356·397·454·494·553, 4-034·077·113·159·202·251·298·343·397·436
장유회 2-224·455·545, 3-262
장은필 3-057
장정 5-007
장정규칙 2-032·363
장지내(수원) 1-030·071, 2-147
장춘명 2-305·596, 3-100·144, 4-246·396, 5-558
장충명 4-073
장치연 2-584·585
장한규 3-057
장희필 2-457
재령 2-536, 3-096
쟝쟈로인론 2-306·372·415·464·507·557·604, 3-022·069·120·164
저다인 5-552
저딘 2-440
적성굿밤이 3-200
적십자가 5-007
전관수 3-057
전기주 5-559
전덕기 2-277, 3-306·449, 4-012·018·026·340·388·393·395, 5-459·549·574
전도부인 4-104
전도사과정 2-369
전라도 2-536, 5-008
전목사 3-113
전봉운 1-061·083, 2-194·195·196·555, 3-143·152·351·487·488
전삼덕 3-056·058·390
전옥호 5-561
전의 3-099
전익호 4-149
전주 2-089·141·536
절골 3-453
접섬 3-253
접섬회당 3-255
정교 2-281·355
정동 1-316, 2-030·141·178·273·278·355·356·370·433·462·488·600, 3-066·163, 4-371·424
정동 배재학당 4-201
정동교유 1-345
정동교회(경성) 1-061·078·402·437, 2-087·194·197·599, 3-065·113·344·526
정동녀교 1-401
정동녀교회청년회 1-238
정동미이미감리교회 2-462
정동병원 1-285
정동보구여원 1-285
정동보호녀회 3-449
정동새회당 1-196
정동월은청년회 3-263
정동제일교회 4-560
정동제일예배당 5-575
정동제일회당 5-003
정동첫째회당 2-488, 3-065·113·142·143·151·154·262
정동청년회 1-314·316·401, 2-233·

353
정동활판소 1-286
정동회당 1-081・202・203・234・278,
　　　　2-195・277・600, 3-095, 4-371
　　　　・433
정봉운 3-351・487・488, 4-071
정산 5-559
정산교회(연안) 1-122
정상교 4-395
정선 5-392
정수공주 3-006
정순만 4-396
정씨부인 1-041・154
정완복 4-395
정원식 3-057
정인호 4-395・428
정제민 3-057
정종렴 3-057
정종만 3-057
정주 5-559
정춘수 4-383
정태식 3-548
정태익 4-148
정평 3-114
제 5-560
제국신문 2-275・347・355
제국신문사 3-092
제물포 1-014・030・061・078・080・191
　　　・277・405, 2-111・250・251・
　　　368・534・536・555・598, 3-
　　　020・066・092・140・142・163,
　　　4-376, 5-558・561・577
제물포 애스뻐리교회 1-078
제물포교회 1-360, 2-089・197・278・
　　　280・553・597・601, 3-114・
　　　201・311・476
제물포나인드지파청년회 1-405
제물포나인드청년회 1-316
제물포밀나부인 2-230
제물포부인교회 1-283
제물포부인전도사 1-502

제물포사경회 2-089
제물포애스버리회당 1-486
제물포용동 1-493
제물포용동회당 3-067
제물포웨슬레회당 3-262
제물포장유회 3-262
제물포청년회 2-233
제물포청년회표 1-503
제물포회당 1-280・459
제일교회 5-560
제임스 오글돕 2-541, 5-355
제임스 허비 2-497
제주 5-008
제중원 3-447
제중원(서울) 2-179・598
제중원(평양) 2-144・145
제천 5-392
조례 5-021・030・031
조마리아 4-292
조만수 2-355・552, 3-262
조만수 부인 3-262
조명운 1-061・082, 2-194
조목사→조원시
조부인 4-150・575
조상정 5-539
조선 5-005
조셉스토클리프 5-496
조스혼 허씨 1-494
조신성 3-448
조씨잇스뻴 3-114
조아쥬 화이터필 2-497・498
조영제 2-075
조운선 4-380
조원시 1-026・061・062・065・066・077
　　　・079・121・165・233～239・
　　　279・283・284・316・357・358
　　　・361・406・437・457・460・
　　　486・487・494, 2-030・032・
　　　089・146・147・171・194・195
　　　・226・228～230・233・250・
　　　462・488・538・555・602, 3-

139·140·143·144·146·148·149·152·153·155·156·159~163, 4-460·560, 5-460·463·465·477·483·492·517·536·547
조원시 부인 5-464
조웅칠 4-395
조이스청년회 3-450
조이쓰 1-009
조익원 5-574
조잇스밸 3-114
조장로사 2-226·462·555, 3-067·112
조정순 3-548
조정철 4-580
조존장터 2-597
조중목 1-457
조쥐화이터필 2-543
조지 엘리어트 5-492
조지아 5-355
조직신학 4-465
조창식 2-505
조푸르든스 2-371
조한규 1-352, 2-269·277·278·280·281
존노스 2-272
존손 2-444
존스 5-008·057·249·352·390·391·480
존웨슬리 2-353
종렴모친송씨 3-058
종로 2-533, 5-336
종로대동서시 2-276
종만모친문씨 3-058
종순일 1-061
주 교사 5-578
주강면 3-154
주기도문(장·감 연합) 3-234
주문공회암 2-241
주바위 3-201
주사익 부인 최씨 1-281

주상호 2-087·342·355·401·552, 4-384
주선일 3-349, 4-028
주시경 5-574
주여(이천) 2-147
주영기 5-572
주영운 5-572
주영윤 5-572
주일직히는론 2-306·372·415·464·507·557·604, 3-022·069·120·164·205·268·269·356·397·454·494·553, 4-034·077·113·159·202·251·298·343·397·436
주일학교 2-439, 5-029·030·031·032·033·081
주일학당 2-068·069
주종화 3-119
주학상 5-572
주홍균 4-395
죽골(이천) 2-552
죽골교회(이천) 2-457
죽산 1-029·070, 2-304·305·536, 3-345, 5-559
죽산군 1-067
죽산장선이 2-597
줄바외 3-198
줄바외(평양) 3-198
줄바외회당 3-253·254
중국 2-406, 5-008·016·017·121·125·232·260·437·552
중산교회(황해도 연안) 2-145
중학교 5-160·161
중화 3-344
증남포 1-498, 3-200·201, 5-459·460
증남포교회 5-459
증남포항 1-240
증보천도총론 3-265·266
증산 3-344, 4-188
증산교회(황해도) 2-506·538
증산덕마루 4-189

증산오수리 4-190
증산일상리회당 3-253·338
증산회당 1-198, 3-254
지경터회당(철원) 2-143
지나 5-551~556, 561·563·564·566·
605·614
지방유사회 2-544
지방회 1-486, 2-194·196·398·451·
452·454~456·578, 4-191·
338·576
지수돌 4-435
지평다대울 3-448
직인사경회 4-338
직인회 2-545, 3-528·547, 4-009
진 5-437·560
진고개 2-278
진남포 2-368, 5-560·577
진남포(삼화) 2-036·368
진남포사경회(삼화) 2-145
진천 2-368·536, 3-099, 5-392·559
질넷 2-230, 3-150·152·156·488

ㅊ

차리룡 2-074
차배 5-561
차병수 2-073
차정하 2-073
차준하 2-074
찬미가 1-198·314, 2-030
찬화학교(교동) 4-535
찰스 2-444
찰스 웨슬리 5-352·355
참복엇는길 3-164·205·269·356·397
·454·494·553, 4-034·077·
113·159·202·251·298·343
·397·436
채상빈 5-559
채씨 1-061
천광은 3-392

천도소원 3-264
천로력정 2-306·372·415·464·507·
557·604, 3-022·069·120·
164·205·267~269·356·397
·454·494·553, 4-034·077·
113·159·202·251·298·343
·397·436
천주교도와 대립 3-096
천주학쟁이 2-362
천축교회 5-251
천축국 5-125·564
철산 5-560·561
철원 2-143
철원지경터회당(강원도) 2-143
청 5-261·265·278·554·575
청국 2-405
청년학교 4-394
청년학원 4-391, 5-574
청년회 1-1-196·316·350·401·405,
2-069·070·087·232·233·
353·580·583, 3-263·305·
354·390~392·395·446·449
·453·488·489·548, 4-071·
108·145·154·198·200·247
·293·294·336·340·384·
389·429·433·435·495, 5-
029·030·031·232
청산 5-392
청안 5-392
청주 3-099, 5-595
청주읍 4-334
청주토옥골 2-597
청주평촌 2-597
청풍 5-392
체씨 1-061
초정조 2-348
촬스 웨슬리 2-497·498·541
최경식 1-316
최계원 4-028
최구연 2-356·505
최규덕 4-242

최덕근   4-430
최동이   3-057
최명순   4-395
최목사   1-437, 3-262
최병헌   1-015・061・203・234・236・267
        ・268・278・309・352・358・
        401・493, 2-031・087・179・
        194・195・233・234・238・277
        ・281・332・355・433・462・
        488・552, 3-143~145・151・
        152・156・450・528・537・540
        ・546, 4-017・026・329・541・
        556・584・689, 5-459・485・
        549・689
최봉운   4-395
최봉현   2-602, 4-071・336
최붕현   3-392
최선도   1-041・054・316, 2-233, 3-392
최선주   2-074
최속장   4-293
최수영   2-280
최여성   1-164
최영구   2-505
최일용   4-071
최재학   3-107・306, 4-395
최재홍   1-358・359
최중오   2-505
최진태   5-496
최취암   4-071
최치연   2-505
최태경   4-200
최하영   2-278・280
최형진   2-279
최호교교회(함종)   4-382
최홍렬   3-488
축골(이천)   2-147
춘천   4-150
춘추(春秋)   5-556
충주   2-536, 4-026, 5-392・559
충주 검단니교회   4-026

충청남도   4-292, 5-335・392・559
충청도   4-460
충청북도   5-392
취계문 부인   4-147
친목회   2-580, 5-495
친애회   3-449
친애회원   2-488
칠산   3-198・452
칠산교회   3-452, 4-190
칠산교회(평양)   3-389
칠산리회당(평양)   3-338・342
칠산예배당   3-253
칠산해   2-356
칠산회당   3-252
칠원   3-114,
칩면   5-390

ㅋ

카나한부인   3-193
칼노웨 감목   2-395・438・462
칼늬어   3-146
캐나다장로회   1-304
캐더린   2-393
캔론쿡   5-491
캔우라이트   5-505・506
캔터배리   2-234
캔터배리대주교   2-238
캠브리지대학교   2-236
커틀러   3-145・160
커틀러 부인   1-347, 3-142, 5-562
컨저쓰 부인   3-006
케블(Cable, E. M)   1-234・236・283・
        353, 2-277・281・538・555・
        586・602, 3-067・143~145・
        155・262・528・546・547,
        4-016, 5-046・084・088・114・
        296・359・391・395
케블 부인   1-459, 3-143・156
케사야   2-444, 5-352

케이불→케블
케이블 부인→케블 부인
켓틀너 남작　1-115·117
코란　5-436·437·450·454·459·464
크란스돈　5-547
크란스톤 부인　3-161
크람　2-555, 3-017·067·155, 4-140
크랜스톤　5-153
크리스마스　2-502
크리쳇　5-562
크림　5-553·555
큰골　2-147·552
큰골(이천)　2-147·552
큰골교회(여주)　2-459
큰골교회(이천)　2-458
클라크　5-391
킬번 부인　4-006

ㅌ

타방선교부　5-033
타운슨 부인　3-020
탁사회　2-546·547
태극기　2-582·601
태서신사　3-264·265
태종　5-564
태천　5-393·561
태평양선교회　5-573
터어키　4-325, 5-436·458
텔너　5-559
템플 부인　3-161·162·163
텬로지귀　2-306·372·415·464·507·
　　　　557·604, 3-022·069·120·
　　　　164
토본 부인　2-501
토옥골회당(연기)　4-293
토이기→터어키
통신국　3-263·306·392
퇴촌(광주)　2-458
특별전도회　3-050·051

ㅍ

파라문교　2-190
파라문신　2-191
파란교(波蘭敎)　5-607·611·613~619
파리　5-500
파사　4-109
파울 감목　2-271
파원 목사　3-453
파월→폴웰
파월 부인→폴웰 부인
파주교회(장단)　3-067
파주새술막　3-199
파커 부인　2-500
파혹진선론　2-306·372·415·464·507
　　　　·557·604, 3-022·069·120·
　　　　164·205·269·356·397·454
　　　　·494·553, 4-034·077·113·
　　　　159·202·251·298·343·397
　　　　·436
팽광예　5-554
페리(Perry, Geoffery T.)　2-358
페인(Paine, J. O)　2-230·370·599,
　　　　3-144·262, 5-563
평강　3-114
평산　2-036·538·555, 5-392
평산 남천교회　1-500
평산 보산　4-331
평산 운산　4-394
평산(황해도)　2-036·538·555
평산군 수월봉　4-377
평산대평　4-071
평안남도　4-512, 5-392
평안도　4-243
평안북도　5-393
평양　1-014·029·031·055·277·459,
　　　　2-111·119·145·227·228·
　　　　230·273·301·368·411·413
　　　　·491·536·580·582, 3-056·
　　　　058·115~118·140·142·146

·148·150·151·160·193·
198·199·235·253·352·390
·396·451~453·489, 4-145·
151·153·243·338, 160·161
·390·392·459·460·481·
499, 5-512·559·561
평양교회 1-030·061·238·277, 2-033
·302·601, 3-337·345, 4-143
·187, 5-499
평양교회 사기 2-229
평양남산현 2-580, 3-452
평양남산현 엡윗청년회 3-453
평양남산현회당 3-116
평양문수골 3-453
평양병원 1-285·286
평양본회당 3-253·342
평양부인교회 1-283
평양부인사경회 1-190
평양북방지방회 3-253
평양사경회 1-121·190, 2-075
평양서문안제중원 2-145
평양서문안회당 1-190
평양성 1-166·497, 2-144·228·537,
3-197·201·337·338·339·
340·344, 4-241·242·243
평양성교회 3-343
평양성엡윗청년회 2-232
평양성학교 3-343
평양연환회 2-221·227
평양외국인매장지 2-303
평양유동 4-189
평양유동교회 3-198·452
평양읍여병원 5-563
평양전도국장 2-233
평양절골 3-453, 4-189
평양중학교 4-560
평양지방회 4-191·338
평양청년회 2-069, 3-453, 4-145
평양칠산교회 3-389
평양칠산리회당 3-342
평양학당 5-563

평양회당 1-197, 4-189
평창 5-392
평해 5-392
포막(남양지방) 1-458, 2-147
포와국 5-495
폴웰(Follwell, E. Douglas 보월, 파월, 파
웰, 팔월, 팔웰) 1-234·239·
277, 2-075·230·301·411·
413, 3-143·145·151·161, 4-
145·189·338, 5-547
폴웰 부인 1-285, 2-230, 3-161
푸라이→프라이
풀노타 비 해리스 5-006
풍덕 2-555
풍천 2-536
프라이(Frey, L. E.) 1-197·238·347·
370·502·599, 2-230, 3-143·
144·145·262, 5-562
프란손 3-447
프랑스 4-110·428
피어스 2-277
피어스 부인 2-194·230, 3-143·159·
163
피츠버그 5-500
필라델피아여인대학교 2-301

ㅎ

하 5-278
하권사 1-353
하도원 1-500, 2-553
하디 5-552
하리동교회(공주) 5-577
하목사 1-502, 2-143·440·462, 3-113,
4-140
하버드대학 5-503
하보 부인 2-440
하부인 4-574
하영홍 1-357, 2-194, 3-144
하와 5-463
하와이 2-191·193, 4-393·572, 5-495

하와이한인교회　5-572
하와이감리교회　4-573
하와이교회　5-495
하용홍　3-154
하운셜→하운셀
하운셀(Hounshell, C. G.)　2-439·440, 3-152·156·160·546, 5-552
하운셀 부인　2-440
하진정　1-357
하춘택　1-061·236·268·269, 2-539, 3-143·152, 4-017
학교설립　2-145·146
학네스　5-390
학습인　2-222·223·226
한　5-259·278·564
한광필　3-489
한국　5-220·249·331·480
한규동　1-164
한람　5-260
한봉준　3-057
한부인　2-440
한상석　2-505
한상우　4-396
한성　5-392
한성기독청년회　3-488
한성제일교회　5-459
한세현　4-396
한수복　4-396
한심　1-284
한인선교회(하와이)　4-573
한창섭　2-195, 3-144, 4-010·336, 5-559
한창심　1-031
한창운　2-596
한창원　2-305, 3-347
한태정　3-199·200, 4-012·016
함경도　5-008
함경도 원산　2-584
함베드로　1-316·406, 2-540, 3-144·154, 5-560
함의준　2-505
함종　3-053·054·344, 4-382, 5-392·559
함종교회　4-240
함종꽃뫼　4-189
함종봉황재　1-198
함종사경회　3-059
함종세곳　3-064
함종쇠정　3-054
함종읍　3-056·057·064·198·201·476, 4-241
함종읍 뒤골　3-055
함종읍 봉황재　3-058
함종읍교회　3-053·340
함종읍회당　3-054·057·253·254·338·342
함흥　2-536
합나　5-296·298·299
해라 부인　1-285
해리스(Harris, Lillian A., Dr.)　2-221·227·230·233·301·302, 5-003·057·480·547·549·575
해만 부인　3-143·156
해몬더 부인　1-076
해밀톤　4-573
해서교안　3-096
해주　2-273·536·538·555, 4-380·395, 5-392·560·595
해주꽃뫼교회　2-506·539
해주읍교회　4-380
행주　2-536
헌종　2-399
헐버트(Hullbert, Homer B.)　2-277·281, 4-388
헐의원 부인　5-563
헤인스　5-563
헬린　4-243
헬만 부인　2-230
헬멘　2-277
현순　5-496·572
현운주　2-505

호놀룰루 5-573
호보큰예배당 3-161
혼다 5-547·550
혼인법 2-578
홀 3-160, 4-422
홀 부인 1-014·285·286, 3-142
홀벗 목사 1-078·082
홍경신 3-056·058
홍경희 4-395
홍기섭 4-395
홍기제 4-336
홍석모김씨 3-058
홍소원 2-586·587
홍승문 1-458·500, 4-048·196
홍승하 1-080·306·458·488·501, 2-553·586·587, 3-066·144·152·155·245·348·349, 5-459·549·559
홍영달 4-243
홍영전 4-395
홍의교당 4-539
홍일주 2-194
홍주 2-089, 5-559
홍치범 2-581, 3-154, 5-496
화이트필드 5-356
환등회 2-600
환란면하는근본 2-306·372·415·464·507·557·604, 3-022·069·120·164·205·269·356·397·454·494·553, 4-034·077·113·159·202·251·298·343·397·436
활판소 2-275·400, 4-560
황간 5-392
황동교회(강화) 2-172
황두화 4-074
황메레 1-196, 2-488, 3-262·433·449
황성남송현학당 1-496
황성달성교우 2-029
황성독립관 3-349

황성병원 1-200
황신철 3-347
황씨부인 1-346·347·348, 2-489
황인환 5-496
황일주 1-082
황정모 2-036, 3-152, 4-242, 5-578
황중모 5-559
황청모 1-267·269
황초신 1-501·502
황초신 부인 민씨 1-502
황해도 1-459·460, 2-368·538·540, 3-096, 4-011, 5-160·392·512
황해도교회 1-282, 2-537
회개가 1-355·367
회계국 3-263·306·392
회우 2-222
회인 5-392·559
회천 5-561
회천읍 4-190
회회교 1-100, 5-259·436~437·443·444·449~465·606
회회교인 2-406
회회교회 5-251
횡성 5-392
훈ᄋ진언 2-306·372·415·464·507·557·604, 3-022·069·120·164·205·269·356·397·454·494·553, 4-034·077·113·159·202·251·298·343·397·436
흑석(이천) 2-553
흥외(강화) 2-553
희랍 5-278·300·551·607
희망봉 5-497
희천 2-118, 3-117·489
희천복골회당 3-254
희천부생리 3-253
희천읍 2-119
히리니 5-328·465
힐만 부인 1-076·283·502, 3-143·144·145·156, 5-563

자료총서 제28집
〈신학월보〉 색인 자료집

2000년 11월 20일 1쇄 발행
2006년 9월 25일 2쇄 발행

엮은이 한국기독교역사연구소 자료연구회
펴낸이 김 흥 수
펴낸곳 한국기독교역사연구소

서울 강남구 수서동 717-1 그린빌 B동 101호
전화 2226-0850 팩스 2226-0849

http://www.ikch0102.org
E-Mail: ikch0102@chollian.net

등록 1991년 5월 27일 제3-351호

ISBN 89-85628-29-1   값 15,000원